紹興大典

史部

成化 新昌縣志

中華書局

圖書在版編目（CIP）數據

（成化）新昌縣志 / (明) 李楫修；(明) 莫旦纂．－北京：中華書局，2024.6. －（紹興大典）. － ISBN 978-7-101-16924-9

Ⅰ．K295.54

中國國家版本館 CIP 數據核字第 2024QF7366 號

書　　名	（成化）新昌縣志
叢 書 名	紹興大典・史部
修　　者	〔明〕李楫
纂　　者	〔明〕莫旦
項目策劃	許旭虹
責任編輯	梁五童
裝幀設計	許麗娟
責任印製	管　斌
出版發行	中華書局
	（北京市豐臺區太平橋西里38號 100073）
	http: // www. zhbc. com. cn
	E-mail: zhbc@zhbc. com. cn
印　　刷	天津藝嘉印刷科技有限公司
版　　次	2024年6月第1版
	2024年6月第1次印刷
規　　格	開本787 × 1092毫米　1/16
	印張37　插頁1
國際書號	ISBN 978-7-101-16924-9
定　　價	580.00元

學術顧問（按姓氏筆畫排序）

編纂工作指導委員會

主　　任　盛閲春（二〇二二年九月至二〇二三年一月在任）

　　　　　温　暖　施惠芳　肖啓明　熊遠明

第一副主任　丁如興

副 主 任　陳偉軍　汪俊昌　馮建榮

成　　員（按姓氏筆畫排序）

　　　　　王静静　朱全紅　沈志江　金水法　俞正英

　　　　　胡華良　茹福軍　徐　軍　陳　豪　黄旭榮

　　　　　裘建勇　樓　芳　魯霞光　魏建東

編纂委員會

主　　編　馮建榮

副 主 編　黃錫雲　尹　濤　王靜靜　李聖華　陳紅彦

委　　員（按姓氏筆畫排序）

王靜靜　尹　濤　那　艷　李聖華　俞國林

陳紅彦　陳　誼　許旭虹　馮建榮　葉　卿

黃錫雲　黃顯功　楊水土

史部主編　黃錫雲　許旭虹

序

紹興是國務院公布的首批中國歷史文化名城，是中華文明的多點起源地之一和越文化的發祥、壯大之地。從嵊州小黃山遺址迄今，已有一萬多年的文化史；從大禹治水迄今，已有四千多年的文明史；從越國築句踐小城和山陰大城迄今，已有兩千五百多年的建城史。建炎四年（一一三〇），宋高宗駐蹕越州，取義「紹奕世之宏庥，興百年之丕緒」，次年改元紹興，賜名紹興府，領會稽、山陰、蕭山、諸暨、餘姚、上虞、嵊、新昌等八縣。元改紹興路，明初復爲紹興府，清沿之。

紹興坐陸面海，嶽峙川流，風光綺麗，物産富饒，民風淳樸，士如過江之鯽，彬彬稱盛。春秋末越國有「八大夫」佐助越王卧薪嘗膽，力行「五政」，崛起東南，威續戰國，四分天下有其一，成就越文化的第一次輝煌。秦漢一統後，越文化從尚武漸變崇文。晋室東渡，北方士族大批南遷，王、謝諸大家紛紛遷居於此，一時人物之盛，雲蒸霞蔚，學術與文學之盛冠於江左，給越文化注入了新的活力。唐時的越州是詩人行旅歌詠之地，形成一條江南唐詩之路。至宋代，尤其是宋室南遷後，越中理學繁榮，文學昌盛，領一時之先。明代陽明心學崛起，這一時期的越文化，宣導致良知、知行合一，重於事功，伴隨而來的是越中詩文、書畫、戲曲的興盛。明清易代，有劉宗周等履忠蹈義，慷慨赴死，亦有黄宗羲率其門人，讀書窮經，關注世用，成其梨洲一派。至清中葉，會稽章學誠等人紹承梨洲之學而開浙東史學之新局。晚清至現代，越中知識分子心懷天下，秉持先賢「膽劍精神」，再次站在歷史變革的潮頭，蔡元培、魯迅等人「開拓越學」，使紹興成爲新文化運動和新民主主義革命的重要陣地。越文化兼容並包，與時偕變，勇於創新，隨着中國社會歷史的變遷，無論其内涵和特質發生何種變化，均以其獨特、强盛的生命力，推動了中華文明的發展。

文獻典籍承載着廣博厚重的精神財富、生生不息的歷史文脉。紹興典籍之富，甲於東南，號爲文獻之邦。從兩漢到魏晋再至近現代，紹興人留下了浩如煙海、綿延不斷的文獻典籍。陳橋驛先生在《紹興地方文獻考録·前言》中説：「紹興是我國歷史上地方文獻最豐富的地方之一。」有我國地方志的開山之作《越絶書》，有唯物主義的哲學巨著《論衡》，有書法藝術和文學價值均登峰造極的《蘭亭集序》，有詩爲「中興之冠」的陸游《劍南詩稿》，有輯録陽明心學精義的儒學著作《傳習録》等，這些文獻，不僅對紹興一地具有重要價值，對浙江乃至全國來説，也有深遠意義。

紹興藏書文化源遠流長。歷史上的藏書家多達百位，知名藏書樓不下三十座，其中以澹生堂最爲著名，藏書十萬餘卷。近現代，紹興又首開國内公共圖書館之先河。光緒二十六年（一九〇〇），紹興鄉紳徐樹蘭獨力捐銀三萬餘兩，圖書七萬餘卷，創辦國内首個公共圖書館——古越藏書樓。越中多名士，自也與藏書聚書風氣有關。

習近平總書記强調，「我們要加强考古工作和歷史研究，讓收藏在博物館裏的文物、陳列在廣闊大地上的遺産、書寫在古籍裏的文字都活起來，豐富全社會歷史文化滋養」。黨的十八大以來，黨中央站在實現中華民族偉大復興的高度，對傳承和弘揚中華優秀傳統文化作出一系列重大決策部署。中共中央辦公廳、國務院辦公廳二〇一七年一月印發了《關於實施中華優秀傳統文化傳承發展工程的意見》，二〇二二年四月又印發了《關於推進新時代古籍工作的意見》。

盛世修典，是中華民族的優秀傳統，是國家昌盛的重要象徵。近年來，紹興地方文獻典籍的利用呈現出多層次、多方位探索的局面，從文史界到全社會都在醞釀進一步保護、整理、開發、利用紹興歷史文獻的措施，形成了廣泛共識。中共紹興市委、市政府深入學習貫徹習近平總書記重要指示精神，積極響應國家重大戰略部署，以提振紹興人文氣運的文化自覺和存續一方文脉的歷史擔當，作出了編纂出版《紹興大典》的重大決定，計劃用十年時間，系統、全面、客觀梳理紹興文化傳承脉絡，收集、整理、編纂、出版紹興地方歷史文獻。二〇二二年十月，中共紹興市委辦公室、紹興市人民政府辦公室印發《關於〈紹興大典〉編纂出版工作實施方案的通知》。自此，《紹興大典》編纂出版各項工作開始有序推進。

百餘年前，魯迅先生提出「開拓越學，俾其曼衍，至於無疆」的願景，今天，我們繼先賢之志，實施紹興歷史上前無古人的文化工程，希冀通過《紹興大典》的編纂出版，從浩瀚的紹興典籍中尋找歷史印記，從豐富的紹興文化中挖掘鮮活資源，從悠遠的紹興歷史中把握發展脉絡，古爲今用，繼往開來，爲新時代「文化紹興」建設注入强大動力。我們將懷敬畏之心，以古人「三不朽」的立德修身要求，爲紹興這座中國歷史文化名城和「東亞文化之都」立傳畫像，爲全世界紹興人築就恒久的精神家園。

是爲序。

温暖

二〇二三年十月

前言

越國故地，是中華文明的重要起源地，中華優秀傳統文化的重要貢獻地，中華文獻典籍的重要誕生地。紹興，是越國古都，國務院公布的第一批歷史文化名城。編纂出版《紹興大典》，是綿延中華文獻之大計，弘揚中華文化之良策，傳承中華文明之壯舉。

一

紹興有源遠流長的文明，是中華文明的縮影。

中國有百萬年的人類史，一萬年的文化史，五千多年的文明史。中華文明，是中華民族長期實踐的積累，集體智慧的結晶，不斷發展的産物。各個民族，各個地方，都爲中華文明作出了自己獨具特色的貢獻。紹興人同樣爲中華文明的起源與發展，作出了自己傑出的貢獻。

現代考古發掘表明，早在約十六萬年前，於越先民便已經在今天的紹興大地上繁衍生息。二〇一七年初，在嵊州崇仁安江村蘭山廟附近，出土了於越先民約十六萬年前使用過的打製石器〔一〕。這是曹娥江流域首次發現的舊石器遺存，爲探究這一地區中更新世晚期至晚更新世早期的人類活動、

〔一〕陸瑩等撰《浙江蘭山廟舊石器遺址網紋紅土釋光測年》，《地理學報》英文版，二〇二〇年第九期，第一四三六至一四五〇頁。

華南地區與現代人起源的關係、小黃山遺址的源頭等提供了重要綫索。

距今約一萬至八千年的嵊州小黃山遺址〔一〕，於二〇〇六年與上山遺址一起，被命名爲上山文化。該遺址中的四個重大發現，引人矚目：一是水稻實物的穀粒印痕遺存，以及儲藏坑、鐮形器、石磨棒、石磨盤等稻米儲存空間與收割、加工工具的遺存；二是種類與器型衆多的夾砂、夾炭、夾灰紅衣陶與黑陶等遺存；三是我國迄今發現的最早的立柱建築遺存，以及石杵立柱遺存；四是我國新石器時代遺址中迄今發現的最早的石雕人首。

蕭山跨湖橋遺址出土的山茶種實，表明於越先民在八千多年前已開始對茶樹及茶的利用與探索〔二〕。距今約六千年前的餘姚田螺山遺址發現的山茶屬茶樹根遺存，有規則地分布在聚落房屋附近，特別是其中出土了一把與現今茶壺頗爲相似的陶壺，表明那時的於越先民已經在有意識地種茶用茶了〔三〕。

對美好生活的嚮往無止境，創新便無止境。於越先民在一萬年前燒製出世界上最早的彩陶的基礎上〔四〕，經過數千年的探索實踐，終於在夏商之際，燒製出了人類歷史上最早的原始瓷〔五〕；繼而又在東漢時，燒製出了人類歷史上最早的成熟瓷。現代考古發掘表明，漢時越地的窑址，僅曹娥江兩岸的上虞，就多達六十一處〔六〕。

中國是目前發現早期稻作遺址最多的國家，是世界上最早發現和利用茶樹的國家，更是瓷器的故

〔一〕浙江省文物考古研究所編《上山文化：發現與記述》，文物出版社二〇一六年版，第七一頁。
〔二〕浙江省文物考古研究所、蕭山博物館編《跨湖橋》，文物出版社二〇〇四年版，彩版四五。
〔三〕北京大學中國考古學研究中心、浙江省文物考古研究所編《田螺山遺址自然遺存綜合研究》，文物出版社二〇一一年版，第一一七頁。
〔四〕孫瀚龍、趙曄著《浙江史前陶器》，浙江人民出版社二〇二二年版，第三頁。
〔五〕鄭建華、謝西營、張馨月著《浙江古代青瓷》，浙江人民出版社二〇二二年版，上册，第四頁。
〔六〕宋建明主編《早期越窑——上虞歷史文化的豐碑》，中國書店二〇一四年版，第二四頁。

鄉。《（嘉泰）會稽志》卷十七記載「會稽之産稻之美者，凡五十六種」，稻作文明的進步又直接促成了紹興釀酒業的發展。同卷又單列「日鑄茶」一條，釋曰「日鑄嶺在會稽縣東南五十五里，嶺下有僧寺名資壽，其陽坡名油車，朝暮常有日，産茶絶奇，故謂之日鑄」。可見紹興歷史上物質文明之發達，真可謂「天下無儔」。

二

紹興有博大精深的文化，是中華文化的縮影。

文化是一條源遠流長的河，流過昨天，流到今天，還要流向明天。悠悠萬事若曇花一現，唯有文化與日月同輝。

大量的歷史文獻與遺址古迹表明，四千多年前，大禹與紹興結下了不解之緣。大禹治平天下之水，漸九川，定九州，至於諸夏乂安，《史記·夏本紀》載：「禹會諸侯江南，計功而崩，因葬焉，命曰會稽。會稽者，會計也。」裴駰注引《皇覽》曰：「禹冢在山陰縣會稽山上。會稽山本名苗山，在縣南，去縣七里。」《（嘉泰）會稽志》卷六「大禹陵」：「禹巡守江南，上苗山，會稽諸侯，死而葬焉。……劉向書云：禹葬會稽，不改其列，謂不改林木百物之列也。苗山自禹葬後，更名會稽。是山之東，有隴隱若劍脊，西嚮而下，下有窆石，或云此正葬處。」另外，大禹在以會稽山爲中心的越地，還有一系列重大事迹的記載，包括娶妻塗山、得書宛委、畢功了溪、誅殺防風、禪祭會稽、築治邑室等。

以至越王句踐，「其先禹之苗裔，而夏后帝少康之庶子也，封於會稽，以奉守禹之祀」（《史記·越王句踐世家》）。句踐的功績，集中體現在他一系列的改革舉措以及由此而致的强國大業上。

他創造了「法天象地」這一中國古代都城選址與布局的成功範例，奠定了近一個半世紀越國號稱天下强國的基礎，造就了紹興發展史上的第一個高峰，更實現了東周以來中國東部沿海地區暨長江下游地區的首次一體化，讓人們在數百年的分裂戰亂當中，依稀看到了一統天下的希望，爲後來秦始皇統一中國，建立真正大一統的中央政權，進行了區域性的準備。因此，司馬遷稱：「苗裔句踐，苦身焦思，終滅强吴，北觀兵中國，以尊周室，號稱霸王。句踐可不謂賢哉！蓋有禹之遺烈焉。」

千百年來，紹興涌現出了諸多譽滿海内、雄稱天下的思想家，他們的著述世不絶傳、遺澤至今，他們的思想卓犖英發、光彩奪目。哲學領域，聚諸子之精髓，啓後世之思想。政治領域，以家國之情懷，革社會之弊病。經濟領域，重生民之生業，謀民生之大計。教育領域，育天下之英才，啓時代之新風。史學領域，創史志之新例，傳千年之文脉。

紹興是中國古典詩歌藝術的寶庫。四言詩《候人歌》被稱爲「南音之始」。於越《彈歌》是我國文學史上僅存的二言詩。《越人歌》是越地的第一首情歌、中國的第一首譯詩。山水詩的鼻祖，是上虞人謝靈運。唐代，這裏涌現出了賀知章等三十多位著名詩人。宋元時，這裏出了别開詩歌藝術天地的陸游、王冕、楊維楨。

紹興是中國傳統書法藝術的故鄉。鳥蟲書與《會稽刻石》中的小篆，影響深遠。中國的文字成爲藝術品之習尚，文字由書寫轉向書法，是從越人的鳥蟲書開始的。而自王羲之《蘭亭序》之後，紹興更是成爲中國書法藝術的聖地。翰墨碑刻，代有名家精品。

紹興是中國古代繪畫藝術的重鎮。世界上最早彩陶的燒製，展現了越人的審美情趣。「文身斷髮」與「鳥蟲書」，實現了藝術與生活最原始的結合。戴逵與戴顒父子、僧仲仁、王冕、徐渭、陳洪綬、趙之謙、任熊、任伯年等在中國繪畫史上有開宗立派的地位。

一九一二年一月，魯迅爲紹興《越鐸日報》創刊號所作發刊詞中寫道：「於越故稱無敵於天下，海岳精液，善生俊異，後先絡繹，展其殊才；其民復存大禹卓苦勤勞之風，同句踐堅確慷慨之志，力作治生，綽然足以自理。」可見，紹興自古便是中華文化的重要發源地與傳承地，紹興人更是世代流淌着「卓苦勤勞」「堅確慷慨」的精神血脈。

三

紹興有琳琅滿目的文獻，是中華文獻的縮影。

自有文字以來，文獻典籍便成了人類文明與人類文化的基本載體。紹興地方文獻同樣爲中華文明與中華文化的傳承發展，作出了傑出的貢獻。

中華文明之所以成爲世界上唯一没有中斷、綿延至今、益發輝煌的文明，在於因文字的綿延不絶而致的文獻的源遠流長、浩如煙海。中華文化之所以成爲中華民族有别於世界上其他任何民族的顯著特徵並流傳到今天，靠的是中華兒女一代又一代的言傳身教、口口相傳，更靠的是文獻典籍一代又一代的忠實書寫、守望相傳。

無數的甲骨、簡牘、古籍、拓片等中華文獻，無不昭示着中華文明的光輝燦爛、欣欣向榮，無不昭示着中華文化的廣博淵綜、蒸蒸日上。它們既是中華文明與中華文化的基本載體，又是中華文明與中華文化的重要組成部分，是十分重要的物質文化遺産。

紹興地方文獻作爲中華文獻重要的組成部分，積澱極其豐厚，特色十分明顯。

（一）文獻體系完備

紹興的文獻典籍根基深厚，載體體系完備，大體經歷了四個階段的歷史演變。

一是以刻符、紋樣、器型爲主的史前時代。代表性的，有作爲上山文化的小黄山遺址中出土的彩陶上的刻符、印紋、圖案等。

二是以金石文字爲主的銘刻時代。代表性的，有越國時期玉器與青銅劍上的鳥蟲書等銘文、秦《會稽刻石》、漢「大吉」摩崖、漢魏六朝時的會稽磚甓銘文與會稽青銅鏡銘文等。

三是以雕版印刷爲主的版刻時代。代表性的，有中唐時期越州刊刻的元稹、白居易的詩集。唐長慶四年（八二四），浙東觀察使兼越州刺史元稹，在爲時任杭州刺史的好友白居易《白氏長慶集》所作的序言中寫道：「揚、越間多作書模勒樂天及予雜詩，賣於市肆之中也。」這是有關中國刊印書籍的最早記載之一，説明越地開創了「模勒」這一雕版印刷的風氣之先。宋時，兩浙路茶鹽司等機關和紹興府、紹興府學等，競相刻書，版刻業快速繁榮，紹興成爲兩浙乃至全國的重要刻書地，所刻之書多稱「越本」「越州本」。明代，紹興刊刻呈現出了官書刻印多、鄉賢先哲著作和地方文獻多、私家刻印特色叢書多的特點。清代至民國，紹興整理、刊刻古籍叢書成風，趙之謙、平步青、徐友蘭、章壽康、羅振玉等，均有大量輯刊，蔡元培早年應聘於徐家校書達四年之久。

四是以機器印刷爲主的近代出版時期。這一時期呈現出傳統技術與西方新技術並存、傳統出版物與維新圖强讀物並存的特點。代表性的出版機構，在紹興的有徐友蘭於一八六二年創辦的墨潤堂等。另外，吴隱於一九〇四年參與創辦了西泠印社；紹興人沈知方於一九一二年參與創辦了中華書局，還於一九一七年創辦了世界書局。代表性的期刊，有羅振玉於一八九七年在上海創辦的《農學報》，杜亞泉於一九〇一年在上海創辦的《普通學報》，羅振玉於一九〇一年在上海發起、王國維主筆的《教育世界》，杜亞泉等於一九〇二年在上海編輯的《中外算報》，秋瑾於一九〇七年在上海創辦的《中國女報》等。代表性的報紙，有蔡元培於一九〇三年在上海創辦的《俄事警聞》等。

紹興文獻典籍的這四個演進階段，既相互承接，又各具特色，充分彰顯了走在歷史前列、引領時代潮流的特徵，總體上呈現出了載體越來越多元、內涵越來越豐富、傳播越來越廣泛、對社會生活的影響越來越深遠的歷史趨勢。

（二）藏書聲聞華夏

紹興歷史上刻書多，便爲藏書提供了前提條件，因而藏書也多。大禹曾「登宛委山，發金簡之書，案金簡玉字，得通水之理」（《吴越春秋》卷六），還「巡狩大越，見耆老，納詩書」（《越絶書》卷八），這是紹興有關采集收藏圖書的最早記載。句踐曾修築「石室」藏書，「晝書不倦，晦誦竟旦」（《越絶書》卷十二）。

造紙術與印刷術的發明和推廣，使得書籍可以成批刷印，爲藏書提供了極大便利。王充得益於藏書資料，寫出了不朽的《論衡》。南朝梁時，山陰人孔休源「聚書盈七千卷，手自校治」（《梁書·孔休源傳》），成爲紹興歷史上第一位有明文記載的藏書家。唐代時，越州出現了集刻書、藏書、讀書於一體的書院。五代十國時，南唐會稽人徐鍇精於校勘，雅好藏書，「江南藏書之盛，爲天下冠，鍇力居多」（《南唐書·徐鍇傳》）。

宋代雕版印刷術日趨成熟，爲書籍的化身千百與大規模印製創造了有利條件，也爲藏書提供了更多來源。特別是宋室南渡、越州升爲紹興府後，更是出現了以陸氏、石氏、李氏、諸葛氏等爲代表的藏書世家。陸游曾作《書巢記》，稱「吾室之内，或棲於櫝，或陳於前，或枕藉於床，俯仰四顧，無非書者」。《（嘉泰）會稽志》中專設《藏書》一目，説明了當時藏書之風的盛行。元時，楊維楨「積書數萬卷」（《鐵笛道人自傳》）。

明代藏書業大發展，出現了鈕石溪的世學樓等著名藏書樓。其中影響最大的藏書家族，當數山陰祁氏；影響最大的藏書樓，當數祁承㸁創辦的澹生堂，至其子彪佳時，藏書達三萬多卷。

清代是紹興藏書業的鼎盛時期，有史可稽者凡二十六家，諸如章學誠、李慈銘、陶濬宣等。上虞王望霖建天香樓，藏書萬餘卷，尤以藏書家之墨迹與鈎摹鐫石聞名。徐樹蘭創辦的古越藏書樓，以存古開新爲宗旨，以資人觀覽爲初心，成爲中國近代第一家公共圖書館。

民國時，代表性的紹興藏書家與藏書樓有：羅振玉的大雲書庫、徐維則的初學草堂、蔡元培創辦的養新書藏、王子餘開設的萬卷書樓、魯迅先生讀過書的三味書屋等。

根據二〇一六年完成的古籍普查結果，紹興全市十家公藏單位，共藏有一九一二年以前産生的中國傳統裝幀書籍與民國時期的傳統裝幀書籍三萬九千七百七十七種、二十二萬六千一百二十五册，分别占了浙江省三十三萬七千四百零五種的百分之十一點七九、二百五十萬六千六百三十三册的百分之九點零二。這些館藏的文獻典籍，有不少屬於名人名著，其中包括在别處難得見到的珍稀文獻。這是紹興這個地靈人傑的文獻名邦確實不同凡響的重要見證。

一部紹興的藏書史，其實也是一部紹興人的讀書、用書、著書史。歷史上的紹興，刻書、藏書、讀書、用書、著書，良性循環，互相促進，成爲中國文化史上一道亮麗的風景。

（三）著述豐富多彩

紹興自古以來，論道立說、卓然成家者代見輩出，創意立言、名動天下者繼踵接武，歷朝皆有傳世之作，各代俱見槃槃之著。這些文獻，不僅對紹興一地有重要價值，而且也是浙江文化乃至中國古代文化的重要組成部分。

一是著述之風，遍及各界。越人的創作著述，文學之士自不待言，爲政、從軍、業賈者亦多喜筆耕，屢有不刊之著。甚至於鄉野市井之口頭創作、謡歌俚曲，亦代代敷演，蔚爲大觀，其中更是多有内蘊厚重、哲理深刻、色彩斑斕之精品，遠非下里巴人，足稱陽春白雪。

二是著述整理，尤爲重視。越人的著述，包括對越中文獻乃至我國古代文獻的整理。宋孔延之的《會稽掇英總集》，清杜春生的《越中金石記》，近代魯迅的《會稽郡故書雜集》等，都是收輯整理地方文獻的重要成果。陳橋驛所著《紹興地方文獻考録》，是另一種形式的著述整理，其中考録一九四九年前紹興地方文獻一千二百餘種。清代康熙年間，紹興府山陰縣吴楚材、吴調侯叔侄選編的《古文觀止》，自問世以來，一直是古文啓蒙的必備書，也深受古文愛好者的推崇。

三是著述領域，相涉廣泛。越人的著述，涉及諸多領域。其中古代以經、史與諸子百家研核之作爲多，且基本上涵蓋了經、史、子、集的各個分類，近現代以文藝創作爲多，當代則以科學研究論著爲多。這也體現了越中賢傑經世致用、與時俱進的家國情懷。

四

盛世修典，承古啓新，以「紹興」之名，行紹興之實。

紹興這個名字，源自宋高宗的升越州爲府，並冠以年號，時在紹興元年（一一三一）的十月廿六日。這是對這座城市傳統的畫龍點睛。紹興這兩個字合在一起，藴含的正是承繼前業而壯大之、開創未來而昌興之的意思。數往而知來，今天的紹興人正賦予這座城市、這個名字以新的意藴，那就是繼承中華優秀傳統文化，建設中華民族現代文明，爲實現中華民族偉大復興，作出自己新的更大的貢獻。

編纂出版《紹興大典》，正是紹興地方黨委、政府文化自信、文化自覺的體現，是集思廣益、精心實施的德政，是承前啓後、繼往開來的偉業。

（一）科學的决策

《紹興大典》的編纂出版，堪稱黨委、政府科學決策的典範。二〇二〇年十二月十一日，中共紹興市委八届九次全體（擴大）會議審議通過了關於紹興市「十四五」規劃和二〇三五年遠景目標的建議，其中首次提出要啓動《紹興大典》的編纂出版工作。

二〇二一年二月五日，紹興市第八届人民代表大會第六次會議批准了市政府根據市委建議編製的紹興市「十四五」規劃和二〇三五年遠景目標綱要，其中又專門寫到要啓動《紹興大典》的編纂出版工作。二月八日，紹興市人民政府正式印發了這個重要文件。

二〇二二年二月二十八日的中共紹興市第九次代表大會市委工作報告與三月三十日的紹興市九届人大一次會議政府工作報告，均對編纂出版《紹興大典》提出了要求。

二〇二二年九月十五日，紹興市人民政府第十一次常務會議專題聽取了《〈紹興大典〉編纂出版工作實施方案》起草情況的匯報，決定根據討論意見對實施意見進行修改完善後，提交市委常委會議審議。九月十六日，中共紹興市委九届二十次常委會議專題聽取《〈紹興大典〉編纂出版工作實施方案》起草情況的匯報，並進行了討論，決定批准這個方案。十月十日，中共紹興市委辦公室、紹興市人民政府辦公室正式印發了《〈紹興大典〉編纂出版工作實施方案》。

（二）嚴謹的體例

在中共紹興市委、紹興市人民政府研究批准的實施方案中，《紹興大典》編纂出版的各項相關事宜，均得以明確。

一是主要目標。系統、全面、客觀梳理紹興文化傳承脉絡，收集、整理、編纂、研究、出版紹興地方文獻，使《紹興大典》成爲全國鄉邦文獻整理編纂出版的典範和紹興文化史上的豐碑，爲努力打造「文獻保護名邦」「文史研究重鎮」「文化轉化高地」三張紹興文化的金名片作出貢獻。

二是收録範圍。《紹興大典》收録的時間範圍爲：起自先秦時期，迄至一九四九年九月三十日，部分文獻酌情下延。地域範圍爲：今紹興市所轄之區、縣（市），兼及歷史上紹興府所轄之蕭山、餘姚。內容範圍爲：紹興人的著述，域外人士有關紹興的著述，歷史上紹興刻印的古籍善本和紹興收藏的珍稀古籍善本。

三是編纂方法。對所録文獻典籍，按經、史、子、集和叢五部分類方法編纂出版。

根據實施方案明確的時間安排與階段劃分，在具體編纂工作中，采用先易後難、先急後緩，邊編纂出版、邊深入摸底的方法。即先編纂出版情況明瞭、現實急需的典籍，與此同時，對面上的典籍情況進行深入的摸底調查。這樣的方法，既可以用最快的速度出書，以滿足保護之需、利用之需，又可以爲一些難題的破解争取時間；既可以充分發揮我國實力最强的專業古籍出版社中華書局的編輯出版優勢，又可以充分借助與紹興相關的典籍一半以上收藏於我國古代典籍收藏最爲宏富的國家圖書館的優勢。這是最大限度地避免時間與經費上的重複浪費的方法，也是地方文獻編纂出版工作方法上的創新。

另外，還將適時延伸出版《紹興大典·要籍點校叢刊》《紹興大典·文獻研究叢書》《紹興大典·善本影真叢覽》等。

（三）非凡的意義

正如紹興的文獻典籍在中華文獻典籍史上具有重要的影響那樣，編纂出版《紹興大典》的意義，同樣也是非同尋常的。

一是編纂出版《紹興大典》，對於文獻典籍的更好保護——活下來，具有非同尋常的意義。歷史上的文獻典籍，是中華文明歷經滄桑留下的最寶貴的東西。然而，這些瑰寶或因天災人禍，或因自然老化，或因使用過度，或因其他緣故，有不少已經處於岌岌可危甚至奄奄一息的境況。

編纂出版《紹興大典》，可以爲系統修復、深度整理這些珍貴的古籍争取時間；可以最大限度呈現底本的原貌，緩解藏用的矛盾，更好地方便閱讀與研究。這是文獻典籍眼下的當務之急，最好的續命之舉。

二是編纂出版《紹興大典》，對於文獻典籍的更好利用——活起來，具有非同尋常的意義。歷史上的文獻典籍，流傳到今天，實屬不易，殊爲難得。它們雖然大多保存完好，其中不少還是善本，但分散藏於公私，積久塵封，世人難見；也有的已成孤本，或至今未曾刊印，僅有稿本、抄本，秘不示人，無法查閱。

編纂出版《紹興大典》，將穿越千年的文獻、深庋密鎖的秘藏、散落全球的珍寶匯聚起來，化身萬千，走向社會，走近讀者，走進生活，既可防它們失傳之虞，又可使它們嘉惠學林，也可使它們古爲今用，文旅融合，還可使它們延年益壽，推陳出新。這是於文獻典籍利用一本萬利、一舉多得的好事。

三是編纂出版《紹興大典》，對於文獻典籍的更好傳承——活下去，具有非同尋常的意義。歷史上的文獻典籍，能保存至今，是先賢們不惜代價，有的是不惜用生命爲代價換來的。對這些傳承至今的古籍本身，我們應當倍加珍惜。

編纂出版《紹興大典》，正是爲了述録先人的開拓，啓迪來者的奮鬥，使這些珍貴古籍世代相傳，使蘊藏在這些珍貴古籍身上的中華優秀傳統文化世代相傳。這是中華文化創造性轉化、創新性發展的通途所在。

編纂出版《紹興大典》，是紹興文化發展史上的曠古偉業。編成後的《紹興大典》，將成爲全國範圍内的同類城市中，第一部收録最爲系統、内容最爲豐贍、品質最爲上乘的地方文獻集成。

紹興這個地方，古往今來，都在不懈超越。超乎尋常，追求卓越。超越自我，超越歷史。《紹興大典》的編纂出版，無疑會是紹興文化發展史上的又一次超越。

道阻且長，行則將至；行而不輟，成功可期。「後之視今，亦猶今之視昔」；「後之覽者，亦將有感於斯文」（《蘭亭集序》）。讓我們一起努力吧！

馮建榮

二〇二三年六月十日，星期六，成稿於寓所

二〇二三年中秋、國慶假期，校改於寓所

編纂説明

紹興古稱會稽，歷史悠久。

大禹治水，畢功了溪，計功今紹興城南之茅山（苗山），崩後葬此，此山始稱會稽，此地因名會稽，距今四千多年。

大禹第六代孫夏后少康封庶子無餘於會稽，以奉禹祀，號曰「於越」，此爲吾越得國之始。《竹書紀年》載，成王二十四年，於越來賓。是亦此地史載之始。

距今兩千五百多年，越王句踐遷都築城於會稽山之北（今紹興老城區），是爲紹興建城之始，於今城不移址，海内罕有。

秦始皇滅六國，御海内，立郡縣，成定制。是地屬會稽郡，郡治爲吴縣，所轄大率吴越故地。東漢順帝永建四年（一二九），析浙江之北諸縣置吴郡，是爲吴越分治之始。會稽名仍其舊，郡治遷山陰。由隋至唐，會稽改稱越州，時有反復，至中唐後，「越州」遂爲定稱而至於宋。所轄時有增減，至五代後梁開平二年（九〇八），吴越析剡東十三鄉置新昌縣，自此，越州長期穩定轄領會稽、山陰、蕭山、諸暨、餘姚、上虞、嵊縣、新昌八邑。

建炎四年（一一三〇），宋高宗趙構駐蹕越州，取「紹奕世之宏庥，興百年之丕緒」之意，下詔從建炎五年正月改元紹興。紹興元年（一一三一）十月己丑升越州爲紹興府，斯地乃名紹興，沿用至今。

歷史的悠久，造就了紹興文化的發達。數千年來文化的發展、沉澱，又給紹興留下了燦爛的文化載體——鄉邦文獻。保存至今的紹興歷史文獻，有方志著作、家族史料、雜史輿圖、文人筆記、先賢文集、醫卜星相、碑刻墓誌、摩崖遺存、地名方言、檔案文書等不下三千種，可以説，凡有所録，應有盡有。這些文獻從不同角度記載了紹興的山川地理、風土人情、經濟發展、人物傳記、著述藝文等各個方面，成爲人們瞭解歷史、傳承文明、教育後人、建設社會的重要參考資料，其中許多著作不僅對紹興本地有重要價值，也是江浙文化乃至中華古代文化的重要組成部分。

紹興歷代文人對地方文獻的探尋、收集、整理、刊印等都非常重視，並作出過不朽的貢獻，陳橋驛先生就是代表性人物。正是在他的大力呼籲下，時任紹興縣政府主要領導作出了編纂出版《紹興叢書》的決策，爲今日《紹興大典》的編纂出版積累了經驗，奠定了基礎。

時至今日，爲貫徹落實習近平總書記系列重要講話精神，奮力打造新時代文化文明高地，重輝「文獻名邦」，中共紹興市委、市政府毅然作出編纂出版《紹興大典》的決策部署。延請全國著名學者樓宇烈、袁行霈、安平秋、葛劍雄、吴格、李岩、熊遠明、張志清諸先生參酌把關，與收藏紹興典籍最豐富的國家圖書館等各大圖書館以及專業古籍出版社中華書局展開深度合作，成立專門班子，精心規劃組織，扎實付諸實施。《紹興大典》是地方文獻的集大成之作，出版形式以紙質書籍爲主，同步開發建設數據庫。其基本内容，包括以下三方面：

一、《紹興大典》影印精裝本文獻大全。這方面内容囊括一九四九年前的紹興歷史文獻，收録的原則是「全面優」，也就是文獻求全收録；同一文獻比對版本優劣，收優斥劣。同時特別注重珍稀性、孤罕性、史料性。

《紹興大典》影印精裝本收録範圍：

時間範圍：起自先秦時期，迄至一九四九年九月三十日，部分文獻可酌情下延。

地域範圍：今紹興市所轄之區、縣（市），兼及歷史上紹興府所轄之蕭山、餘姚。

内容範圍：紹興人（本籍與寄籍紹興的人士、寄籍外地的紹籍人士）撰寫的著作，非紹興籍人士撰寫的與紹興相關的著作，歷史上紹興刻印的古籍珍本和紹興收藏的古籍珍本。

《紹興大典》影印精裝本編纂體例，以經、史、子、集、叢五部分類的方法，對收録範圍内的文獻，進行開放式收録，分類編輯，影印出版。五部之下，不分子目。

經部：主要收録經學（含小學）原創著作；經校勘校訂，校注校釋，疏、證、箋、解、章句等的經學名著；爲紹籍經學家所著經學著作而撰的著作，等等。

史部：主要收録紹興地方歷史書籍，重點是府縣志、家史、雜史等三個方面的歷史著作。

子部：主要收録專業類書，比如農學類、書畫類、醫卜星相類、儒釋道宗教類、陰陽五行類、傳奇類、小説類，等等。

集部：主要收録詩賦文詞曲總集、别集、專集，詩律詞譜，詩話詞話，南北曲韻，文論文評，等等。

叢部：主要收録不入以上四部的歷史文獻遺珍、歷史文物和歷史遺址圖録彙總、戲劇曲藝脚本、報章雜志、音像資料等。不收傳統叢部之文叢、彙編之類。

《紹興大典》影印精裝本在收録、整理、編纂出版上述文獻的基礎上，同時進行書目提要的撰寫，並細編索引，以起到提要鉤沉、方便實用的作用。

二、《紹興大典》點校研究及珍本彙編。主要是《紹興大典》影印精裝本的延伸項目，形成三個成果，即《紹興大典·要籍點校叢刊》《紹興大典·文獻研究叢書》《紹興大典·善本影真叢覽》三叢。

選取影印出版文獻中的要籍，組織專家分專題開展點校等工作，排印出版《紹興大典·要籍點校叢刊》；及時向社會公布推出出版文獻書目，開展《紹興大典》收録文獻研究，分階段出版研究成果《紹興大典·文獻研究叢書》；選取品相完好、特色明顯、内容有益的優秀文獻，原版原樣綫裝影印出版《紹興大典·善本影真叢覽》。

三、《紹興大典》文獻數據庫。以《紹興大典》影印精裝本和《紹興大典·要籍點校叢刊》《紹興大典·文獻研究叢書》《紹興大典·善本影真叢覽》三叢爲基幹構建。同時收録大典編纂過程中所涉其他相關資料，未用之版本，書佚目存之書目等，動態推進。

《紹興大典》編纂完成後，應該是一部體系完善、分類合理、全優兼顧、提要鮮明、檢索方便的大型文獻集成，必將成爲地方文獻編纂的新範例，同時助力紹興打造完成「歷史文獻保護名邦」「地方文史研究重鎮」「區域文化轉化高地」三張文化金名片。

《紹興大典》在中共紹興市委、市政府領導下組成編纂工作指導委員會，組織實施並保障大典工程的順利推進，同時組成由紹興市爲主導、國家圖書館和中華書局爲主要骨幹力量、各地專家學者和圖書館人員爲輔助力量的編纂委員會，負責具體的編纂工作。

《紹興大典》編纂委員會

二〇二三年五月

史部編纂説明

紹興自古重視歷史記載，在現存數千種紹興歷史文獻中，史部著作占有極爲重要的位置。因其内容豐富、體裁多樣、官民兼撰的特點，成爲《紹興大典》五大部類之一，而别類專纂，彙簡成編。

按《紹興大典·編纂説明》規定：「以經、史、子、集、叢五部分類的方法，對收録範圍内的文獻，進行開放式收録，分類編輯，影印出版。五部之下，不分子目。」「史部：主要收録紹興地方歷史書籍，重點是府縣志、家史、雜史等三個方面的歷史著作。」

紹興素爲方志之鄉，纂修方志的歷史較爲悠久。據陳橋驛《紹興地方文獻考録》（浙江人民出版社，一九八三年版）統計，僅紹興地區方志類文獻就「多達一百四十餘種，目前尚存近一半」。在最近三十多年中，紹興又發現了不少歷史文獻，堪稱卷帙浩繁。

據《紹興大典》編纂委員會多方調查掌握的信息，府縣之中，既有最早的府志——南宋二志《（嘉泰）會稽志》和《（寶慶）會稽續志》，也有最早的縣志——宋嘉定《剡録》；既有耳熟能詳的《（萬曆）紹興府志》，也有海内孤本《（嘉靖）山陰縣志》；更有寥若晨星的《永樂大典》本《紹興府志》，等等。存世的紹興府縣志，明代纂修並存世的萬曆爲最多，清代纂修並存世的康熙爲最多。

家史資料是地方志的重要補充，紹興地區家史資料豐富，《紹興家譜總目提要》共收録紹興相關家譜資料三千六百七十九條，涉及一百七十七個姓氏。據二〇〇六年《紹興叢書》編委會對上海圖書館藏紹興文獻的調查，上海圖書館館藏的紹興家史譜牒資料有三百多種，據紹興圖書館最近提供的信息，其館藏譜牒資料有二百五十多種，一千三百七十八册。紹興人文薈萃，歷來重視繼承弘揚耕讀傳統，家族中尤以登科進仕者爲榮，每見累世科甲、甲第連雲之家族，如諸暨花亭五桂堂黄氏、山陰狀元坊張氏，等等。家族中每有中式，必進祠堂，祭祖宗，禮神祇，乃至重纂家乘。因此纂修家譜之風頗盛，聯宗聯譜，聲氣相通，呼應相求，以期相將相扶，百世其昌，因此留下了浩如煙海、簡册連編的家史譜牒資料。家史資料入典，將遵循「姓氏求全，譜目求全，譜牒求優」的原則遴選。

雜史部分是紹興歷史文獻中内容最豐富、形式最多樣、撰者最衆多、價值極珍貴的部分。記載的内容無比豐富，撰寫的體裁多種多樣，留存的形式面目各異。其中私修地方史著作，以東漢袁康、吴平所輯的《越絶書》及稍後趙曄的《吴越春秋》最具代表性，是紹興現存最早較爲系統完整的史著。

雜史部分的歷史文獻，有非官修的專業志、地方小志，如《三江所志》《倉帝廟志》《螭陽志》等；有以韻文形式撰寫的如《山居賦》《會稽三賦》等；有碑刻史料如《會稽刻石》《龍瑞宫刻石》等；有詩文游記如《沃洲雜詠》等；有珍貴的檔案史料如《明浙江紹興府諸暨縣魚鱗册》等；有名人日記如《祁忠敏公日記》《越縵堂日記》等；有綜合性的歷史著作如海内外孤本《越中雜識》等；也有鉤沉稽古的如《虞志稽遺》等。既有《救荒全書》《欽定浙江賦役全書》這樣專業的經濟史料，也有《越中八景圖》這樣的圖繪史料等。舉凡經濟、人物、教育、方言風物、名人日記等，應有盡有，不勝枚舉。尤以地理爲著，諸如山川風物、名勝古迹、水利關津、衛所武備、天文医卜等，莫不悉備。

這些歷史文獻，有的是官刻，有的是坊刻，有的是家刻。有特別珍貴的稿本、鈔本、寫本，也有珍稀孤罕首次面世的史料。由於《紹興大典》的編纂出版，這些文獻得以呈現在世人面前，俾世人充分深入地瞭解紹興豐富多彩的歷史文化。受編纂者學識見聞以及客觀條件之限制，難免有疏漏錯訛之處，祈望方家教正。

《紹興大典》編纂委員會

二〇二三年五月

成化新昌縣志 十六卷

〔明〕李楫修，〔明〕莫旦纂

明正德十六年（一五二一）刻本

影印説明

《（成化）新昌縣志》十六卷，明李楫修，明莫旦纂，明成化十三年（一四七七）修，正德十六年（一五二一）刻本。上下黑口，雙魚尾，四周雙邊，半葉八行行二十字，小字雙行同。書前無序文，目録首葉有「彭城開國」「汲古閣」「竹垞」「朱彝尊印」藏書印，可知此書曾由毛晋、朱彝尊遞藏。卷目末葉有題跋，云「新昌縣志十六卷，共四本，清光緒二十四年舅氏朱公贈」，鈐圓形朱文「玄齋」印。書後有成化十三年黃璧所撰《新昌縣志後叙》、李楫所撰《書新昌志後》、正德十六年涂相所撰《書重刻新昌志後》以及《募刊新昌志疏》。

李楫，字時濟，汀州上杭縣人，成化乙未（一四七五）進士，成化丙申年（一四七六）來任新昌知事，主持編修縣志，不半年而書成。莫旦，號貳教先生，吴江人，曾任新昌縣儒學訓導，書後時任紹興府同知黃璧有《新昌縣志後叙》，言「莫君旦以乙榜來爲司訓……於講授之暇，重爲纂而修之，不期月而成編，凡一十六卷」，可知此志爲其所纂。

據《中國地方志聯合目録》，此志刻本僅國家圖書館、上海圖書館有藏。此次影印，以上海圖書館藏本爲底本。

新昌縣志目錄

儒學訓導莆江莫旦纂

目錄終

新昌縣志卷目

儒學訓導吳江莫旦纂

氏族　科第　歲貢　官資

卷之十二

鄉賢

卷之十三

卿相　師儒　來官　寓賢

卷之十四

民牧　臺諫

卷之十五

郎署　内翰　使臣　魁選
武臣　死節
卷之十六
隱逸　孝子　義士　耆德
封贈　遺文　女德　仙釋
紀異
卷目終

新昌縣志十六卷共四本清光緒二十四年曾氏朱
公贈

新昌縣志卷之一

儒學訓導吳江莫旦纂

圖像

太古之時蒼頡制字而書法與焉史皇制畫而圖像立焉皆聖人之筆也周人以書統於冬官與書法並行垂憲萬世其功偉矣故凡山川之形勝地理之遠近都邑之廣狹宮室器用之等威人物衣冠之肖貌忠孝節義之流風與夫祭祀飲射升降之儀所以助名教而厚風俗示勸戒而起觀瞻者非圖像將何所寓哉故此書所以以圖像為開卷第一也彼車馬士女之妖豔花鳥蟲魚之修麗使人溺志蕩心而不返惡可同日語哉

縣境圖

東寧海縣界東南天台縣界南東陽縣界而嵊縣界西南嵊縣界北與西北俱嵊縣界

水白金庠来
蘭洲
三十一都
三十二都
齊峰
雪溪
三十都
仙桂鄉
白茅
東鄉山
南洲
廿六都
雪溪山
平山
新昌鄉
石橋溪
茄溪
廿四都
黄柏尖
善政鄉
沃洲山
廿五都
真溪洞
廿四都
班竹鋪
天姥山
廿五都
小仙鋪
韓妃溪
彩烟山
韓妃嶺
十五都
十六都
十九都
廿都
會墅鋪
冷水鋪
十七都
岩泉山
十四都
彩烟鄉
十四都
十三都

王澤溪
獅山
五馬山
安仁鄉
青山
花鈿嶺
醴泉
四都
三溪鋪
南司
縣治
北司
市西鋪
東境
儒學
三都
鼓山
五山鄉
五都
南明山
南岩
六都
石溪山
二都
長潭
一都
七都
九都
八都
求村
穿岩

縣市圖
二馬
三馬
四馬
五馬
青山
共仁門
東堤
東溪
儒學
候仙門
新昌志卷一

光鼓潭
水池
鼓山
龜山
真聖觀
社壇
寶巖寺
縣治
分司
城隍
茶亭
旗山

縣治圖

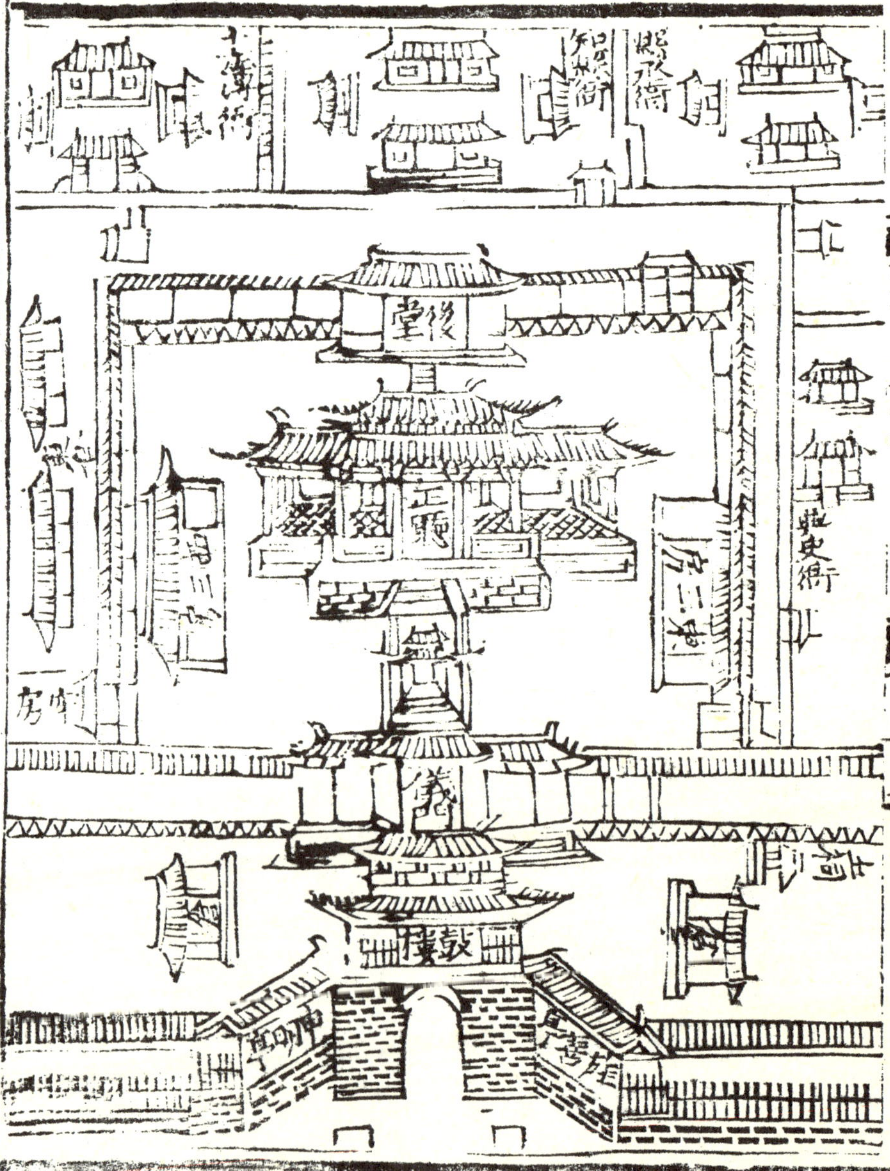

廟學圖

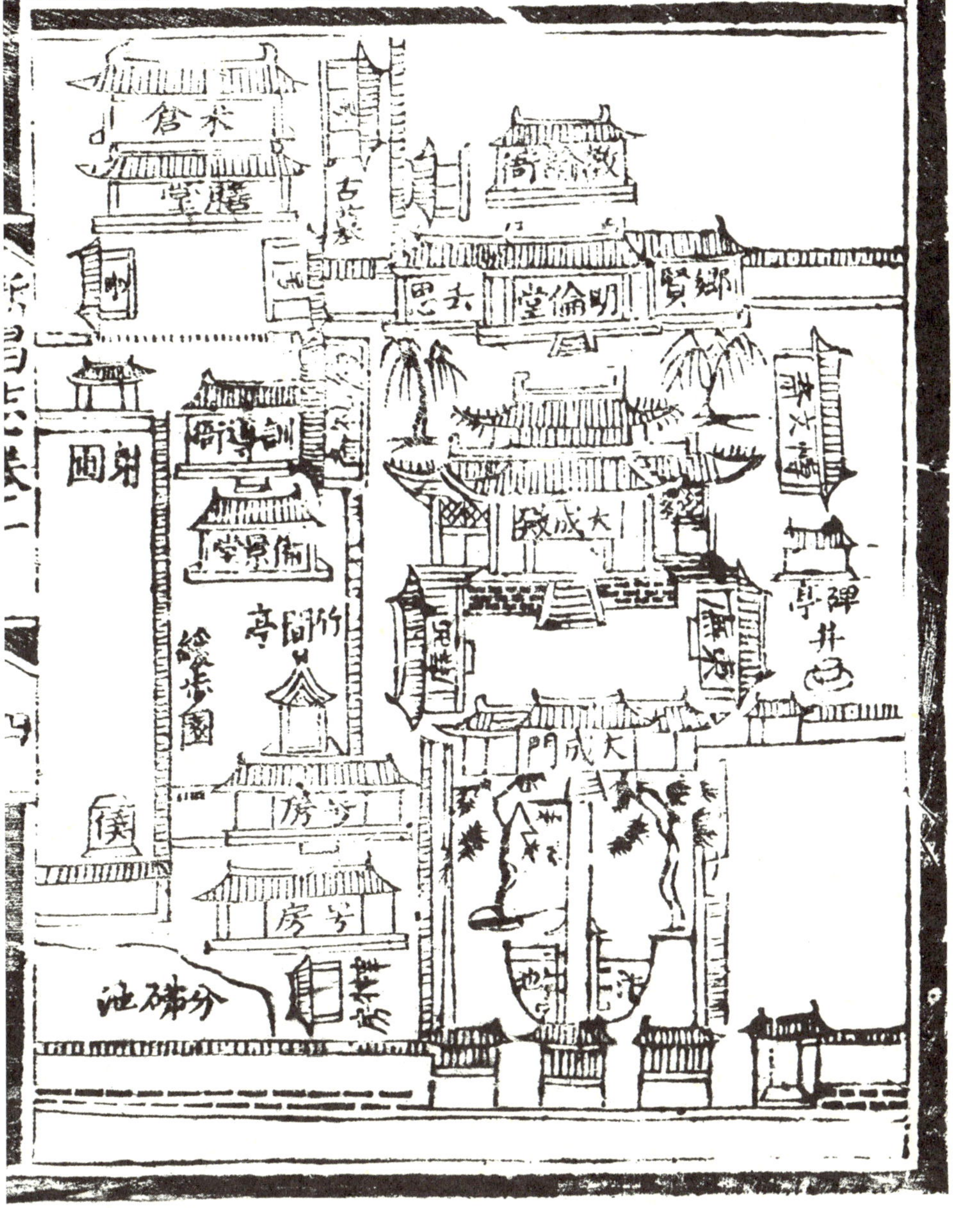

石氏石溪義塾圖

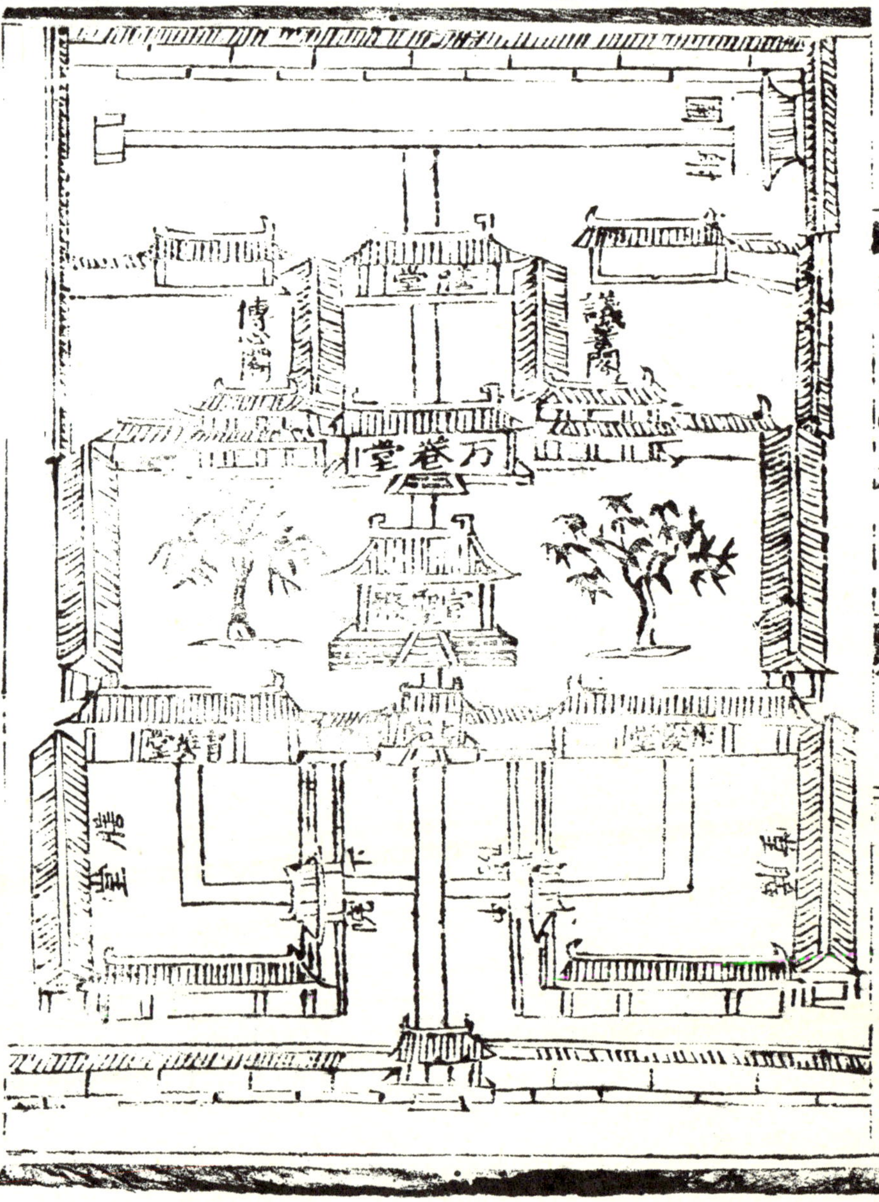

陳氏桂岩西塾圖

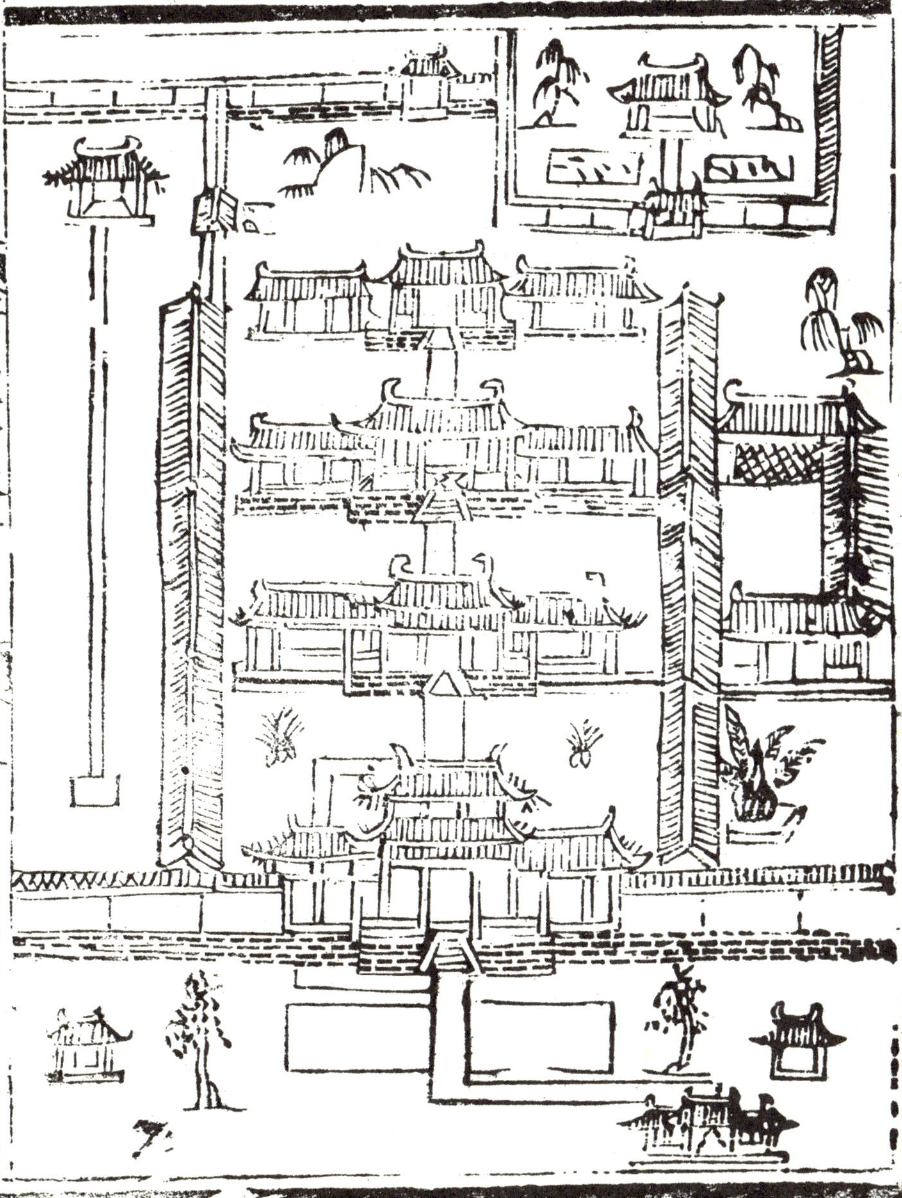

陳氏桂山東墅圖

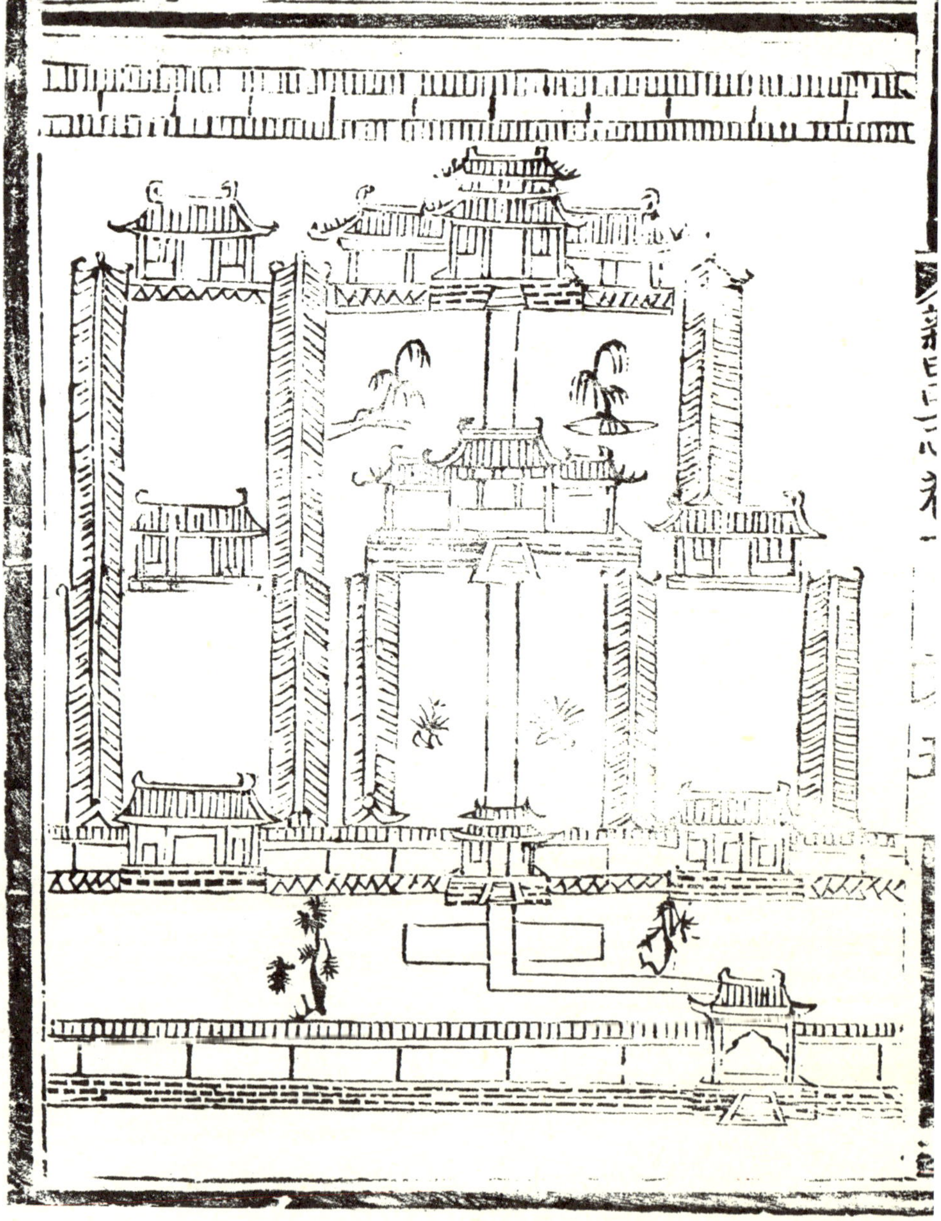

禮器圖

籩巾
簠
大尊
冪尊疏布巾
坫
籩
簋
山尊
洗罍
龍勺
豆
犧尊
著尊
洗
篚
俎
象尊
壺尊
爵
宋淳祐元年知縣丁鑄刻石立寺講堂并割牲圖同

割牲圖

羊離肺
腥刌肺三
腸胍三
胃胍三
肺胃三
肫胳之
名恐當
上為肫
中為胳
下則為
觳而去
之
羊脇脇
腥肩中
七脊在肩
体肫髀
正脊
直脊
横脊
肩
臂
臑
肫
胳
羊肩臂豕脇脇
骹正脊直脊脡肩
十横脊代脇脊在中
一直脇短脇七肩
体肫胳体髀髀
羊離肺一
熟刌肺三
腸腸三
胃胃三
肺胃三
豕脊骨三
腥七十脇骨
膚三右脇
九胃三
脊肩脇
各有二
在七体
者皮帶
肉在十
一体者
皆骨帶
肉其在
七者又
帶皮
正脊
直脊
横脊
又脊
骨三
為膚
右同
肩七体
代脇
直脇
短脇
又左脇
骨
膚
脇七体
髀七体
肩
臂
臑
肫
胳
豕熟十一体
羊体同
豕熟膚九
腥膚同

釋奠圖

兗國公
位與陳
同正設

鄒國公
位與陳
同正設

陳每十
設位哲
鹿豕羊鹿
醢腥腥脯
酒芹醢
黍稷
簠簋

之象
齊尊
初泛象
獻齊尊
酌泛象
之齊尊

亞終獻之酌
醴犧
齊尊
醴犧
齊尊
醴犧
齊尊
醴犧
齊尊
罍洗
巾篚
罍洗
爵篚
東階
位洗

陳設從祀
鹿豕羊鹿
醢腥腥脯
酒芹醢
黍稷
簠簋

易服位

至聖文宣王
薦
祝

棗　芡
乾桃　榛實　鹿脯
形鹽　乾橑　稻粱
魚鱐　乾棗　蕡
菁菹　筍菹　黍稷
葵菹　芹菹
兔醢　魚醢　韭菹
醓醢　鹿臡　豚拍
脾析　羊腥腸　羊熟腸
胃肺　胃肺
羊腥膚　豕熟膚
九如腥　九橫載
一體　一體
羊熟　豕熟
爵　爵　爵
初獻　亞獻　終獻
十　十

坐狀

泛大醴山罍著醴犧洗象尊壺清壺清壺
齊尊齊尊齊尊齊尊齊尊酒尊酒尊酒尊
十六尊設而不酌有罍無勺
明大明山明著明犧明象元壺元壺元壺
水尊水尊水尊水尊水尊酒尊酒尊酒尊

亞獻終獻祀
門
位陪
位陪
揖望

從祀
瘞

宋淳祐元年新昌尹晉陵丁璹考求禮制刻石立于泮宮之明倫堂今録而存之以見古禮如此

鄉賢

大明都察院左僉都御史
諡恭惠楊公諱信民

大明孝子胡君諱剛

宋隱德忠臣半峰
陳先生諱非熊

宋義士桂山
陳翁諱祖

宋監察御史太理少卿
默翁先生俞公諱浙

宋義士贈開府儀同三司刑部
尚書石城先生石公諱待旦

大明忠臣知無為州約
齋先生董公諱曾

宋義士尚幹迪功郎
平壺陳公諱雷

宋太常簿克齋先
生石公諱子重

宋權樞密院編修官緝
齋先生石公諱斗文

宋兵部尚書御史中丞文安開
國侯思齋先生石公諱公弼

五山儲精三
溪炳靈英雄
豪傑後先挺
生掀天事業
蓋世功名文
章李杜道德

獨

皆

位　拜　入

祠圖

宋烈士贈武功大夫汝州團練使董公公健

宋禮部尚書龍圖閣直學士謚宣獻遂初先生黃公諱度

宋寶章閣直學士贈會稽縣開國伯蠡澤先生王公諱夢龍

宋忠臣稽山書院山長宏齋先生吳公諱觀

大明孝子小齋先生呂翁諱升

宋侍御史直龍圖閣謚忠軒先生石公諱公揆

宋福建提刑謚誠齋先生石公諱宗昭

宋少保左丞相王封冀國公謚信國公修齋先生王公諱爚

元孝子石君諱永壽

穎曾椅歟共

昌鄒魯並稱

勗哉後進定

儀是刑

後學莫亘

再拜謹贊

有　獨

呂　思　識

去思

大明紹興府知府李公諱慶

大明主新昌簿廬陵先生曾公諱衍

大明新昌縣知縣淮陽周公諱文祥

元浙東宣尉節齋陳公諱恬

宋知新昌縣三山先生林公安宅

宋寓賢明道先生程純公

兩間秀氣生此偉人材器兼全乎文武學業藴蓄乎經綸踵宦遊于新昌霈德政其在民至今遺愛不忘棠陰尚存是宜絜葯房于

獨賢

人拜屋

祠圖

宋鄉賢晦菴先生朱文公

宋知新昌縣金華先生王公世傑

宋知新昌縣晉陵先生丁公諱璹

元新昌縣尹淦陽李公諱拱辰

元新昌縣達魯花赤畏吾火魯公思容

大明新昌縣知縣東魯賈公諱驥

香　燭

呂　皐　撰

蘭橑奠桂酒
予椒漿叶意
世有吸民脂
膏而受人噬
罵者寧不面
赤內慙而食
不下咽叶也
邪

後學莫旦
拜拜謹贊

貞烈圖

大明孝女石氏邑人石潛女

元烈婦謝氏邑人張弥遜妻

元烈婦徐氏邑人狄其妻

宋烈女石氏邑人石公岩女

元烈婦余氏邑人黃元桂妻

元烈婦董氏邑人張臧妻

元烈女周氏新昌典史周如砥女

大明烈婦丁氏山東僉事唐方妻

芝蘭淑質鐵石肝
腸殺身成仁扶植
綱常貞魂烈魄皎
月清霜肅贈位號
千古輝光嗟彼男
兒曳紫紆黃曰忠
曰義指天不忘一
朝變故見賊即降
遺臭無窮愧此紅
粧　莫旦贊

宋尹新昌縣林公德政圖

才德脩宋人物子丹南明多政蹟兮徙學宮人才出兮開陂渠滋稼穡兮井七星便[illegible]兮杵東堤水患息兮粲美具難盡述兮黎民思覩遺跡兮揖賢能宜廟食兮

後學莫旦贊

本朝知新昌縣
晉公去任蜀
德厚而量洪識
高而才充領民
社於南明淵三
考兮始終其廉
潔也湛寒潭之
秋水其清勁也
挺雪壑之孤松
恩澤洽乎一方
聲名達于
九重是以攀轅
臥轍乎洒萬民
之清淚立祠肖
像兮凜百世之
高風噫斯人也
民以廉頑立懦
而何愧於卓茂
兮與恭
後學莫旦贊

四相侍講局
司牧三事君父
與師：道在：
多士連茹何敢
石公先生作公時
闡其義蘊以養于
四相[illegible]以樹起
禮延程子傳道
辭議于時文杜
韓曰人中表偉
節皆立雪乎絳
帳杜則垂釣乎
萬所相彼四朝
文恬武熙太平
洛陽措之者誰
所謂為天下得
人謂之仁其石
城之謂也非敢
後學莫旦
謹贊

克齋會友圖

所以承先聖之絕學者其功如是所以壽斯文之命脉者其澤如彼噫斯人也誰其友之石氏之子

後學吳江莫旦謹贊

宋義士贈開府儀同三司刑部尚書石城先生石公之像

諱待旦

宋知新昌縣金華王世傑贊曰避影石城
唾名高尚義塾三區渾涵萬象抽天理關

撤人心障王數百人鑄四宰相身在窮閻
澤無盡藏一俯横闢白雲青嶂

宋兵部尚書御史中丞封文安開國侯西齋先生石公像

諱公衡

金華王世傑贊曰蔡京作孽如蜮如魑士
於斯際蘧篨戚施公在中流屹然柱砥丹
心五章掉臂千里台山姥嶺瘦節歸来詠
梅初志清影相陪

宋烈士贈武功大夫汝州團練使董公之像

諱公健

禮部左侍郎邑人俞欽贊曰勇敢之資忠義之氣無辭于朝弗求于世丁時多艱仗劒而起勦除狐鼠保全邑里援絶勢孤從容就死卹典襃崇百世宜祀

宋寶章閣直學士贈會稽縣開國伯龜潭先生王公之像

諱夢龍

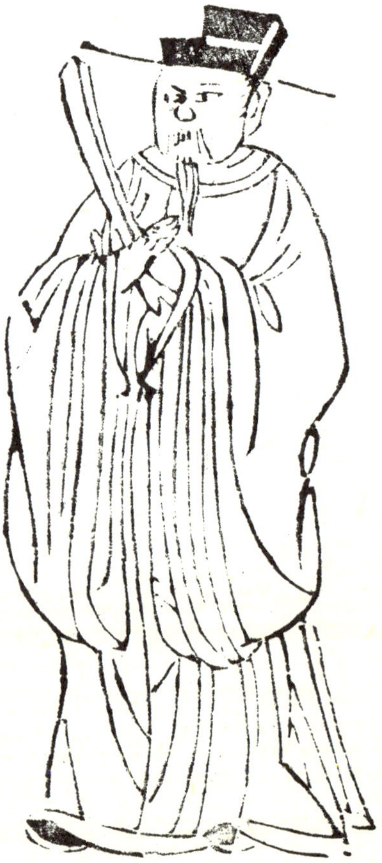

邑人俞欽贊曰有學有文有量有德惠政及民讜言匡國孝親沓春友弟移秩解組帰榮優游雅適臨終不亂還正寢殁至今龜潭山青水碧

宋殿中侍御史直龍圖閣浩軒先生石公之像

諱公揆

金華王世傑贊曰極目中原未洗夷腥雖其尸之禍在檜藏刃人于腹血人于牙綮方辟易公獨驚嗟簡上飛霜欲奏其梟至今生氣猶掌九霄

新昌志卷一

宋權樞密院編修官緝齋先生石公之像

諱斗文

金華王世傑贊曰求礎文琢細索精研制
器無類義勇無前聲名藉甚厨味蕭然委

東　市物掛取斷紙正色觸邪丹心錢堅太
門　一疏諸老驚浮

宋禮部尚書龍圖閣直學士謚宣獻遂初先生黄公之像

金華王世傑贊曰越山之秀篤生偉人學脩堪重約語全真直彖靈烏安危幾書伴鷗友鶴袖手遂初一出一處不涴蕤塵我思君子蘭委玉沈

宋樞密院檢詳誠齋先生石公之像

諱宗昭

金華王世傑贊曰㓜參理學步趨象山深明一語打透機關欲詰其全深探力索返照映光森容儷潭外無表襮內無町畦介然自好見賢思齊

宋義士桂山陳翁像

賜己未進士延平府同知吳江莫震贊曰桂
山鍾秀生此德人富而好施隱而出群建

諱祖

學養士招延席珎人才輩出為時鳳麟義
風所被薄俗是敦贊祠有像爾乎冠紳

宋義士尚幹迪功郎平壺陳公之像

諱雷

吳江莫震賛曰越有義士生于義門義學養賢義局濟貧義田贍族義役便鄉義橋義井義棺義墳凡厥義為義與性俍彼不義者豈不義聞

宋太常簿克齋先生石公之像

諱墪

金華王世傑贊曰讀考亭記誦南軒銘偉
哉德人一心遺經自奉甚薄自律甚嚴辨
獄吐冤居官嗻炎儲書範士字學興祠充
溪棠陰至今留思

宋監察御史太理少卿默翁先生俞公像

諱浙

元紹興郡守王克敬贊曰五山鍾秀卓然自飾蜚英辟雍從政底績鐵面鋤姦赤心匡國運有替興道無今昔閉門紬書研精著述黄堂建明以昭潜德

宋忠臣稽山書院山長宏齋先生吳公像

諱觀

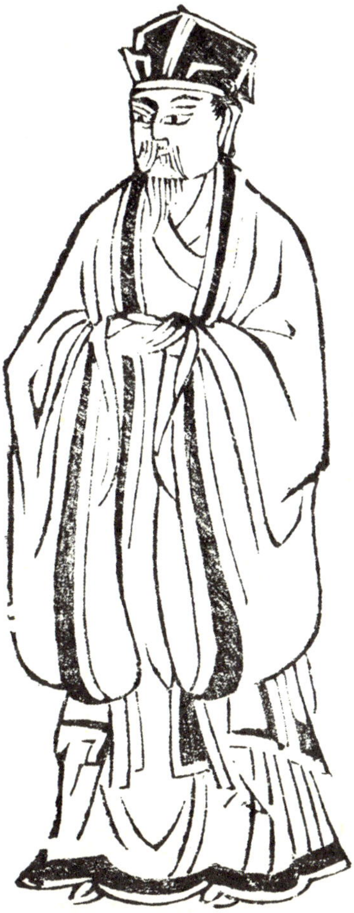

吳江莫震贊曰有宋吳公官卑祿微乃能盡忠報國捐軀壽為大欲孰能舍之義苟有愧雖生曷為死得其死吾道有輝千古悠々不死者誰

宋隱德忠臣半峰陳先生之像

諱非熊

吴江莫震贊曰考槃山澗游心經史江湖
廟堂心彼身此宋社將屋胡塵四起衆方
求生公獨盡死一死、義百世宜祀拖紫
紆金孰非臣子

宋少保左丞相平章軍國重事信國公脩齋先生王公像

諱爚

吳江莫震贊曰生而兆夢言游後身其始定
登科德祐秉鈞讜論匡君懇切至到誠陳
宜中劾賈似道哀哉仆屋一木難支國亡
身死千載興思

元孝子石君像

諱永壽

吳江莫震賛曰嗟君之生元末鼎沸代父
死難成仁取義父兮再生含笑入地尤有
恨者弗終養志誼重鄉評名標
國志扶植三綱表儀百世

大明忠臣無為州知州東陽先生董公像

諱曾

吳江莫震贊曰不仕無義況僭據徒所以
高蹈甘為潛夫
真主開天弓旌招致幡然而起專城是寄見
危授命報 國盡忠至今生氣貫日長虹

大明孝子胡君像

諱剛

吳江莫震贊曰：隣児入井，惻隱隨萌。父罹憲網，子又何生。所以胡君，請代父刑。旨宥肆赦，天王聖明。惠及同事，苑草回紫。三綱有賴，千古垂聲。

大明孝子小齋先生呂翁之像

諱升

吳江莫震贊曰：養親百齡，孝子之情；晉陽公差，使臣之稱；辭官歸隱，高士之名；吟風弄月，詩人之英；子孫多賢，善人之徵；泮宮有祠，鄉賢之旌。

大明都察院左僉都御史謚恭惠楊公之像

維景泰元年歲次庚午
七月丁酉朔
皇帝遣紹興府同知騫弘
諭祭于都察院左僉都
御史楊信民曰爾以近
侍出任
大藩克
懋公廉
遂著賢
聲比因
盜發薦
爾大材爰授僉都之官
托以撫捕之寄成功可
待竟以疾終眷念賢勞
特茲遣祭爾靈不昧其
尚歆承

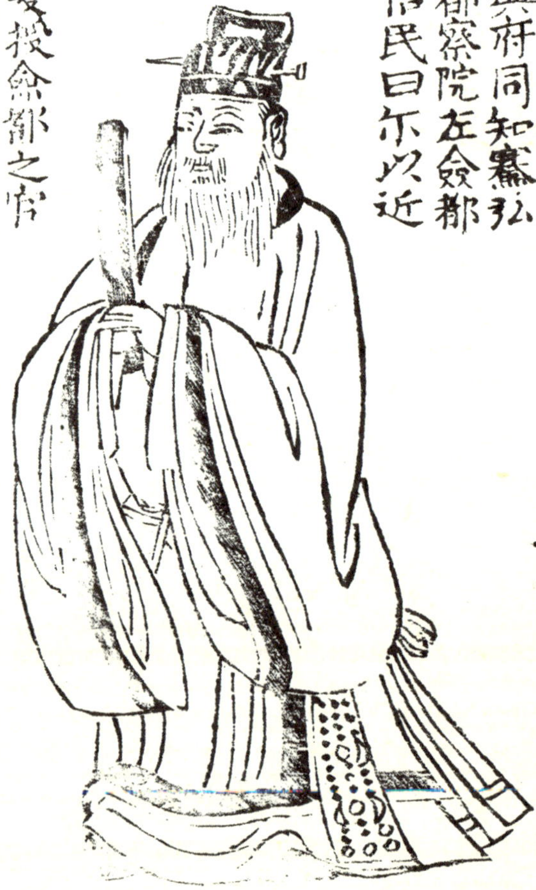

吳江莫震贊曰經濟之才
淳誠之德歷躋顯融懋昭
政績兩廣旬宣六師要息
叛賊歸降黎民感泣生榮
死哀封公廟食羊祜之流
昌黎之匹

新昌縣志卷之二

儒學訓導吳江莫旦纂

沿革

天下郡邑之建置沿革蓋由朝代變遷戶口登耗形勢利否而然耳新昌爲越上名邑其建置沿革之由載諸簡册今論次如左云

剡東鄙

新昌本剡縣之東鄙秦漢至唐爲剡事具剡志〇宋董泰初過剡詩剡溪溪山何所似中有素練圖千鬟雲開天姥鶴翎浃潮落浦口漁舟還載空墳荒土一掬劉阮廟古茅三間予獨不是清興盡自是阻絕難躋攀〇剡城夜坐詩露丈瑤墻夜色遲清寒直透遠遊衣天圍萬室月當午鐘昏沉垓霜倒飛墮地毛頭秋有梭近河須女夜暉機隔隣北客傳新報前月淮陽已被圍〇高翰剡中懷舊詩載籍

無傳事渺茫山川風物類要荒因人有作常成勝與道從浒亦可傷鳥雀庭空遺愛在緋脉社起舊名芳此情欲比東溪水正遥溪流未是長○剡中憫寒詩夜憐風雪戍樓寒卧聽更更打不完天若恕姑人待旦早推紅日上雲端方于過剡詩烟霞若接天台地分野應侵婺女星驛路古今通北關仙溪日夜入滄溟

望　新昌縣

後梁開平二年吳越王錢鏐始析剡三之一而置縣屬越州府後革其五鄉而并爲八宋因之建炎間革越州而爲紹興府縣仍屬焉元亦因之至正戊子台州賊方國珍作乱屬有其地　國朝吳元年天兵南下方氏納款歸附仍屬紹興府管鄉八里四十二後歸并爲三十二　大明一統志云新昌縣在府城東南二百二十里本漢剡之東鄙五代梁開平中吳越王始析十三鄉爲新昌縣治石牛鎮宋元仍舊　本朝因之編戶三十里按宋制縣四千戶以上爲望三千戶以上爲緊二千戶以

上爲上千户以上爲中不滿千户爲下三歲一稽户口之數以爲升降新昌舊爲緊縣今滿萬户因升爲望縣云○策問入太廟每事問吾夫子非不知而問也謹之至也聖人且然而况於常人乎新昌爲越上名邑諸士子父母之邦也古今事蹟載諸簡册接於見聞者不能枚舉姑摭其尤者以問願求所以相長之益焉仰觀天文分野躔於何度俯察地理疆域屬於何州置縣肇於何人納款在於何歲户口盛於何代賦稅豐於何時人才之踵生必有以道而鳴若山川之秀聚必有以人而重者忠孝立身之大節也必有盡孝而全忠者節義人道之大閑也必有守節而棄義者來宦非一也何人有遺愛之思科第至盛也何代有狀元之賜鄉賢有祠所以崇德也豈無含玉琢石之譏常祀有典所以報功也豈無滄海遺珠之歎公塘有神禹之廟豈神禹果嘗至是歟水簾有文公之詩豈文公亦嘗來是歟渡號三溪而説者以爲有

三將之死忠潭名四相而談者以爲有四賢之相業至於仕宦也何人爲最顯氏族也何家爲最舊亭館何者爲最勝土産何者爲最珍之數者皆考校未詳而不能無疑者也願著于篇明以告我幸毋曰事非太廟子非聖人乎其廷而笑之旦問○對九問以有疑也然亦有不疑而問者蓋疑而問者不知在己問之所以成己也不疑而問者不知在人問之所以成物也先成己而又成物焉師道於是乎盡矣恭惟孰事先生絳帳春風青衿化雨斯時也未遑他及而首以新昌一邑之事蹟爲問此所謂不疑而問者也其亦上法夫子入太廟每事問之意歟愚不敏何足以知之然明問彰彰豈容默默敢摭平日所見所聞著筆之于篇而求所以印正於先生焉且新昌之爲邑也地不足百里里不過四十然而有天文焉有地理焉以天文言之則分野躔於牛斗之度以地理言之則疆域屬於揚州之區其置縣也則吳越王錢鏐表

開平二年而分台割剡焉其納款也則台州賊方國珎於　國初吳元年而面縛輿櫬焉户口之盛也林生捴聚莫盛於嘉定之十年賦稅之豐也貫朽粟陳莫豐於永樂之十載豪傑蛟騰英雄鳳翥人才可謂踵生矣求其以道而鳴者惟石墩崇尚正學而學庸輯略等書以成俞浙杜門著述而五經審問諸集以作于以衍諸儒之正派良有功焉五馬飲泉三溪響籟山川可謂秀麗矣求其以人而重者則天姥以李白夢遊而著名石溪以石待旦建塾而不朽于以壽一方之形勝實無忝焉忠孝立身之大節也石永壽代父死難而名垂於　國志呂德升養親百歲而傳美於鄉評孝於是乎盡矣董曾之拒陳友諒而守城以死吳觀之不臣元人而拒守以殁忠於是乎全矣節義人道之大閑也其守節也有周典史女之罵賊而殺身唐僉事妻之躍水而殞命視彼生爲男子而反面事讐屈身降虜者爲何如其秉義也有陳雷之

隱德而能養賢以濟衆石恍可之平賊而能以功而遜兄視彼號称丈夫而瘠人肥己賣國闔墻者爲何若耒官非一也惟林安宅數公有遺愛之思科第至盛也惟石氏一門有三狀元之賜鄉賢有祠所以崇德也今濫奉他産之文杜韓呂而不及忠孝節義之諸賢寧免舍玉琢石之譏常祀有典所以報功也今止於祀典之山川社稷而不及來官有功之賢宰寧無滄海遺珠之歎公塘邑之荒墟也而有神禹之廟禹實未嘗至也意者竊其名而免淫祠之毁耳抵假虎威誠可哂焉水簾邑之勝境也而有文公之詩乃公親所題也今也重其人而爲士林之榮耳龍游魚澗又何疑焉三溪渡不過源水而已而以三將名者昔唐賊裘甫作亂而張公著沈君縱李圭將兵擊之而陣死於此所謂地不自重以人而重者歟四相潭不過寒塘而已而以四相称者昔宋儒石待旦設教而文潞公杜祈公韓康公呂申公相從受業而遊於

此所謂景不自勝因人而勝者歟至於仕宦之人發身科第而紆青拖紫橫金鳴玉者若俞若呂非不顯也而最顯者則宋之王爚拜左相而封信國禮絕百僚而貴莫加焉然當國步危亡之際營曲水流觴於長潭能無免於君子之譏氏族之家甚於盛德而詩禮相承簪纓繼世者若黃若楊非不舊也而最舊者則今之石氏於萬石君為五十五世王公侯伯無不有焉然以墳塋風水之說而歸咎於開縣有功之林宰安能逃於識者之誚其他若亭館之勝則石城迎恩之館溪山一覽之亭皆倚山臨水扶秀分奇即之可以送迎可以登眺勝孰加焉土產之珍則彩烟山之白朮芹塘山之黃精皆瓔枝綠葉性溫味和服之可以延年可以已疾珍孰過焉凡若此者皆舉其尤者而言耳餘悉難名烏乎新昌雖曰小邑而山川景物人才風土有如此者惜乎湮沒歲久世無聞知耳苟非先生之才之學孰能周知而發問哉然愚竊有

告焉物必待遇而重遇必以人而重人必以德以學而重故山陰以王右軍重重其蘭亭之一記耳滁陽以歐陽公重重其醉翁之一篇耳不然則清流激湍與夫瑯琊釀泉寥寥寂寂何以有此芬馥於天地間耶今新昌君山水之窟與山陰爲隣封先生苟能於講授之暇抽秘騁奇見之著述而形諸詠歌播之四方而傳諸後世則新昌之名將與山陰滁陽並傳於不朽矣惟先生其留意焉則一邑幸甚謹對生員徐志獻○朱文公奏狀臣十九日至新昌縣是日午後連得大雨幾至通夕本縣先來亦苦乾旱早稻皆已失收中晚之田亦已龜坼方自中旬以來連日得雨田中遂皆有水中晚之禾間有可望去處可勝上虞等縣但諸縣大抵乾旱日久得雨後時秋序已深氣候寒冷其間稻苗雖尚青活而不能復結實者亦多有之荒熟之形尤難分別臣已徧牒檢視官員切宜子細不可差誤伏乞聖照沿路人户已損田段不堪

[illegible]及申請[illegible][illegible]儒者二姿之禍許續次第
[illegible][illegible]不敢[illegible]望聖慈恃作消詳崔廷
[illegible]及[illegible]不[illegible]民間及早耕種是行關桂禍一人吏
令官司置[illegible]副乜爲等革○懷老臣從論[illegible][illegible]一新
爲詩起封[illegible]從西[illegible]時處電鐵伯陰謀丟[illegible][illegible][illegible]回
云永閣[illegible]上[illegible][illegible][illegible]界善知[illegible][illegible]親附后行[illegible][illegible][illegible]
[illegible][illegible]熙熙縣民但可[illegible]此意從姜公逸季文祠○李
[illegible]昆詩匹馬[illegible]來值[illegible][illegible]荒眼隨飛雁歷青苔蹤驛家
大旱饑食四美鄉明[illegible]憶我鄉但願齊民無餒色不圖
分廪有餘粮隣墻雖[illegible]知人意朗誦斯詩慶樂場○
趙與仁過新昌詩千疊雲深見地寬陰陰桑柘雜入
煙何須去覔胡麻居欲向人間受一廛○王十朋過
新昌詩杖屨登臨嶺山行無住時客情渾在眼鄉思
若關眉石現金仙像溪蟠阮肇祠越山都幾點收拾
上新詩○本朝陳川新昌道上風雨詩黃節夾道雨
如傾行李蒼茫暮獨行三十五年湖海興此時方是

客中情○獨客有遠適蒼茫輒暗投暮奔孤縣雨明發五更秋行李片無恙燈花落不收凄其白頭感慨負一扁奇○章廷端新昌對雪詞用呂德升韻曉來獨倚層樓梅花香東驚寒切乾坤疑望同雲黯黯天還作瓊萬斛楊花隨風舞散似難休歇冷清清萬逕人蹤滅盡千山鳥更飛絶對景同誰笑語還默想當年才傑孟老清標王生逸興蘇郎貞節數子高名于今何處追思心折且揮毫和取陽春雅調莫論工拙

○趙禧新昌田家留飲詩我愛山中景杖屨無欲遠山家頗淳厚野花亦芬馥女績有餘布男耕有餘穀樂哉田舍翁與我舊相熟招邀具盤飧縷縷盡衷曲

○呂升新昌中秋詩八月十五涼氣肅萬里月光清可掬人皆携酒賞明月我向南牕把書讀乃知天道無偏思萬簷雖陋光亦分旁搜奥旨有真味豈在盤饌羅羶腥近来風俗殊不古比屋豪奢何足數吾儕勉力追前脩毋惰尔志貽人羞時哉一去難再得[illegible]

惜分陰，進明德。○新昌寫懷頹排流餘景枯荄□知春惟森陰陽機潜伏萬興屯玉衡斡天運否極泰始伸熙熙聖化中禮樂秩有倫猗歟羲黃世像載萬天民○送莫旦新昌訓導文壇徽棣後金門拜命校一官向于越仍與鉛槧俱官以教爲職身偕道爲徒閭門揖淵騫登堂請彥虞秩微道則尊心閒體自舒況茲新昌邑山水清有餘衿佩紛濟濟泮宮高渠渠名教有真樂咀嚼皆道腴燕居恒中中進止何徐徐雖無踰從多華自免奔趨回看名利場官味或不如勉哉踐實地從人笑吾迂○松陵莫旦景周予乙酉京闈所取士也性淳而謹篤心古學於古今文休無不究心焉者蓋有志之士也連試禮部皆不如意今年春予承 命校文而生又在所試之中過眼空迷心甚愧焉不能買年沽酒以效東坡之謝李方叔於其赴新昌司訓也書以贈之成化十一年孟夏初吉賜

進士第翰林院侍講學士兼脩 國史 經筵官瓊

姜立濬書贈○送莫景因先生赴新昌詩凌雲詞賦
說揚雄著述尤兼史氏功楚璞未能收老淚鄧林先
三屬良工薰風巡渚蘋花白春雨吟壇杏子紅桐廬
放歌拚一醉明朝雙目斷飛鴻先生在鄉校時有吳
江志有貽笑集其宏才博學卓然吳中白眉惜乎命
不称也是行也始新昌士子之有幸也夫詩以送之
用濟其別成化乙未夏四月既望尚寶司丞雲間沈
瑜書○王洪新昌道中詩步入四明境溪山望轉多
雲邊馳五馬島外泊雙艭佛磬瞿曇相民輿孑父歌
更傳科甲盛接武待高坡○卞榮送王道新昌發
論思向人閒羨二豪備官地位最清高絳紗燭影臨
黃卷碧水芹香拂繡袍拄笏看山渾適意升堂講道
欲忘勞他年亦有三鱣
說下獨開西荷寵衷

南明

邑有山如駱駝渠開平
初錢鏐造寶相寺成改
山名曰南明故令人說剡嵊與新昌互稱循東吳曰
[illegible]寺杭州曰武林之類[illegible]西山得名也[illegible]

行南明録元人黄奇孫有南明志及士林題詠亦或曰南明云○吕不用南明九日次李廷珪韻林空月出鷓鴣飛留得詩人夜未歸大醉不知風景惜悲歌能使淚沾衣流年逝水滔滔去故舊星星落落稀共聚山靈情最厚老來相許不相違○南明新年試筆歲月三陽續二陽入間新舊自分張野雞三唱乾坤白山鳥一声花草香籩豆家家思考祖衣冠在在謝君王平生插架千餘卷傳與諸郎不可忘○吕升南明道上見花有感慇落交開紅白花亂離忽此見繁華半生歷盡萬千苦一邑猶存數十家經不能知半有角牽蟠誰謂鼠無牙斷花自覺傷懷甚開之斜陽又數聲

分野

自兩儀肇判地理應乎天文尚矣周禮保章氏以星土辨九州之地所封封域皆有分星以觀妖祥此其始也近代言星土者或以州或以國而漢班固以十二次配十

一[illegible]而陳卓甄谷張良論所入宿度尤詳今攈諸家之說而撫其明著者録其一二以爲推步考驗之一助云

星紀牛女

新昌越地分野在星紀之次牛女之變也○漢地理志云越地牽牛婺女之分野○晉天文志云自南斗十二度至須女七度爲星紀於辰爲丑吳越之分野屬楊州○蔡邕分星次斗六度至須女二度謂之星紀大雪冬至居之○左傳昭公三十三年夏吳伐越始用師于越史墨曰不及四十年越其有吳乎越得歲而吳伐之必受其凶注云存亡之數不過三紀歲月三周三十六歲故曰不及四十年也此年歲在星紀吳分歲星所在其國有福吳先用兵故反受其殃哀公二十年越滅吳至此三十八歲也○宋兩朝天文志天市垣二十二星東西列各十一星其東垣南第六星曰吳越

疆域 疆域之制肇於禹貢之數土學制邦國之地域而正其封疆無有華離之地始於周禮之形方氏新昌小邑乃楊州之境界於寧紹金台之間分疆別域條載詳矣

四境 東西廣二百二十里南北袤一百四十五里周圍四百四十二里里至西北至京師四千七百伍十八里○西至南京一千三百十三里○西北至本布政司三百二十五里○至本府治二百二十里○東至台州府寧海縣界桼樹嶺一百里自界至縣治八十里共一百八十里○西至本府嵊縣界黃泥橋一十七里自界至縣治一十八里共三十五里南至金華府東陽縣界王山鄉九十里自界至縣治一百二十里共二百一十里○北至本府嵊縣界王澤溪二十五里自界至縣治二十五里共四十里○東南至台州府天台縣界關嶺七十里自界至縣治五十里共一百二十里○東北至寧波府奉

化縣界剡界嶺八十里自界至縣治八十里共一百六十里○西南至本府梁縣長安界二十五里自界至縣治一十五里共四十里○西北至本府嵊縣界花田二十里自界至縣治一十五里共三十五里

鄉都

分鄉置都所以頒田里伍編氓也新昌自梁初析縣時鄉九十三後去六鄉而立仙桂一鄉共為八管都三十九里四十二今鄉都如舊里以人户數計歸併為三十有二云

五山鄉

在縣郭內外舊管都四自一至四管里四孝行孝義任岩步諸○今歸併為三里一都孝行里與二都歸併二都孝行里與一都歸併三都任岩里分為六啚四都思行里

豐樂鄉

在縣西南舊管都六自五至十一管里八紆湖永泰美八勝谷仙岩金節通義懷化○今歸併為四里半五都懷化里六都永泰里七都美人里八都揚拡里

與九□□□九□□岩里□□都歸併十都全節里與彩烟鄉十一都歸併

彩烟鄉在縣南舊管都七自十一至十七管里三崇文穿岩太清〇今歸併為六里十一都通義里今與豐樂鄉十都歸併十二都懷化里十三都穿岩里十四都崇文里分二番十五都十六都十七都俱崇文里

仙桂鄉在縣東南舊管都五自十八至二十二管里三思行晝錦〇今歸併為二里半十八孝行里與十九都歸併十九都孝行里與十八都歸併二十都孝行里與二十一都歸併二十一都晝錦改孝行里與二十都歸併二十二都晝錦里與善政鄉二十三都歸併

善政鄉在縣東舊管都八自二十二至三十管里二永寧開化〇今歸併為七里半二十三都安仁里與仙桂鄉二十二都歸併二十二四都安仁里二十五都二十六都二十七都俱開化里二十八都二十九都三十都俱安仁里

新昌鄉在縣

東舊管都三自三十一至三十三管里二金莖新豐○今歸併為一里三十一都金莖里三十二都新豐里三十三都安仁里

安仁鄉在縣東北舊管都三自三十四至三十六管里一義順○今歸併守義鄉共一里三十四都三十五都三十六都俱金鑾里

守義鄉在縣北舊管都三自三十七至三十九管里三崇賢靖安惟新○今歸併安仁鄉共一里三十七都靖安里三十八都崇賢里三十九都惟新里○已上八鄉編户共三十里今歸併為三十二里

永壽鄉今歸併無存

石順鄉今歸併無存

昌化鄉今歸併無存

像明鄉今歸併無存

遵德鄉今歸無存

石城鄉今歸併無存

城郭周官掌固掌脩城郭溝池樹渠之固此城郭之所由建也所以設險固而憑高

深衛民居而防奸暴誠有國者之先務焉新昌小邑昔雖有城歲久皆壞今華夷一統邊塵不驚大山長谷之間宴然無事豈恃城池而為外侮之憂哉

舊城 會稽志云新昌舊城高二丈厚一丈二尺久廢無存但有迎恩鎮東候仙共仁四門名存而已俞公美東堤記云余方輯南明錄嘗疑會稽志載邑城周一十里其高十尺其厚十有二尺今環邑固無是城基也載考東堤之舊址其長六百餘丈其高十有五尺面廣十尺足倍廣之視城制宜相似然按此則昔之舊城自東堤延袤而西至石牛橋轉南至郭儒學前孝行碑彷彿約計之周圍不過數里而已

門 郭門有四東曰鎮東路出東堤南曰候仙路出龍門頭山至柘溪鋪達天台界西曰迎恩路出西郊至天姥鋪達嵊縣界北曰共仁路出縣後過溪至醴泉村過山至浦口旦按新昌居萬山之中地無城池又

無巡檢司所恃以爲安者惟四門而已近年盜賊生發豪門富室焚劫不可勝言皆郭門廢弛不修故也爲政者苟能牢設四門嚴其守護及諸坊巷俱有鎖鑰啓閉責付巡警之人豈有盜賊之患哉古之重門擊柝蓋爲此也成化十二年知縣李楫創立完整〇呂升郭外閑行二首短策荒城外緩步度林坳昨夜春始回徑草先已交落落長松巔老鶴鳴護巢萬物欣向榮世事徒紛拏〇行行至溪滸適見山間人爲言歲再歉舉室愁厄陳傾筐採溪苔得食恒苦辛咄哉食肉者誰能恤其貧〇郭外晚步有感可憐江北與江南極目令人恨轉深軍馬空闐屯百萬功勳渾未見毫纖國家社稷今如此州縣官人誰最廉曉向溪頭聊自適賦詩令獨重江淹〇韋姓端出郭偶成詩二首溪上詩翁日日閑蹇驢馱醉看青山晚來獨向橋西過帶得松雲一片還〇九日與呂德升諸公郭外登高分韻得才字秋山一雨洗浮埃燕集層崖

亦快哉佳節正當重九日諸公總是出群才西風影落烏紗帽黃菊香浮白玉杯清嘯遠聞山下路幾人回首望蓬萊

戶口

戶者護也有國者以民爲守護書曰民惟邦本本固邦寧是以古之人受民數者必拜見負版者必式其重之也至矣然其數之登耗又係乎治道之隆替焉洪惟

聖朝深仁厚澤養育百年無兵革之禍無刑役之苦無農桑之棄熙熙皞皞爲太平之民雖唐虞三代何以加焉猗歟盛哉

戶　宋大中祥符四年二萬三〇嘉泰元年二萬八千八百二十〇元至元二十七年二萬五千六十〇泰定二年一萬一百三十二〇本朝洪武十四年一萬一千七百一十二〇洪武二十四年一萬四百

七十四〇永樂十年七千八百六十三〇成化十二
年四千八百一軍戶四百九十民戶四千四十官戶
二十六生員戶六十五醫戶四匠戶九十五水馬驛
站戶二十二捕戶二十五僧寺二十陰陽戶一十四
樂戶**口**宋大中祥符四年四萬七千八百六十七〇
五
嘉定元年三萬六千三百八十二〇元至元
二十七年七萬七千五百七十二〇泰定二年四萬
六千一百七十一〇本朝洪武十四年六萬八千
四百七十二〇洪武二十四年四萬五千三百四十
九〇永樂十年二萬五千六百六十二〇成化十二
年一萬六千三百

新昌縣志卷之三

儒學訓導吳江莫旦纂

山川

孔子登東山而小魯東山魯望也夫欲覽一方之勝必求所望而登之古今人記雖不同目同於視也求新昌之望其惟天姥乎所望既得其他山川可提而知矣

天姥山

在縣東五十里高三千五百丈圍六十里其脉自括蒼山盤亘數百里至關嶺入縣界疊峰疊嶂千態萬狀其最高者名撥雲尖次爲大尖細尖其南爲蓮花峰比爲芭蕉山道家稱爲第十六福地石壁上有字高不可識有楓樹高千餘丈○唐李白夢遊天姥吟海客談瀛州烟濤微茫信難求越人語天姥雲霓明滅或可覩天姥連天向天横勢拔五嶽掩赤城天台四萬八千丈對此欲倒東南傾我亦

因之夢吴越一夜飛度鏡湖月湖月照我影送我至剡谿謝公宿處今尚在緑水蕩漾清猿啼脚着謝公屐身登青雲梯半壁見海日空中聞天鷄千岩萬壑路不定迷花倚石忽已暝熊咆龍吟殷岩泉慄深林兮驚層巔雲青青兮欲雨水澹澹兮生烟列缺霹靂丘巒崩摧洞天石扇訇然中開青冥浩蕩不見底日月照曜金銀臺霓為衣兮風為馬雲之君兮紛紛而來下鼓瑟兮鸞回車仙之人兮列如麻忽魂悸以魄動怳驚起而長嗟遣覺時之枕席失向來之烟霞世間行樂亦如此古來萬事東流水别去君兮何時還且放白鹿青崖間須行即騎訪名山安能摧眉折腰事權貴使我不得開心顔〇董貫道天姥山賦客有問於沃洲處士曰蓋聞會稽山水沃洲天姥為之冠四迤然沃洲則修竹平津王謝之所棲息焉靈泉右剡支竺之所駐錫焉餘固嘗聞其略矣若乃天姥之卑邇清穎杜少陵之假耳空中天雞李謫仙之夢遊

耳亦豈有數其實而剖其的者乎吾子茲焉是處飫
耀藏英目有所嘗繫足有所嘗經天姥之勝亦既厭
聞而飫觀之矣願子發丘壑之奇蘊抒煙霞之深情
愢我以天姥啓我以地靈處士曰唯唯天姥之山表
乎東南實爲新昌下擘劃乎后土上撓拂乎穹蒼左
傾赤城華頂之攢巒右俯會稽秦望之崇岡四明儐
趨於其後王山秀拱於其陽靈貫牛斗之墟雄鎮於
越之疆剡溪若一線之縈紆東海僅杯水之汪洋巍
嶻業業攙攙搶搶元氣吸歙游氛搶根盤礴其幾里
名烜爀乎一方吐瑞靄而吸祥烟紛免彩而騰日光
色沉沉其欲雨氣肅肅以成霜遠而望之似雲鵬之
振翅迫而察之若陣馬之騰驤青翠蒼峯菡萏特出
側者弁俄端者圭立或谷而杳或阜而突峭嶻嵸巃
修嶺盤屈千姿百態變化欻忽夕暉暎而絳氣扶疎
宿雨霽而浮嵐勃鬱藹然春茂之蕃華瘁爾秋凋之
風骨信良工之莫繪雖辯口其奚述陟之者神怳怳

於青都仰之者目瞪瞪於天闕兹蓋幽恠之所憑凌
猛鷙之所巢穴也至若松濤動壑寒聲四溥竹翠連
空烟光疊重巖棲異卉澗老青楓有柘而瑞有泉而
蒙黃精委輕身之餌白术任厥貢之供金芝連莖而
熻熚璀草濯秀以玲瓏琥珀幻千歲之松脂琅玕吐
萬丈之白虹翠壁如削丹崖可礲洞扉蹴蹲以旁啓
地道黝紏以潛通石攢屼其踞虎木偃蹇其遊龍瀑
流飛洩以夏寒岩竈閃爍以宵紅蒼苔想謝公之屐
蔭藥徑憶劉阮之仙蹤安期羨門金册木公柄廻雲
嶨崒蒼鴻濛清虛羽仙之舘窈窕空王之宫宝閣雲
擁琳宇雲封風廊月殿莫鼓晨鍾或朱其煩或青其
瞳或庑其眉而圖頂或雪鬓而氷容或導引以辟穀
或趺坐而談空丹成九轉教演六宗拍肩白足揖袂
赤窾儆圭組於物表等蓬閬於壺中是皆所以示不
減之柏鋳冲擧之功雖虛寂之不足尚要皆有以閑
玄化而贈仙風也客曰子之所陳博矣大矣宠矣悉

矣偉哉茲山成仙佛之窟宅烟霞之源委予勿詢乎支離予請得而議擬然是山也匪宅中土匪輿圖跡遠界乎蛮陬名近覩乎異書職方之紀篋有禹貢之載缺如周穆西遊之轍詎臻乎絶境秦皇東駐之蹕卒限於修途既無預於五嶽之時廵烏有萬歲之嵩乎此所以不獲銜金册玉函之秘來司南紀理車徒荒涼乎千古遂湮沒乎一隅禽鳥啁唧其音詐窸桂黯慘其如愚老烟障之胎禽怨月嶠之於菟諒人生之取舍亦物理之同符苟茲山之可移屹萬仞於通都盖將有以掩西華而覯南極詫玄嶠而誇方壺玉帛於馬以旁午冠盖於爾乎躊躇又何有林筒之戎剞窼徑之蓁蕪哉處士悚然不怡曰嗚呼噫嘻陋哉子之趣也夫聖軌渺漠皇風寂寥篯德以誇散朴以澆雖考古之簡牒而泥金檢玉之聖實發民之脂膏彼嵩岱之受污亦培塿之献朝吾子因乃挾彼以此誤貺而謬褒是猶欲禍犧牛以文錦之炫爛戚鷄

鷗以鍾鼓之歎嘈偹天姥之有知也縱不能如此山之移文以杜安轡亦将有以類巢由之洗耳以避堯矣乃歌曰清風皓月兮茲山之高勝人韻士兮茲山之遺一塵不點兮何取乎綸蹄之躪轢牲酒之醮禩譸既終於是俯仰怡神山青雲白客赧其言逡巡避席

穿巖山在十一都高二百餘丈圍二十里有十九峯卓拔峭立一鵝鼻昇二纜船三獅子四陽出岫五四洲六文殊七普賢八幞頭九蒸餠十香爐十一筆架十二望海十三覆鍾十四卓劍十五棋盤十六新婦十七擺旗十八磬石十九馬鞍○宋王爚詩穿岩之峯高蒼蒼峯巒十九摩天光晨曦烜赫陽出岫下望蒼海何茫茫有峯俛伏如鵝鼻昇世說任公鈞魚地纜舟鑿石宛然存海變桑田幾千歲四洲儼然坐其中石顛蒸餠香炉峯普賢獅子出雲來筆架磬峯應覆鍾峯頭有石平如席仙子下棋有仙跡雲收帳幔見文殊新婦蛾眉弄空碧好似将軍戰勝歸擺旗

卓[illegible]是雄威又若子卿持漢節㒒頭高聳立丹墀或
如驟馬朝天闕鼻孔撩天通日月中有神人來隱居
老墨題詩猶未滅斷崖蒼碧一線懸崎嶇有路如登
天松關竹塢襍秋色稻田麦隴凝春烟危樓傑閣建
菴宇石空神僧開山祖八載跏趺不下山冷眼死生
猶旦莫遊人到此若登瀛徙倚闌干鬼神驚當年濕
出天池水猶是尋常瀑布声山猿夜啼明月薄聽雪
眠雲猶未覺五百真人應供歸天香桂子紛紛落居
民多在此山前強寇陸梁宣和年流毒数州民受苦
老稚登山獲保全誰知草莽英雄起管領鄉民皆効
死山上分為西南界十萬魔軍猶睥睨儒生談笑覔
封侯胷中好筭皆戈矛深入賊窠諭恩信渠魁乞伏
如罪因上功府幕獻　天子顯立軍功曳朱紫生灵
不作犬羊羞民到于今受其賜人心有感自不忘從
茲築菴山之崗千春萬載奉祀事願祀生民長樂康
○張汝威詩十九峯頭雲作巾峯峯都是玉嶙峋半

天高插萬餘丈一洞可容千數人入去有門斜漏日看來無物不生春畨疑劉阮逢仙處袖拂烟華香滿身

沃洲山 在縣東三十五里二十三都高五百餘丈圍十里與天姥山對峙有鷄鼻峯石封門題字岩山中勝景不能枚舉名人若戴逵王洽劉恢許玄度殷融郗超孫綽桓彦表王敬之何次道王文度謝長霞袁彦伯王蒙衛玠謝萬石蔡叔子王羲之凡十八人往來游樂見白居易沃洲山記今按白記有云夫有非常之境然後有非常之人棲焉沃洲固非常之境也十八人亦非常之人也繼以支遁林等十八僧居此亦爲非常人可乎薰蕕同器鷄鳳並棲白公之文繆矣故削而不録○陳東之沃洲天姥歌我本名山人屢作名山興天台一住三十年盡日捫蘿陟雲徑上攬四萬八千丈之高秋參差明可兩肩並下瞰三百六十度之朝暾滅没飛烟八荒爭或隨仙氣得丹床雙闕夜深看斗柄今年積雨天地晴一

策杖作西南征沃洲最佳天姥勝連山直下秋崢嶸
竹箭脩繼會稽箭芝徑蘭蠡蘭山英秋陽不碎空翠
影絕壁倒瀉銀河声山腰細路如絲直三兩漁樵行
落日炊烟暝色小殘星松子秋声斷崖石飯流溪脣
胡麻香土軟春膏霜术白送書松際有猿公問酒澗
陰皆木客青冥樓閣仙人家鬱藍流光瀉晴碧霓旌
隊下鶴萬群絳節朝回雲五色人間但見挑花源挑
花春香流水渾三生凡骨不得到兩耳夜半空聽猿
李白尋真不得返支遁卜築還費錢至今山靈護光
怪石蘿山薜餘秋妍陳郎故宅更深閟雞犬林塘隔
塵世清秋着屐一尋之路僻夕陰門半閉盤陀石在
長楠陰脫畧塵纓換秋意晴窓示我兩山圖老眼摩
挲觀一二便揮毫筆寫我詩惜哉賞音今絕稀謫仙
一去五百載人間山水無復含清輝舊時仙人白雲
唱怪我白首歸何時我生白首歷浩劫眼中億萬由
沙春夢非陳郎挽我十日住掉頭不顧自有南山期

養霞絶粒鍊精覓長生之學非羨嬉三千年前有夙約來已下早歸不遲長揖群仙謝兄輩倒挾萬里宜鴻飛○曾行詩我來作簿山水縣家家屏障詩題徧有客請賦沃洲山却慚未聞沃洲面沃洲好在賢人心誰其主者支遁林禪床有月藤花落丹竈無人桂栩深曾夢群峯接天姥烟霞微茫不可數幾時結誅芙蓉巢而與青蓮居士伍石橋溪寒冰可敲磨劍當斬溪潭蛟文章不入金馬格難解年來山鬼朝雲自去來山自老鶴書無向蓬萊島作詩寄與山中人明日相從把琴草

石鼓山又名平山在縣西四里四都高二百四十餘丈圍五里山勢圓平似鼓上有良田魚池石亞之嘗築室讀書於此舊有赤声菴元改爲嶽宫又有章一經讀書堂皆廢今山下有真聖院○石東之詩鼓山孫絶對面幾巒欲望臨畫京成百畝松杉陰森坐一川禾黍望中平從距黄葉吟懷逸髮叢茶鬪蕊溪胃清力病止須愴勝賞可知衰老

未忘情○董蕃詩蛺蝶尋春早自忙豈容人負好風光未能傍柳尋溪路且愛看山步石岡與此輪蹄來不斷東西旗鼓幾相望登臨此處真奇絕只欠攜壺更舉觴陸可大詩半屬山林半市塵不多竹樹少人烟一拳土石連天姥四面丹青看輞川懶與官家爲女壻肯從方外作神仙高風政可澄汚俗流詠驪龍及瑞蓮

彩烟山在縣南八十里十四都高八百餘丈圍一百二十里與東陽縣界相連上平衍如地產白朮四面皆崇山峻嶺居民雜處其間本朝宋無逸詩吾聞沃洲天姥間又有彩烟之高山山上之岡三十里平視沃姥浮青鬟其中隱者吾所羡身世長與浮雲閑種朮可療九州疾種稻自給千家餐橘柑棗栗與桑柘種者不少資者繁雞犬走巷陌鹿豕遊林園官府無事日入家總平安乃知桃源在茲土淵明所記欲往難周郎一何樂居此得盤桓晝則治家事夜則經史觀其人天性孝且友與弟同則慈母歡擇

交朋友重高義急難可託輸肺肝我恨不一見今秋過江干胡史兩生喜告我世有斯人爲長嘆北郭高樓送吾目彩煙遠在青雲端嗟我老病畏塵俗剡中乘興重躋攀之子倘見招舟楫寧辭慳丹楓葉落風嫋嫋清溪水落灘漫漫此時過門見王許清讌從此躋岩巒作歌訂約在秋曉豈待娥江風雪寒

五馬山 又名北山在縣北二里四都高一百餘丈圖十

亘五山並下光鼓潭俗稱五馬飲泉○宋李從訓詩北山從何來崐岷而鼻祖并包河與江巧歷不能譜迤推連括蒼繼乃至天姥既而南入台盤桓遂東下嵯峨起東鄒沃洲兀墻堵孟塘伍山頂藥祖舊遊處蒨髮集松下抓掌道今古秀分爲古龍驤首飲平楚環縣如負依爲縣護生聚隱吾聳其南西偏列旗鼓其間諸名流晉宋最旁午我慙貂尾續於汝竟何補登樓覽清秋黃菊滿樽俎持螯送新酒誰爲山起舞人生行樂耳無徒語羊祜

劉門山 在縣東三

十五里十九都高一百二十餘丈圍二十里下有採藥徑劉阮廟沿溪而上有阮公壇○唐曹唐詩樹入天台石入新細雲和雨淨無塵烟霞不足生前事水木空疑夢後身往往雞鳴岩下月時時犬吠洞中春不知何地歸依處須就桃源問主人

山背山一名鰲峯在縣東三十里闊七十里在沃洲山之脊其上平衍有良田美圃有小山盤伏如鰲名曰鰲峯東西南北相距四十里四旁皆峻嶺嶺外環以大溪溪外則天台彩烟四明諸山環列如羅城居民非一姓梁徐其望族也宋嘉定間楊萬里經此宿梁總之宅有詩云四面環溪溪外山置身渾在水雲間山中隱者頭如雪清夜安眠白晝閑

東坳山俗名遠望尖在縣東六十里三十二都高八百餘丈圍五十里其山脈自天姥關嶺南入天台爲石橋山復由石橋盤礡百數十里而入本縣善政鄉

黃柏尖俗名望海岡在縣東一百里高二千五百餘丈

綿亘八十里，登之可見東海。

雪谿山 在縣東一百里一十八都，高五百餘丈，圍二十里，其地陰寒，冬多霜雪。

釣泉山 在縣一百里善政鄉二十七都，高一千二百餘丈，圍二十五里，山與天台穿海相接。

掛簾山 在縣東南三五里五山鄉二都，高四十餘丈，圍五里，其形如簾。

書案山 在縣東南三里五山鄉二都，高五十餘丈，圍八里，五峯相連如貫珠，正對學宮之前，儼如書案，說者謂歷代科名相繼封贈者接踵，鍾此秀也。

石溪山 在縣東南十里二都，高六十餘丈，圍十里，下有石城義塾、雲峽、桃花塢、四相潭。

栢溪東山 在縣東南十二里二十都，高五十餘丈，圍十里，有松坡陳氏將翠樓、黄氏草蒼、海棠洞、望海亭。

平山 在縣東南十五里二十都，高五十餘丈，圍五里，在琅珂西二十里，爲陳氏義塾。

寒雲千疊山 在縣東南三十里，高二百餘丈，圍四十里，四面層崖如疊地氣高寒夏多挾纊○宋厲一鶚詩誰將千疊輪囷勢幻出千崖嶫嵲峯夜半祗靈人負去却為霖雨又從龍○楊養晦詩松竹陰森護上房老仙蓬鬢一簪霜客來欹枕松風裡歸夢不知山水長○陸可大詩無心為雨去人間出洞長閒潤未乾幾見扨風吹不散至今千疊碍高寒

木隊山 在縣東南三十五里仙桂鄉十九都高三十餘丈周圍二里雜木叢立

九巖山 在縣東南三十五里仙桂鄉十九都高一百一十餘丈周圍十五里下有蒙泉

九峯山 在縣東南六十里二十四都高五百餘丈圍二十里山峯有九

南明山 在縣治之南二里三都高二百五十餘圍一十里俗稱駱駝卸宝山峯峦拱揖其形若駱駝山麓居民千百家烟火相望說者以為即駱駝所卸之宝也山頂有石棋枰山南有宝相寺故王十朋賦云南明嵌空宝相湧兮又川之東北麓有伊府紀善劉文輝墓○石声之詩

祗應尋勝到林泉四抱回峯萬景連僧過不知山隱寺客來方見洞開天浮圖照水光相映古木帰崖影倒懸風露了非人世界恍疑身是洞中僊○周道父詩信步與諸山宿有縁十年幾度草鞋穿佛盤青障裡頭坐僧在白雲深處眠月映夜深銀世界灑纓秋後玉壺天我來興盡出山去數點昏鴉落照邊

石城山

在南明山前岩由詭譎泉石奇怪著名于時始由石牛山南行一里餘漸覺清勝有鄒解岩岩旁有白雲莊白蓮菴岩下有千佛像又里餘有夾谿塘循塘而行有白鷗灑纓亭三門榜曰石城張郎之所書又三門榜曰南明山米元章所書中有隱嶽岩紫芝岩仙髻岩岩下有石佛身高百尺覆以三層閣其前爲祝 聖道場有狻猊石月峽石縫梅齊相井處諸郎宅相寺也○李白詩新昌名跡寺登覽景偏幽僧向雲根老泉從石縫流寒鍾鳴遠漢瑞像出層樓到此看無厭天台卻懶遊○宋章得象詩天台

西面列如屏洞穴幽竒地最靈百尺岩中真像在千年澗畔古松青路傍斷石留人跡壁上題文缺舊錄我是丹丘仙郡守暫來遊似覺魂醒○陳堯佐詩白雲樓殿翠林間終日軒窗四面山郤愧勞生多事客清凉分得片時閑

龍巖山在縣南三里三都高一百餘丈圍十里下有孝子呂琰悅親之區○呂不用宿龍岩寺次吳主簿韻荒山古道夕籠烟短薄騎驢雲一鞭好景都隨秋老矣新詩吼出思飄然問僧野寺松歸鶴濯足霜溪月在泉英氣惱人過夜半聽雞起舞不成眠

旗山在縣西七里三都高五百餘丈圍十里山形如旗又名天樂山一名壇山

南巖山在縣西十五里六都高一百餘丈圍十五里山岩陡險皆沙石積成如築墻狀以物觸之紛紛而落特或有崩墜者世傳大禹治水東注積成成岩是為海門若然則唐虞之時新昌平地皆海所謂懷山襄陵是也今岩石間或有螺殼可驗半壁有

釣磯俗傳任公故蹟崖上有巨棺中有巨骨方臘冠入山從絶頂垂縆下窺之見所蛻骨甚大微紅前有滴水岩乳香岩大師岩王十朋會稽賦云南岩岩羲海跡古兮唐李紳龍宮寺碑云南岩海跡高下猶存○盧天驥詩不着烏紗只岸巾尋山遠得愛山人半空飛雨侵衣濶入座晴嵐照眼新風過松杉猶蘊藉雪消岩壑更精神何時亦托任公釣坐釣日東横海鮮○范仲淹詩滄海三神山北斗千歳鼇灵鼇戴神山亘古凌洪濤伯禹水既治一峯留此地鼇去指宇空任公無復尒棄田從變迁由來不記年千時峙峻壑細宇羅金仙余屬山椒與鈎策來尋勝高步出青霞杳在無塵徑○葛行之詩當年滄海浹寥東五十按宰牿尾雖千古棄田人已往至今塵跡在蕭宮

渡王山在縣東十里三十九都綿亘二十里相傳大禹治水曾繫此山上有禹王祠

闘雞山在縣東北十五里三十九都高三十餘丈周迴十

里丙山之首昂然而前若闘雞狀　**顧東山**　在縣東北五十里三十一都高五十餘丈圍六里世傳禹治水時登之以望東海諸山　**獨秀山**　在縣西北三里五山鄉四都其脉自天姥山來起伏蜿蜒巍然獨峙產靈芝異草松柏蔚然〇宋大理評事章天與居之令子孫蕃衍科第不乏山下有醴泉而　**獅山**　在縣東北二十里三十五都高五十餘丈其形如獅下有大明寺俗名獅子拖毬　本朝行人俞振才從張瑛講學于此嘗寄詩云別後光陰嘆隙駒獅山清思近何如馬融絳帳春風裡劉向青藜夜雨餘南去閑山空有夢北來魚鴈竟無書功名自合追韓范好向　金門共曳裾又有獅山窩八詠曰潛蛟池棲鳳竹雪香坡翠濤塢翻藥堦繞苔石卧雲床淪月島俱有題詠存　**月山**　在縣東九十里中溪之傍高數百丈其形如新月　**梓山**　在縣東南八十里南洲上多梓木故名　**東山**　在縣東南

六十里○顧圭詩深塢人稀到重門書亦閑白雲秋
舍靜明月夜窗閑徑掩花開落簾通燕往還窮居所
自適卻憶謝東山

放鶴峯

在嵊東沃洲山高五十餘丈圍五里世傳支遁放鶴于此○唐姚祐
詩我遊放鶴峯戲作招鶴篇山光蘸孤碧溪煙籠輕
烟可詠亦可飲俛仰聊窮年須臾發清嘯鶴翔出山
巔幽姿入望逈逍遥集知尔賢長眉貫朱頂雙翡如青
錢豈無隱居士敎舞遂管絃君不見衛公好鶴乘雲
軒北山餘怨照明編不如放汝歸芝田九皋聲音聞
青天○陸可大詩凌霄風翮非凡雛樊籠局促那能
拘遼天一往幾千載舉世不敢援栗呼脩竹平津古
源水茅茨雞鳴已非是令威令威歸不歸爲報支郎
已螻蟻

鵝鼻峯

在沃洲山高六十餘丈圍一里○石余亨詩右軍雅有愛鵝癖尚想來遊此地
時我看此峯殊不俗也應曾受此公知○陸可大詩
甚矣人情溺愛憎直將鵝鼻勒山銘我來不敢相呼

喚猜道山灵未忍聽

蓮花峯在天姥山西般峯攢簇如蓮花高二千五百餘丈圍三十里○宋葉適詩蓮峯如蓮花攢簇冠天姥形制何所始往往出盤古仙人金芙蓉窄小難比伍海上雙幘巾氣類同祖父日星掛簪笄雲霓繫纓組山風搖草木彷彿疑起舞我從東南來挾策于舜禹願借爲褁頭荷衣拜當宁山灵如有知聞此亦笑許○李泳詩群峯如蓮花恍入芙蓉城數藏花裡宿蒐想南薰清感彼巢居者寤已綠毛生不必羨坡仙専美石與丁

菩提峯在縣東八十里二十六都高三千二百餘丈圍八十里與天台山相接上有石似佛

朱母嶺在縣東六十里二十八都綿亘五里○洪武中縣尹賢醵過此少憩出袖中乾餅啖以充飢父老吳姓者持螯湯以献尹郤不受民有詩云清泉不與盜泉同何事賢侯忍腹空從此區區朱母嶺行人今古挹清風

關嶺在縣東七十里十七都東接天台界綿亘

四里

任胡嶺在縣東南四十里五山鄉一都綿亘三里〇呂升慈任胡嶺詩路陂任胡嶺人家總姓任不知春去盡祇覺樹都深啼鳥我所愛好山誰共吟平生行樂處物物是知心

韓妃嶺在縣南五十里十五都綿亘七里有韓妃墓

花鈿嶺在縣西北五里南達台溫北至吳越貴州按察副使章敍建茶亭其上以濟行人

石蟹嶺在縣南六十里彩烟鄉十六都綿亘七里

百步街嶺在縣南二里三都綿亘百步二里餘至石佛寺

夾谿嶺在縣南九十里十三都綿亘七里夾於兩山之中

銀硃嶺在山背東北通剡出四明西南通本邑及台溫土紅可作朱用

千官嶺在上山背高五十餘丈東通寧海台溫西抵本邑并剡北入四明

黃罕嶺在縣東北五十里三十都綿亘二里咸通中賊求甫寇浙東觀察使王式曰惟黃罕可以入剡然卒亦成擒甫果自嶺入

烟遂聚之。

七星峰在梅溪村後山七峯如北斗有胡司馬墓

展誥岡在三十一都梅溪村之前山〇王洪詩逶迤崇岡信有神儼如騫鳥誥展来新乾神恩澤相承父鍾得啓民半縉紳

掛榜巖在學門之右南明山之支隴也蒼翠可愛岩有石壁数丈方正儼如榜〇金陵王洪詩稜稜石壁半宮西兒鑿神雕不可橾好似天門春試後幾行淡墨榜頭題

掛鍾巖在縣西南十五里六都俗傳岩下有鍾後飛去跡存

金雞巖在二十五都小將村岩壁高数百丈中有洞廣百天頂有一竅通天

題字巖在縣東三十里二十三都沃洲山俗傳舊有題崖今泐入溪〇宋石余亨詩前輩高風不可追自來陵谷互推移都憐當日題名者不及征南辨两碑〇陸可大詩千仞題崖泐入溪風流徒感哲人悲祇緣杜預空多事谷变爲陵亦有時

隱嶽巖在縣南五里三都南明山〇宋顯忠詩翩

結自何時曾爲幾陵谷不見昔賢踪空遺此岩腹一徑斷烟榛千岑老雲木尋常人到稀虎豹嚙棲宿○李邴詩宴坐鶴巢肩觀化柳生肘幽人夜半至古月明戶牖

鋸觧巖在縣南五里三都南明山斷石中裂狀如鋸截○宋顯忠詩蒼崖危不倚中裂勢難圖始鑄陰陽鑪誰闢造化爐藤搖疑落屑樹斫若分符漏出飛泉影長垂一帶孤○李邴詩天骨不可鍛邪将飛屑同雖留一線路今古少人通

仙鬟巖在縣南五里三都南明山○宋顯忠詩首出衆峯間龍蟠勢孤聳雲映鬟光浮月生梳影動可遲謂新沐未巾疑乍籠幸免旦斲理誰從戀種種

乳香巖在縣西五里五都南岩山○宋童亮國詩會稽山水窟此地最瓌瑋生成由造化剣刻疑神鬼藏呀各異狀詭譎具衆美小竇方容膝石乳光熒爍風日互輝炙凝脂滑滫髓道人頗好事履險不憚死捫蘿恣劉采芬香勝芳芷竺乾西海頭薰陸正

正比尚若逢王**滴水巖**○在縣西十五里五都南岩石山烈當與論石髓○宋章充國詩神禹理百川四載無停時茲山海所門踞鰲固其宜三峯連脈絡壁立如高屏斷崖洩水處映破光陸離海若鼓洪波走死蛟與螭老龍蟄山腹蹴踏不敢窺石罅泣微綫滴瀝如珠璣涑雨不為溢炎歊豈能歸異日如可詣山英發幽奇曹谿一滴味道人應自知○葛行之詩土結沙圍石色蒼滔天猶記浪驚痕細觀一滴岩前水信有灵根徹海門

踞虎巖○在余家山徐郎中墓前其狀如虎○元董貫道詩石岩如虎倚山隈形勢昂藏何偉哉幾度深山風雨暝牧童不敢放牛來

白傳巖在縣西北五里四都岩四面皆蒼翠色獨其中有白一帶狀若傳粉故名

靈山洞在獨秀山東○章丟青民詩石洞嶙峋鎖白雲光風霽月淨無塵桃花流水春常在別有乾坤轉化鈞

真溪洞在縣東四十里二十三都洞在山之

半壁人有持炬入遊見有天梯石碁枰坐具山中嘗有碧桃又名碧桃洞○宋石亨詩洞户深沉閉綠苔入間只認碧桃開仙人似怕招凡客移入五雲深處哉

水簾洞在縣東五十里三十二都大坑之谷中洞孕東岈山之秀聳而成之其高十丈廣三丈餘前有飛瀑一派從高噴薄而下若垂簾然隨風東西光輝奪目洞中高處有懸石如豬肝紫色水滴下徵[illegible]有石盆盛之○朱文公題舟兮子猷剡溪也屐兮謝安東山也不舟不屐其水簾乎水簾其人乎人其水簾乎任君成道遊於斯詠於斯朝而往莫而歸其樂豈有涯哉○宋石亨詩百尺蒼崖掛碧流琴烱爲額月爲鈎倩誰移向紅塵去遮郤人間富貴羞

東溪在縣一里三都其源一東南來自天台石橋瀑水北經石筍出青壇別一源東南出南州北經小將與青壇合流下羽村入縣至虎隊支派入蛟湖南流而西溉田一萬二千餘畝其巨派流過縣後光試

灃西流爲三溪出嵊縣爲剡溪

石笥溪在縣東七里二都一名石溪

赤土溪在縣東三十里二十一有發源自會墅縈流至班竹經阮公壇入赤土又西流而至汪漽合流而至東溪

石橋溪在縣東二百里二十五都發源自天台諸山合本縣善政鄉諸塋至溪口西流至浹洲合流過縣東至止水廟入東溪

柘溪在縣東南十里二十都發源自九岩山諸塋流入九潭復北流入柘溪至虎隊與東溪上合流

王渡溪在縣南五十里十六都發源自天台萬年山西南流出王渡經下洲至瀨石西流至槐潭合流至剡

長灃溪在縣南三十五里八都發源於婺州東陽縣界隨山流行於彩烟之間過竹潭至長灃環繞王平章宅第長流而西入嵊縣

石牛溪在縣西二里三都源出天台山瀑布

潛溪在縣西五里五都發源自馬鞍山西北流繞楊坑經袁墓合胡蘆塢至潛溪復

西流而與三溪合長流入剡

玉潔溪 在縣北三十里三十八都源出四明奉化由沙溪轉北至杜潭別一源出天台寧海由三坑西經唐家洲紆繞三十六渡北流匯杜潭出嵊縣浦口

四相潭 在縣東七里二都宋石待旦設義塾於石溪以淑後進文懿公杜郜公韓康公呂申公俱來受業嘗會於此潭之旁後皆拜相〇王洪詩四相當年訪石溪結廬潭上事幽棲如何次第登台鼎禁被山川入品題

夫人潭 去縣東南六十里善政鄉三十都唐洲之側石壁巉岩高三十許丈下臨深淵過者股慄洪武中僉事唐方之夫人丁氏死節于此至今人稱曰夫人潭詳見文德類〇王洪詩寒潭千仞蟄龍居命婦全歸樂有餘一死至今昭白日丈夫應愧不能如〻黃璧詩夫人家住碧潭濱祠悳臨門不辱身自問碧潭深處所碧潭從此稱夫人

雪潭 在盤峯之中上有瀑布泉高挂岩端綴二三丈瀰于潭廣

一畝餘清徹可愛若滄浪然故雖盛夏亦不知暑

老鼓潭在縣北一里三都五馬山下其深莫測廣十餘丈長一里

高蟠潭在縣東十里二十二都俗稱白龍毋所棲歲旱有祈必先焉詳見祠廟條宋李拱辰詩雲送龍公歸海藏雨隨車輦滿山來老農預有豐年喜餉我晨飧酒一盃

白泉潭在縣南五里三都南明山俗傳石佛座下有白泉潭三大字碑

岩椿潭在水簾北有石澗自東鄉山來至潭其深莫測兩旁石壁高數丈水流無声上有椿樹甚怪覆潭上俗傳有龍潛焉永樂癸巳歲旱里人祈雨有應有詩云大雨雲霓歎望多神龍爲我故天河田疇水足枯苗秀從此家家鼓腹歌

楓潭在高桂東一里許

三溪渡在縣西一十里四都按唐史咸通元年賊求甫陷剡縣衆數千人觀察使鄭祗德將張公署沈君縱李圭往擊之甫設伏於三溪北壅上流使可渡既戰佯敗走官軍追

之半涉雍水至軍敗三將皆死之○陸可大詩愚民不達死歎衰欷齊聚飈飈起深谷有征無戰乃王師不防狐奸工草伏死生有命況功名志士視此鴻毛輕古今忠孝無小大三將之死皆人英

麻溪塘在南明山中石佛寺前四山環繞積水廣數畝其深莫測一堤界於其間天光雲影晃漾左右鳶飛魚躍清風洒然真絕境也

東堤在縣東一里綿亘三里以捍溪潦宋知縣林安宅所築寶慶知縣趙時佺咸淳知縣吳均佐重修歷二百餘年又圮成化十二年知縣李楫又加修築○東堤記錢塘吳侯宰南明之二年秋九月邑大水東堤壞過額臧趾突市肙庐民魚矣侯亟整亟恤隰始奠於是邑之士友披地圖請於侯曰是溪也武隊匯其源古潭速其流陵岸變易今昔殊勢狂瀾怒濤齧其衝一決其防半爲巨壑是堤也自趙侯大修治距今僅五十年屢修屢壞今歲大水堤大壞況嗣歲屢餘民將誰賴侯愀然曰

預備先智也修廢重役也天幸不可恃也邑計雖告匱敢請之臺府乎去昔雖不遠敢諉之後人乎節用推息告糴於私廩善政諸鄉民俾不役於築堤始欲用隅保鳩集二百夫以聽命葦之連連築之塡塡堙之壘之塹之層之良月始工踰閏涉仲而告成錢以緡計者若干米以石者若干堤以丈者若干高廣視舊殆又過之無不及焉金湯鐵甕不足喻其堅也萬廈百堵不足比其安也於是邑之士交相與言曰常人當事志多墮於因循謀易惑於衆異財每蔽於吝嗇彼此疆繞雖切己利害所當爲事陽迎陰避率於扞格而相持今侯去三者之私以爲百年之計功亦偉矣然亦倏興蟻櫟潛伏物無久而不弊功有計而常全可不爲瑰琰以詔方來乎乃以蒼崖黄君元發偕其季元時叙實來諗予記予方輯南明録常疑會茲誌載邑城周十里其高十丈其厚十有二尺今環邑固無是城基也載考東堤之舊址其長六百餘丈其

高一十五尺面廣十尺足廣倍之視城制宜相似然夫城以護生聚堤以禦水患其爲衛民一也余既合而叙之以補邑乘之缺以表吴侯之績又念堤之防水猶政之防民也知築堤爲邑之先務則防民之善政可類推矣侯之爲政如聽獄訟興學校植義廩固無一不可書而修東堤又其政之大者宜不嫌於屡書雖思禹功湖堤憶蘇昭東溪之神或者有譏於斯文侯諱君佐識老於年爲政有家法縣果造朝將爲世顯用邑士賢其決者某某時咸淳六年也朝請郎新簽書鎮東軍節度判官廳公事賜緋俞公美記

蒙泉

在縣東九岩山下○宋李泳詩一泓徹底無邪思蒙以名泉意味長但得此心如此水眼前何處不清涼○曾幾讀茶經品水方臨風幾度嘆望洋揭來細酌蒙泉味却恨龜蒙舌未良○姚祜詩飲鹿花間壯此山遊人多作惠泉看龍津有脉來無盡片塊深濃潤不乾在澄密扶雲漢白結非深透净瓶寒泡

年欲給千僧供史餘蒼筤幾百竿○楊一鳴詩鑿破蒼苔幾尺深岩花散影映球琳千年棄海有盈涸一掬水泉脈古今清沁金莖涵石髓香生玉茗漱波心聖功地步妙如許不受燮河淆滴侵○陸可大詩混池竅出元氣脈源頭鏡淨磨青銅聖功道脉那可擬六鑿不動如嬰童我懷古人妙玄理名之以蒙不虛美水哉汝當玉汝名惜勿東西學湍水

醴泉 在獨秀山麓味甘美冬溫夏冷宋大理評事章天與家予其亭○平和德化醴泉通千古濠梁武舊蹤光閒雪花微動月影浮璃液淨涵空迢迢脉絡流無盡滉混源泉出不窮淵引一瓢堪當酒萬年仁壽祝重瞳

齊公井 在石城山宝相寺方廣二丈源深不竭俗称齊相井唐齊顗所居山中有十五題井其一也按齊顗不魯爲相俗傳誤也

石井 在天姥山下

七星井 在縣郭凡七口雖大旱不竭味勝常水居民賴以便汲宋尹林安宅所浚也

義泉二井在令茶亭前行人汲飲其一以小塔蓋之**義井**在縣東百步許潘家橋側昔民潘惟清所浚源深不竭復設汲具於旁繼隣井之冬涸止行人之夏渴者**鍾井**在鰲峯之上冬温夏冷人有痾疾或腹痛者飲之可愈**孝行碑**在縣南一里宋知縣林安宅所開發源自柘溪諸水西流曲折入縣郭出光嶽潭下流入三溪溉田一萬三千畝民頼其利林公之惠侈矣**廣溪碑**在曹洲村蓄水甚廣溉田千餘畝居民利之**釣磯**在縣西十五里五都南岩山俗傳任公子釣魚磯詳見任釋條〇宋章完國詩昔聞龍伯人一釣連六鰲仙山沉海底貝闕倦怒濤斯論古留遺跡者之憤磯那知任公事近在北山幽鶴棲[illegible]下君[illegible]輪轄餘罔遺想當年臨時意氣當識所得魚[illegible][illegible]北志[illegible]煩欽要使爲[illegible]之輪輻[illegible][illegible][illegible]大道[illegible][illegible]人棄是非[illegible]

嵩無等夠東安豈繼也事禁雅志良有在一
倫富貴莫能移斯人之門走請此石琵琶我生譜
跡攀岩自所畫猶個見樹下日晏不知飯歸月十一
潭陰火發光彩安得
長經魚為我佛爲何

司馬地 在縣東四十里天姥山麓接志云司馬
承禎隱天台山被召至此下馬大憩○宋李含章詩
說人間有子微鳳吟芝撿入林扉道無不在不敢言
昔未必是今知非古人作事必謀始孰識時行與時
止俚語揣摩皆妄耳先生未必誠如此○陸可大詩
尺一飛來虎豹關悠然乘輿下青山潔身固非有道
事樂道自昔逢時難落馬橋邊發深省應悉馬前一生
捷徑果哉馬後過橋

阮公壇 在縣東三十里二十一都劉門山麓之東○陸
人捷徑爭先癡不醒
可大詩青山移籍歸劉氏溪石分編入阮家彼此均
指兒女愛不羞脂粉涴烟霞○劉阮當年到洞天骨
無仙格竟空還桃源千古炅斷隔祗有空壇託舊山

石封門在沃洲山○宋石余亨詩纔有機心事便多門重門擊析竟如何君看達者棲遲處石壁蒼崖掩薜蘿○陸可大詩壁立當風不動搖素無關鎖任推敲朱門蓬戶無分別好借潜師代觧嘲

疊石在縣東八十里二十八都三石疊起側臨清澗下有石盤承之蓋天成非人力所能為也

猨猊石在寶相寺石佛之前舊傳天台僧智顗死有二獸至號吼作佇天叩地之狀遂化為石郡志云二石對峙如異獸成化丙申二月旦至寺親見之其形如獅高五尺餘一仰首向天一俯首至地作號吼之狀蓋人功所造非天成也意其為智顗墓上之物僧輩假托以神之耳今按大明一統志何其牟與人之声聞過情而獲際遇者亦猶是也噫○宋僧顯忠詩庭除兩猨猊一仰復一俯號天與泣地似欲訴亙夏若世傳智顗死二獸來瞻昭逡巡化為石埋沒入深土事■固難詰但見形可取風雨剝蒼苔萬古復

萬古○李邴詩乾坤石骨老風雨涉蘚蘚俯仰意自深頻呻態常在

石棋枰在南明山頂一石方廣二丈餘厚五尺許階于顛崖之上面上子路猶存相傳仙人曾奕棋于此具四角有礎形意有好事者曾立亭其上下臨陡絶之境登臨眺望萬景萃于目前真勝槩也○宋陸可大詩高人嬌世立高標閑詔空枰萬仞楸凝世勝心炎似火及來見此合冰銷

松化石在縣南三十里八都王氏園中凡十餘株雜植杉檜中其形如松枝節青理畢具獨無葉有高四五丈者有十丈者真奇玩也按唐書僕骨東境有康干河松木入水千年化爲石又陸龜蒙詩註云東陽多名山就中金華爲最其間多古松往往化爲石宋王禴入相時人力致之以供玩好耳○宋陸可大詩生從太極未開端越歷人間幾歲寒化爲石骨示無用肯媚暴秦汙小官擇地豈專宜僕骨問名聊復認康干有人欲棄入人間事嘗許相從借得看

石牛在縣西三里一在石牛〻官吼邊一在覆舡山西南**石龜**在南洲水口其形如龜頭足尾皆具前有小潭潭有岩宛然如蛇**石筆**在石龜之旁其石尖秀如筆○王洪詩惟石脩然數仍青化工分巧付山灵白雲帰盡秋空淨寫出文章耀日星**月峽**在石城山兩峯並立中開一罅月行其中儼如寶鏡之開奩也○宋李詠詩咽咽石根泉豁離峯頂雪竹樹寒不凋蒼岑更奇絕凭闌送落景坐久靈香歎安得紫玉簫婆娑弄月明○俞君異詩坐井而觀天井小天亦小不如峽外看天大月更好**桃花塢**在石溪○王洪詩石溪〻上媚春光萬樹桃花絳雪香不似天台流水處胡麻仙飯引劉郎

新昌縣志卷之四

儒學訓導吳江莫旦纂

風俗

上行下效謂之風衆心安定謂之俗十里殊風百里異俗勢則然也所謂曹齊魏褊楚急齊舒者蓋自古爲然洪惟聖朝堯天蕩蕩禹跡茫茫百年之間豐樂與而敎化洽治道泰而人文宣非前代之所能及也新昌雖在浙東一隅之地號稱小邑然讀書尚禮彬彬可觀小民惟知務本力農而無浮靡之習豈非祖宗德化涵濡之所致歟

習尚

以讀書尚禮爲美事雖走卒務農之人亦能寫字口有文談不遜行商不尚華靡亦無博奕淫亂之風然好歌舞明法律不受虧客財健訟此其大略也

士風

自五代至宋石氏義塾與於前陳氏

義塾闕於後後由是士皆業儒或以功業著或以名節顯或以文章鳴士風之盛莫過於此自元至 國初人才濟濟山林隱逸之士多以古詩文鳴自永樂以後人皆不務學有以生員舉者輒相悲詈爾糜膳鈇亦以懷驚恐徒以記誦相高而理趣製作漫不加意間有志於學者往往尋師於他方淵爲文獻邦所郡至宣德中耆民俞用怡招延台州林圭瑩爲師士子翕然從之由是科目稍興近年東提調得人作興有要而鄉試禮闈騈登並捷生儒滿巷詩書比室而他郡邑之人游學而來延師而去者接踵士風之盛殆與二十年前大有徑庭具提調憲臣黎張崑山和嘗以詣賢支稱之昔劉安福釪稱爲耆熟善行若張華亭悅稱爲有實學非溢美也

禮儀

故家舊族禮儀秩然凡客至家長迎入坐定子孫弟姪以次揖拜父坐子立叔坐姪立等級甚嚴但施禮施於官府而不行於父母此爲可怪耳

方言

風土不可諧言

亦異新昌越地越與吳在上古爲東夷其人歙舌談爲會稽郡五代爲錢氏小國故語言大畧相以新昌人以來爲壅以去爲棄以人爲囊囊即儂字之訛耳以在此處爲是故裏以在彼處爲是蓬裏蓬即傍字之訛耳自稱曰我囊稱人曰你囊指他人而稱曰其囊囊即儂其即渠字之訛耳以罷休爲歇壅以如何爲亭生以幾許爲幾海以取爲馱以與爲四以走爲跳以不知以爲弗兹以五箇爲性箇以十箇爲豎箇凡此之類不能悉舉

冠

冠禮之廢久矣男子至十八九歲或二十歲多於冬至日冠拜天地祖宗及父母宗族即止或於正旦冠就與賀歲一同行拜而已三加之禮雖舊族亦不行

婚

婚初托媒往求既許則卜日討年帖送年帖到婿家設讌請媒厥後遣禮謂之壓帖又曰過紗猪羊合一鵝十二隻雞倍之魚一品名曰五盞饅頭一品曰助盞紗一雙由是兩家各相慶弔俟算冠仍辦五盞如前加以茶餅豐儉隨

宜綵段一雙禮書一緘送至女家謂之聘定或就定而娶或另卜日而娶皆裝一擔家有無或女父若兄送之至婿家謂之親送入門設盛席兩位一主一賓謂之湯風獻酢飲畢即廣陳筵席親賓宗人陪宴謂之大筵若近即回遠則次日即行諺云送親自古有入門便用走近來親送亦無惟以老嫗或妓者送至婿家以為婦行禮扶掖之助或伴月嫂三盞禮送回初婦入門擡至中堂下轎妓者唱曰請新人出轎唱至數四婦乃出轎先用竹籃子裝麥蒙其上置轎口之地婦出轎即將籃子蒙上轎夫撤去轎子妓者或三五人唱迎婿至婿至立於東婦立於西皆北向家長在前拜祖宗四拜畢輒跪一人跪於左讀祝謂之告廟告拜婿婦皆四拜由是以紅帛一段婿婦各執一頭與婿相向而行婿前婦後妓者唱哩囉嗹迎入洞房婿出婦升階序上立姑用竹片一根挑其蓋頭擲諸拜畢衣上已而妓者導婿至床前婿東婦西相向而

主持酒各一杯妓者贊禮對拜者二各飲少許妓者各以飲餘之酒合爲一杯復分爲二杯授婿婦各飲畢唱卺而罷謂之交杯後衆賓飲散婿婦於中堂拜公姑四拜餘皆隨其尊卑而降殺其禮次日夙興婦獻公姑湯餅奉被子或鞋等物餘亦隨人而施三日夙興婿與婦至祠堂行四拜禮用祝文告廟曰廟見早飯後齋茶於宗族中拜獻諸尊長名曰拜茶家中設酒會親歡飲名曰三朝酒僕除夜辦五盞禮送至婦家曰年羮婿於正旦往拜婦家謂之拜門婦家諸幼以香案紙筆陳諸巷口請婿作詩謂之攔門入門拜見禮畢設湯風大筵待之各房宗族由親及疏連日相請請畢本家又設盛席待之謂之滿筵然後以羊背皮茶飯饅頭等物送回而罷初無贄居女婿

喪

初喪於死者脚下燒紙錢少許名曰起脚紙後屍置床側以紙錢於溪中買淨水燒湯洗浴着衣不行小歛禮移屍入棺令人報親戚親戚鄉族往哭之

名曰臨喪孝子被髮哭不絶聲親鄰各煮粥并荳腐
羹往哭勸之終日不食四日成服五服之人各服其
服餘皆依朱文公家禮而行不用浮屠小姓間或用
之朝夕奠用酒肉燒紙錢哭拜鄉間小姓或有親告
者至親或至交用猪羊雞鵝饅頭等物往祭之行禮
誤以四時祭祖之禮行之殊不知文公家禮於喪禮
門弔奠賻條明開跪酹茶酒而已今皆不祭而安行
之且喪凶禮也祭吉禮也以吉禮爲凶禮至爲可歎
間有數家行之反相訾笑鄉里親戚弔之其賻儀原
有往來者施之無者以紙錢少許應之再拜而還臨
葬發引之際亦用紙錢於柩前隨地撒去謂之不
買路餘亦依文公家禮燒紙小姓亦間有之祭

祭

外神也鬼四時祭祖用分至日清明端午重陽之類
忌日除夜亦祭俱依文公家禮可有舊家并小姓祭
祖不論祖先多少以焚敘今十二分擺列焚清

謁墓

香點燭家長一人用口讀[illegible]用祝文明

日拜掃墳墓採初生艾葉炙熟雜於糯米中舂成餈糍并酒饌祭之又別設酒饌於墓左祠后土祝文並用文公家禮禮畢添土墳上掛紙錢於墓所而還

主僕　民間無義男伴當之屬富家或於他鄉買數歲小兒養之以備使令比長仍復逃去者有之

內外之辨　凡名門右族閨門嚴謹婦人非至親不輕出入市肆中紅裙翠袖絕無有焉

崇舊族　簪組相繼譜諜足徵者爲故家舊族必門地相埒者然後爲婚姻其微賤之家雖驟富貴故家雖貧亦羞與爲婚亦有不得已而與爲婚者宗黨則心鄙之矣此固風俗美處然又有一說焉堯以二女妻舜未聞以門地言也蓋婚姻當論婦之賢否不當論門地之高下若惡疾有過娼隸之家則不可不擇焉

舉業　以[illegible]書爲本經書既畢次看史次讀時文佳者數十篇然後作文其近日利徒所刊京華日抄四書主意之類閑眼不觀恐其惑志而低手也

宴饗 宴饗飲儉薄家厚者施於請官賓食卓則肉味七事菓蔬各七事看卓則京菓糖纏七事鷄鵞鴨魚一麪鵞鴦銀錠各一品肉一堄撲飯則大饅頭豬背皮湯粉数套稍薄者或六或五而已若請鄉里親戚厚則五菓五案五蔬薄則四味而已酒則以家長一人起勸穿換三杯比十餘揖復就坐已而又一人起勸如初在席人人序長幼進勸否則非敬也大抵立多坐少禮多食少勞多逸少其亂事皆以子姪為之不用奴僕

兄弟 為兄弟者不論親之存歿罪姻役皆異居別籍或同居亦各爨習以成風前輩惟白茆村張洽與兄背孤奉母同爨終身一入而亡豈公藝之雲仍歟

夫婦 鰥夫以不娶為愚寡婦以再嫁為耻間有再嫁者亦不多見也

不諂神佞佛 此風在在有之惟新昌不然其村落小民疾病之際或有禱謝而祈求者然亦不敢顯然為之恐人之見議也其僧道終日靜坐而已旦暮笑

曰他方人謂病不禱神必死死不奉佛則有罪君然則新昌無壽考之人入地獄皆有罪之鬼鬼既有罪不

得再生爲人而人類亦漸無矣呵呵

不爲僧道尼姑

男一爲僧道者千中之一二女爲尼姑者總無本處寺觀僧道皆外邑人也

頂巾

上自士人下至商賈農工樵牧之人俱頂巾惟縣中隸卒不敢耳役滿後亦然

春熟

凡秋收後即翻耕田土於初冬種麥至暮春皆熟大麥可飯小麥可麪農家賴以續食名曰春熟

租主

田在遠鄉如彩煙三坑等處者或四分或三分如田以四石爲一畝每百取租四斗曰四分租三斗曰三分租較歲以爲常若古之貢法也近處皆田主監收而均分之若佃人缺食借田主穀一石還租一石五斗亦有取加六者銀子亦樂宣德間皆取對合近來加五加三而已或官府徵糧之際迫於限期遠鄉人不免於街市大戶生借即還加一謂之出門加一也

蠶月

每歲育蠶

惟有蠶柘若蠶爲養育亦不甚多葉少者聊備綿線而已

正旦

正月一日夙興於中堂焚香點燭家長率其幼稚焚紙拜天地四拜即拜祖先就出拜當境神祠歸拜父母諸父母早飯罷會族中男婦并諸幼輪定一家男東婦西在中堂依尊卑叙立從幼拜上謂之團拜以免逐一行拜之勞本家設宴而退族少者不然鄉里親戚更相拜賀初二日市人與附近鄉村如醴泉虞王山石溪等處會拜於城隍廟會首供茶而退

元宵

正月望前市人俱出錢做燈於十三日陽金擊鼓侑以綵旗迎至各廟相賽歡聲喧哄各鄉并本處人民集觀以竹兩傍交插掛歡門燈二籠在在有之明如白日又做戲文通宵達旦至十六七纔止鄉間惟山背湖北二處做紙燈人一口燈一擔以長價緘之接成一串夜間繞村繞山燈過巫相加挑金鼓相應亦爲可樂他處惟集道人誦經賽神而已

服飾

士民皆平巾直身朴素儒雅陋

村俗之氣宦家公子禮度雍容不戴小帽不尚美衣

朝貴朝貴還鄉不矜騎馬不作威福不則衆咻而群訾之

輿馬爲舟楫陸行無水舟楫不通家有田一頃以上者養馬一二疋或驢或騾以便往來朝放暮收繩繩滿道其官員乘轎老人婦女則兩人小肩輿而已壯而貧者出入徒步亦勞矣哉

高屋民間房屋高三丈餘樓高五丈椽上蓋瓦無鏝板無磚墻黃荆編壁泥塗而已富者則用白堊三間五架或七架取中一間爲客位東西間爲臥房深而且暗上作平頂防瓦縫之風雪也

篾簟

晒穀秋成收割就於田間用木槓打穀而歸用大篾簟於中庭旋晒旋食人家無打穀塲爲地有沙泥雜於米中故也

以字行人有姓必有名有名必有字所以美其名也古者父師命名朋友制字名呼於父師字稱於朋友呼者以尊以嚴稱者以諱以德天下之通義也故禮記曰君子已孤不更

名今新昌人不然乃以父師所命之名置而不用而朋友所稱之字反行於父師甚至誥勅中亦然不知何據然古人亦有以字行者蓋名有所諱故耳非諱則不敢也

夫役之勞

路當衝要西至嵊縣三十五里東至天台縣一百二十里凡官員使客之往來貢賦財物之援遞役民爲夫肩擔背負纍纍而行山路崎嶇溪流迅急夏暑冬寒忍以飢渴背則傴僂面有菜色傷哉乎夫役之勞也況縣小民稀一遇過客數多則里長顧人應付每夫一名則工價銀三錢又有一等無知之徒倚托上司官勢或以縣官親識經過之時亦要起夫相送以爲常例稍不如意則謗讟隨之矣傷哉乎夫役之勞也

水碓

近溪住者俱作水碓以代人舂而邑中尤多即唐詩所謂雲碓無人水自舂者張牧皮詩云嶂水摧轉輪端聲雜舂響香粟成粲餘溪山月初上

做市

地僻民稀買賣亦少成化九年餘姚賈人王金三試

爲之頗有至者由是邑士諸律爲作招子揭之以每月三八日爲准由是台嵊兩縣人民俱来做市牛猪雞鵞之外或醢或煮與夫棗栗之類而已其溪鮮海錯異菓珍羞不可得也邑人吕宗學年少閒居無事或勸其開店至數日而罷人問其故答曰此事不至好要壞人心術

食店

市人開店酒肉麪食之類不甚豐旨惟過客或有事於官府者入焉佳客及本處士夫俱不入

採薇

山間小民遇歲歉缺食時入山採薇蕨舂碎水浸成粉以療飢張抆坡歌曰采采薇山蕨薄言充我飢腥饘列珍味雖多奚以爲

打檡子

秋間於山上採檡樹子作粉以供餉客之品代茸粉也張抆坡歌曰摘瀝成粉餘烹調細於焗香薦綺羅筵尋常寇他品

吹桐角

東作方興之時農家稚子取桐樹皮捲爲角頭大尾小早暮於田間吹之其聲嗚嗚然人皆知爲農務時矣有詩云鳳笙鼉鼓龍須笛夜宴華堂醉春色吳歌楚舞

蕩人心但爲徵娛別無益何如村落擣桐吹能使時人知稼穡人言此角即兒戲誰識野人吹角意田家作勞多怨咨故假聲音召和氣村南村北聲相續青郊雨後耕黄犢一聲吹得大麥黄一聲喚得新秧綠吹此角起東作吹此角田家樂此角上與鄒子之律同宮商合鍾呂形甚朴聲甚古太平有象致如斯萬歲千秋戴明主

販牛

産牛甚佳蘇州客商往来興販歲不下千餘頭土人亦有自販去者得利倍加人呼爲牛客

逃民

他處小民逃移而至者有産之家輙留之給與房屋居住其人佃田布種秋成與田主對分稻穀亦有雞鴨饋送或田主農忙之時亦倩其出力耕耘或佃户缺食時先借田主稻穀一石一石取其加五或可種麥者每畝取一斗仍與牛一頭看養秋成取租或三石或二石蓋兩相情願者也本土人戶雖不逃者亦不與佃種大抵縣小民稀土民除讀書外俱役于官鄉間種田多賴逃民之力耳

虐婢 凡大家主母之不賢者多虐其婢妾，蓋未被樛木螽斯之遺化也

沉女 生男則喜，生女則沉之，蓋爲嫁裝之厚也。何其不仁若是乎！婚娶論財，先儒以爲夷虜之道。知禮君子，荆釵練裳皆可嫁也，焉用厚？稱家有無而嫁之，不必愈於沉之乎？虎雖惡物，不聞咬子，豈有具人之形而殺其子者乎？夫負殺子之名而甘同於夷虜，吾竊爲新昌不取也。昔崇安縣人不舉子，有縣尹某者立舉子倉以養之，由是全活者衆。今新昌之爲政者苟能行此美意，不從者置之於法，仍罪其親戚鄰里，豈惟丕變風俗之可尚，而子子孫孫亦永享無窮之福矣。興言及此，悲乎哀哉！

搶火 新昌往時失火，鄰人救之惟恐後，近日富家被盜焚劫，親戚鄰里乘時搶其盜餘財物，此輩甚於盜賊，深可惡也。

作砩 田在平土與溪不遠者，謂之砩田，起科至重。每年種田後，用石并帶草泥塊、樹木等物橫截溪流，却於溪上邊平地開溝

名曰畊激塍溪水歸畊引至田內灌禾山居不能車戽者謂之天田

車戽

新昌田除端泉二項外有坑塘二項遇旱必須車戽車則所謂桔槔是也比他處頗小古詩云百折枯腸運不休輪迴都在脚根頭夜深吸盡寒潭月能使下流歸上流戽則用一桶如斗絆以繩兩人對立塘上以手執繩提桶屈身取水直身上水傾之田內張牧坡詩曰一桶帶繩提屈伸如唱喏寧憂旱魃生清流倒懸瀉

妓樂

土人為樂戶有籍隸教坊者凡十餘家自相婚配富家婚姻則用以為行禮扶掖之助或平居宴飲亦用之歌舞遇晚留宿亦不拒焉

田賦

上之所徵謂之賦有田有賦自古爲然禹貢所謂庶土交正厎慎財賦是已新昌爲邑山多田寡土性磽确即周官五物之殭檃也以故所出之賦不多今據公牘所載

著備録如左云

田土

元官民諸色田二千二百六頃七十一畝二分七釐七毫○本朝洪武十四年田一千九百四十五頃九十三畝四分三釐地五百五十五頃八十一畝零山四百九十七頃八十三畝零塘一十一畝零洪武二十四年官民田地山塘三千六十四頃六十五畝零田一千九百四十六頃一畝零地五百八十二頃五十七畝零山五百三十五頃九十五畝零塘一十一畝零永樂十年官民田地山塘三千六十二頃二十七畝零田一千九百四十三頃六十七畝零地五百八十二頃五十二畝零山塘同前成化十二年官民田地山塘三千五十七頃四十九畝六分四釐一毫田一千九百三十八頃八十五畝四分二釐二毫地五百八十二頃五十六畝四分九釐山五百三十五頃九十五畝八分三釐塘一十一畝九分

九氂

夏稅 宋戶人身丁錢三千六百一十二貫三伯文後催一萬四百七十三貫二伯五十一文紬二百八十七疋二丈九尺六寸絹二千二百四十八疋一丈六尺七寸六分後催二千二百五十二疋三丈三尺八寸六分綿五千六百三十九斤一錢九分後催一萬三千九斤六十四兩四錢二分三氂額外和買六千七百九十九疋三丈四尺四寸役錢一萬一千九百八十八貫九伯八十文水陸茶錢二百三十一貫小綾一百五十疋折鈔九百二十五貫三伯五十文折帛錢一萬八千七百八十六貫八伯九十八文折紬綿一千一百五十六兩折稅絹麥九十七石七斗八升五合折苗糯米二百五十四石〇元中統鈔一百三十二錠四十三兩六錢三分二氂〇本朝洪武十四年小麥一百二十五石六斗八升八合五勺鈔一百八十六錠四貫五伯八十五文八分洪武二十四年小麥一千六十一石五斗八合五勺

歩一十六[illegible][illegible][illegible]錠一貫三伯八十八文三分永樂十年夏麥一千六十石九斗一升五合六勺鈔同前成化十二　宋苗米七千六十三石五斗三升五合年同

秋粮

二勺合零就整等一百一十五石一斗七合七勺圳溪二百八十八石九斗一升合催六千六百五十九石五斗一升七合五勺〇元官民正耗粮米三千六百八十石三斗八升八合〇本朝洪武十四年粮米四千五百二十八石一斗一升三合五勺租粮鈔五十一錠四貫五伯六十一文洪武二十四年九千九百六石四斗八升一合一勺鈔九十二錠二貫二伯二十三文貲鈔一百五十四貫一伯八十六文農桑五千三百二十三株該絲二十四斤七兩一錢五分每絲一十八兩折絹一疋共折絹二十一疋二丈一尺九寸二分永樂十年粮一萬一百三十七石九斗八升三合鈔一百四錠三貫一伯五十九文四分農桑同成化十二年粮七千九十一石四

升二合六勺鈔一百二二錠三貫四伯七十三文折粮銀二千九百兩

課程

宋稅務課鈔二千五十二貫二伯八十四文遞年趂到九百五十八貫四十四文盞四千八百斤茶四百五十斤酒六千五百二十一貫二伯二十一文遞年趂到二千七十三貫八伯三十九文〇元酒課月辦中統鈔二十七錠一十八兩六錢二分四釐二毫醋課月辦鈔二十二兩五錢盜課歲辦一千三百五十五引茶課歲辦鈔七十四錠三十二兩六釐稅課月辦鈔一十一錠二十一兩三錢〇本朝永樂十六年歲辦課鈔六百錠三十貫三伯一十文各色課鈔一百一十五錠七十文酒醋課鈔二十錠一貫四伯文茶株課鈔一貫二伯四十文茶引由工墨課鈔三十三錠二貫文油榨碓磨課鈔一十七錠二伯一十文窯竈課鈔四錠四貫七伯文官榭課鈔一錠二伯二十二文黃麻改科課鈔八錢三貫二伯文房地賃鈔二十一小錠五伯文秕課司頭

辦課鈔四百八十五錠一貫八伯文契本
工墨課鈔一貫四十文成化十一年額同案
雜貢元雜色皮
一百八張年白朮二百三十斤活玉面狸二隻〇
本朝歲貢白朮二百斤活玉面貍四隻黃精三百斤
歲辦弓六十七張箭六百六枝弦三百六十五條雜
色四白三十張荒絲八十二斤五兩九錢金線六百
四十四丈三尺桑穰一千三十斤曆日黃紙三千四
百張白紙四千六十張紅花一十三斤一兩梔子一
十兩靛黃一十兩三錢黃栢一十兩洗花灰二百八
斤一十四兩石灰五斤五兩七錢靛青八十斤四兩
槐子三斤一十三兩一錢白礬一十三兩三錢明礬
二斤一十四兩黃丹三斤三兩七錢木柴三十四
三分膠子三十三茶四
分爐灰二石七斗四升

土物

產於本地者謂之土物由他處而来者非土物也自古海外諸國珍奇寶貨靡

所不有而人才則無聞焉說者以爲天地秀氣鍾於物而不鍾於人也今新昌土產之物倒指不能盈十焉其故何也意者天地秀氣鍾於人而不鍾於物歟不然何人才衆多而土物之寡寡也耶

白朮

出十四都彩烟山即本草所謂越州朮也陶隱居云白朮生杭越舒宣州高山岡上葉葉相對上有毛方莖莖端生花淡紫碧紅數色根作桠生二三八九月採根暴乾以大塊紫花者爲勝圖經云一名山薊以其葉似薊也莖作蒿幹狀青赤色長三二以來夏開花紫碧色亦似刺薊花或有黃白花者入伏後結子至秋而苗枯根似薑而傍有細根皮黑心黃白色中有膏液紫色二三八九月採暴乾藥性論忌桃李雀肉菘菜青魚味甘辛無毒能主大風痿痹多汗氣[illegible]心腹脹[illegible][illegible]消宿食開胃去痰涎除寒熱

上下瀉主面光悅顏去黑治水腫脹滿止呃逆腹
內冷痛吐瀉日華子云朮治一切風疾五勞七傷冷
氣腹脹補腰膝消痰治水氣利小便止反胃嘔逆及
筋骨弱軟痃癖氣塊婦人冷癥瘕温疾山嵐瘴氣除
煩長肌用米泔浸一宿入藥如常用○章廷端題薛
巡檢烟山種朮圖烟岑之巔白雲窩赤城天姥高相
摩薛侯飄飄有仙骨受命作宰來岩阿山中居人多
種朮侯來視之得其術朝鉏隴上土勻勻蓍灌畦間
苗鬱鬱厥包入貢香玉餘囷盈廩積誰侯如賣朮得
錢應供給客來呼酒歡相娛莫道居官饒民利世亂
多侯得深計未同東閣只閒哦直與茅山共論趣君
不見江南昔年多美官錦衣咲坐黃金鞍一朝任滿
歸不得妻子流落愁飢寒薛侯官卑祿誠薄七尺長
軀有餘樂久聞服食曾身輕何當共跨瑤林鶴○謝
揚世通惠烟山朮名詩雲箋新緘字陸离惠將百里
重瑤奇茶收穀雨黃金蓄朮切烟山白玉絲服食便

能延壽筭煎烹端疋助文詞老夫得此憩無報謾倚松根爲撚髭

黃精 出二十六七八都芹塘山

圖經云三月生苗高一二尺葉如竹葉而短兩兩相對莖梗柔脆頗似桃枝本黃末赤四月開細青白花如小荳花狀子白如黍亦有無子者根如嫩生薑黃色二月採蒸過暴乾用今還八月採山中人九蒸九暴作菓甚甘美又云味甘平無毒主補中益氣除風濕安五臟久服輕身延年不飢

山胡桃 出二十六都樹高葉密狀類胡桃暴尖細味尤香美八九月收爛去青皮用火焙過中有笑縫擘開別而食之

玉面貍 出善政鄉別都亦間有之面白身斑極肥腯然亦難得本朝歲貢四隻

櫸粉 八鄉皆出其樹并葉與栗木相似有高丨餘丈者有不過數尺者結子狀如細攤霜後方收水浸一月晒乾碾去其殼取其肉再浸一月許去[illegible][illegible]水[illegible][illegible][illegible][illegible][illegible]乾收[illegible][illegible]用制度爲[illegible]粉[illegible][illegible]

粉頰黑然可禹餘粮水蘸洞左右山下出石塊狀[illegible]

次已痢疾云禹餘粮小饅頭中有餡如芝麻知[illegible][illegible]

如白米俗傳神禹治水過此餘粮所化也遊人或[illegible]

之隨意言我欲何餡然後擊之中分兩半其餡[illegible][illegible]

所欲宛然芝麻荳米之形真異物也

新昌縣志卷之五

儒學訓導吳江莫旦纂

治所

設官有常職視事有常所定制也新昌自劃剡置縣以來今五百餘年治所未嘗遷易但朝代變更歲月久近而屋宇有廢興增損之異耳然亦繫乎吏之賢否何如苟律己以廉撫民以仁則人將指之曰此其官之所建也此其官當于此聽政也覩物思人不能忘也其或貪墨無耻掊尅以害民則遺臭穢跡并治所而垂罵矣可不懼哉可不戒哉

縣治 在五山鄉南明山後地名石牛鎮梁開平二年錢鏐開設宋太平興國中知縣張公良栖立屋宇邑士石賀出財代民成之宣和三年燬于婺寇方臘紹興十三年知縣林安宅重建元至元二十六年

復燬于賊楊震龍二十八年縣尹完顔拜建至正末又燬于方國珎　國朝洪武元年知縣周文祥又爲昇建廳後累政相承不過修葺而已

正廳居中凡三間即琴堂也正面扁公生明三字前有露臺

後堂在正廳之後凡三間後有蔬圃花竹之秀今廢○呂大亨縣齋賞灯詩一從懷月發新硎便覺山川氣象增未改春笑三月火先觀堂後五星灯紅綃宴客情何孚赤子憂民課必登已試立觀儒若效龔黄治行未多稱

穿堂在正廳之後〻堂之前左右有池積水群魚游泳于其中○呂大亨詩相思不寄隴頭梅共酌灯前細雨杯一局枯棋清夜話花枝火急報春來

幕廳在正廳之東凡三間前有墉道轉西達于儀門

戒石亭在正廳之前中道上有石刻云尔俸尔祿民膏民脂下民易虐上天難欺宋熙陵御筆也

六房吏戶禮三房居東兵刑工三房居西共十二間

儀門在戒石亭

之前凡三間

譙樓 在儀門之前凡五間有壺漏以正時刻具鼓角以警昏曉古制也

正門 在譙樓之下題新昌縣三字

榜房 在正門之外東西兩旁

頒春亭 在譙樓之東元設今廢

宣詔亭 在譙樓之西今廢

宴休亭 凡二在後堂之東西

土祠 在儀門之外凡一間坐東向西

知縣衙 在後堂之後有畫簾堂凝香閣○本朝黃著凝香閣寫懷詩一室渾如斗間居興自幽壓涵冰叠冷清奪瓮入秋墨細玄雲潤茶香碧霧浮支頤吟思閑此外更何求○偃息空齋下常懷竊祿羞月華侵素幌風氣襲重裘守已難如蝸蘚生寶類鴆已將身許國詆毀復何憂○王洪次韻重到河陽縣花殘一徑幽寸心常是夢雙鬢忽驚秋愛把新詩和拚將太白浮多情黃鳥語友義自相求○綺筵開舊館盤饌列珍羞誰結王生襪空憐季子裘非甘慚老驥遺澤詠雎鳩遥憶青雲客應懷

天下憂〇暇日道經新昌過舊尹黃誠夫公廨屢寀治具欵洽因覩壁間之詩遂感而和之以見意丙申三月望金陵王洪識

縣丞衙在知縣衙之事有二松堂

主簿衙在知縣衙之西有凌盖堂

典史衙在縣丞衙之前

吏舍在六房之後凡一十二間

庫在正廳之西

獄在正門內之西凡七間

墻垣周圍四百五十八丈

學校學校之設所以育賢才而明教化古今所重也新昌號称浙東名邑其學肇于前代而盛于我　朝其殿宇之宏偉禮樂之明備器什之齊整至於廩稍食板經籍嚴條約教養大備是以人才輩出揚芳邁偉於今平之世彬彬然可觀猗歟盛哉

儒學舊在縣治之東與縣廨連墻宋宣和三年徙于方獵之宼紹興十四年知縣林安宅以故址狹

隘改徙縣東南一里書溪山之後縣新重建即今址
也厥後知縣虞以良錢宏祖王世傑謝在存完頹丁
洽朱惟忠王光柘　本朝知縣周文祥石銘鍾益壬
驥黄著李撫縣丞莫如能典史鄒端相繼修建○新
昌縣新建儒學記　新昌縣舊學在縣之東與縣廳連
牆基址淤隘宣和辛丑經魔之寇不復修建春秋釋
奠寓祭于縣廳後十有五年得縣西武尉營屋權葺
一堂以備祭祀而殿與生徒肄業之齋所未遑也又
八年余到官詢訪民情利病咸以縣未有學而風水
不聚爲辭乃即縣之東頭別卜吉地誅茅薙莽鳩工
度材得寶相九峯二刹獻其山木四百株慧雲廣福
之竹箭共八百束所用竹木不糜一錢而標所之工
二千肆運之工四千九百有奇以至諸匠雜役瓦石
釘灰種種之費縣悉任之分毫無取於民前門後堂
齋列東西殿處其中粤五月興工十月落成余於是
揖諸生而進之曰爲治有遠効之術尚不求其要而

敝精神於薄書期會則法出奸生令下詐起未見其能化民成俗也惟教人以學則師儒之訓導經文之閧習由縣而推之鄉由鄉而推之里由里而徧之比屋父詔其子兄敎其弟朋友切磋其朋友弦誦之聲庠洋盈耳談仁義而傳聖法先器識而後文藝人知君臣父子之綱遷邪歸正之路廉恥日興獄訟衰息然後邑令得以鳴弦騶樂而飛鳧爲戲所謂速效之術蓋本於是矣余視事之初恩信未及於民而首以興學爲急諸公以爲令廿勤勤於是者其亦隆尚虛名然耶抑亦誠心於邑之學者而款丕變其俗耶對曰先生未建學之先率邑士相與爲學不以薄書汩沒而親爲課題日與講貫及其既建學也一以椽一木一高二一下櫛風沐雨躬自督役烈日酷暑亦所不憚今學之既成也遂一近之士敎作文以須德一切辭而弗納是知公之興學其中至誠欲以激勵吾邑之士差非隆尚虛名者也然則令尹以誠待士士之來遊

斯學也其慕虛名而來且一出焉一入焉於斯耶其亦誠心爲學立身揚名以酬父兄之責學者耶吾聞十室之邑必有忠信三人之行必有我師雖割雞不當用牛刀而學校固不可一日廢今肆業有齋贍學有門講習有師友出入有規矩諸生業患不能精毋患有司之不明行患不能成毋患有司之不公率斯以往他日南門成稱儒術之宗實關端等斯令尹之志也其敘之曰紹興十四年左承議郎知紹興府新昌縣主管學事三山林安宅記○都運直閣先生塡嘗宰斯邑首建黌舍又營良田以給食士民稱頌之後十六年錢塘虞以良敢繼公後竊覩蒞設而知焉政之四自又念歲久稍稍墮廢亟命役徒整治之塗塈丹雘煥然一新因取舊記重刊于石用傳不朽云紹興辛巳八月甲辰門生右宣議郎知新昌縣主管學事虞以良書○新昌修學記新昌據天姥沃洲之勝自晉唐以來文人才士來游來歌里之人未有名

世首至我朝石城山人石公待旦以師道自任始開義塾教授里中子弟正獻杜公以郡人東萊學文正范公以郡守尤加尊異儒學之盛稱於東南石氏遂爲聞家士無不知學者獨學校之建至紹興十二年知縣事三山林安宅始克成之自是絃廢□□興吟諷教歌之聲寂如也學不幾於徒設乎宝祐以以元金華王公領縣事大懼於失非所以移風易俗美教化之本乃命進士俞彬黃飛俞公恬張漢英石墳分事隙作整齋序新講堂取四書日與諸生發明天理人欲之辨按董子之後者教于學賛鄉先賢之名世者而立之祠又推本師友淵源補徐公僑以衍文公朱子燦然日擊而道存油然意改而心化士類皆起立咸曰邑雖有學大夫雖脩學未聞脩身以道崩道以教如王公者今公行受代不得留肖其像以爲之祠叙學之廢興以爲無窮之思可乎乃相與謀而属語於境竊謂今之學官周之子男漢之六百石今之土責亦重

矣則明教化厚風俗宜莫先於學昔傅説之告高宗
曰惟學遜志而孟子之收放心具論寔原於畢命孔
門記先聖之訓首曰學而時習之曾子得孔聖之傳
實曰吾日三省吾身夫所謂三省者省其不忠不信
不習也若此身蓋無時而不省也是知爲學之力造
次必於是顛沛必於是近世學者不能潛心於先儒
講究之功深造而自得之誕者不復學鄙者不知學
道聽塗說耳剽目竊非不捷給於性命道德之言然
聽其言則是考其行則非是皆以言學而不以心學
今王公既提其綱復演其義又表先賢爲學之實邑
之人士歸而求之當宣政炎變時天下最多事威福
玉食移於臣下莫有折其奸者獨尚書石公公弼侍
御石公公揆宣獻黃公度皆以言責奮擊之至今凜
凜有生氣國祚以延諸賢之力也是令尹崇學校祠
先賢之意也令尹名世傑爲太學諸生扣閽鉏奸登
乙未進士第所至以廉稱其來新昌有惠政犴獄屢

堂可以觀其學矣寶祐四年八月望日郡人韓境記

○重建儒學記大元一統崇尚文治世祖皇帝誕布玉音文宣聖廟國家歲時致祭月朔釋奠宜令洒掃脩潔今上皇帝嗣登大寶繼志述事一新焕頒有曰孔子之道垂憲萬世有國家者所當崇重廟宇損壞隨即脩完猗歟盛哉大聲渢渢雲動六合朝學在在一新新昌夫子廟始縣治東宋宣和辛丑燬于寇二丁寓祭縣廳後十五年葺縣西武尉營綿蕝行禮又八年紹興甲子邑令林公安宅以舊址湫隘改地嘉定壬申錢公宏祖重建迨今又八十三年矣大元至元壬辰六月大都完顏公來尹是邦棟宇吾道桐梓善類上体聖朝崇重美意以興學爲第一義捐堅奧郜目擊滿穿癸巳春丁會邑士子明倫堂曰殿將壓矣鼎建可乎士對曰修足矣公曰余細視所不朽者右耳與其修也寧建於是捐已俸爲倡衆助莫不樂然甲午臘月望日奠中梁木不旅月落成重礎培基

形勢昂聳加飾像設以儀以瞻士友林相語曰文廟
增修舊制公之功其可泯乎盍構堂繪像以寓去後
思公聞之曰此令分内事也終不許行公之心固不
求人知而德之感人自有不能忘者乃相與伐石而
爲記自今来遊之士瞻公之功思公之德當下無負
公作興之初意上無負聖天子教育之盛心勗之哉
元貞元年六月日新昌縣儒學教諭吴大番記○新
昌縣重修儒學記學始有虞氏而三代共之學祀先
聖孔子始唐武德間而歷代因之故天下縣無小大
必有學新昌有學舊矣方今敦尚儒雅一新學制須
護一道郡縣學有司須教一學有貢登進秀士有籍
弛而力政勿隸　伍有律而宣化勵學部使者寔職
之於是天下學校幸受其賜然吾學適臨逵道一椽迫
莫禁中更冠禍蕩突毀頹旋補旋壞莫克支久一日
繡指觀風收内郡縣繕理文廟條貫下于縣縣官聯
聽用惟謹尹楊侯既上我儒數于中書歸乃慨然以

新學爲己任屬教諭管君景中林君時中率先規摹餘閑大門儒士咸會各視其力運材輦甓樂相斯役未幾圮者創仍者葺撓敗隊壓易而甃列牖墉周密塗墍畢新學完好如舊焉噫斯有功於聲教庶使吾士如將見有虞三代盛觀獨非幸矣乎癸事侯顔余曰學繕新矣今責塞矣脩於鄉議於校亦予責也盡記諸退弗獲讓因復于侯曰天下縣有學匪止芘士而已抑古諸侯泮宫制也部使者視古公侯縣視古子男古地官之屬縣師之次有師氏教諭職令設敎此是於學校皆職分所當講明成就以論政教所宜若昔泮水繼頌豈刪詩筆於宗國苟私之哉去今千載下詠思樂之辭尚想見匪怒伊教之美而矯矯虎臣淑問如皋一時獻功靡不在泮識者因於是觀政焉序曰僖公能脩泮宫也非公固不能也可頌也今王人新大寵貺秉節庶一道教化宣明我長官往年爲[illegible]式遏寇虐不濫矯矯之武賢尹柎循庶知舊香

淑問汝浩郁邑寅恭問學行二十五年兑秀于廷授
令今一力優郵君政若欲乞方泮頌斯其元職協事
章哉繕新吾學之盛舉是非可書也夫予敢書之首
著吾矣予之祀千萬世不可廢且將勗後之為吾縣
者視候爲楷法達魯花赤火魯思蛮尹楊大亨簿劉
不花典史李椿至元二十九年壬辰正月望　大成殿
日前進士袁應椿記石余亨書俞浙書蓋
邑中凡三間天順七年典史鄧瑞重建并塑像〇重
建大成殿記學校古也養人心而善風俗自三代以
來一是道德喪而教養之意失莫甚於唐末五代之
際藝祖皇帝以儒道立國州縣學宮始備於慶曆之
間新昌分剡民俗朴野未知學校之禮吏以釋奠菁
令不可廢紹興甲子猶祀夫子於縣之東堂三山林
公來宰是邦慨念教民之本未立乃卜基於縣郊之
南五越月而學宮成邦人凜凜乎鄉學矣由是登仕
籍者相繼於朝而敦勉于學者才能節義可考也越

六十七年王溪詹公寬令尹以殿宇頹圮詔易而新之鳩工度材方殷而卒又二年吳越錢公宏祖易地茲來莫謁之初環視憮然曰此推崇教化之本盍亟圖之會縣單壺莫知供億四月八日大殿半摧迅若雷轟闔境驚視乃曰道德之至通於天人如此學者相率請之父兄各願輸金穀公喜其有濟日夜圖吏材從市易而無須於民工以時酬而不勞其力上体國家之盛意下繼林公之遺跡以六月九日舉祭觀模鼎新雄偉改觀士民快覩爭持牛酒以犒於手人心知所趨向而風俗美矣君子謂公之爲政知所務也鄉邦之士力學以自勉勤講明先王之道採筆遺遷漸摩存養守之以歸方正直之行而無偷合苟且之習令德昭著爲時名卿光于我國家豈不偉歟宜書厥首鏤諸堅珉立于祠之右以俟嘉定壬子八月七日邑黄庠記

大成門在大成殿前三間正統□□門在二年縣丞連如能建□□□大

成門外以爲之凡三座高二丈五尺有奇前臨通衢對書案山蒼翠可觀

兩廡在大成殿東西兩旁凡十二間成化三年知縣毛驥重建

明倫堂在大成殿後凡三間宣德三年知縣鍾蘢重建毛驥繚飾扁額乃朱文公所書東西大書狀元榜眼省元解元四扁

○新昌縣學重建講堂記

天何以以氣地何以以形人何以以道道何以以五雖殊三則實其体無欠缺無查滓無絲忽止息然氣之運有判合人之稟有清濁是以行於世有斷續有晦明惟其有斷續晦明故道不可無寄道托是寄以覺人入就是寄以索道使是寄常存則道不離人人不離道吾何憂不幸是寄不能常如一日廢興成壞之不時則主斯寄者庸可逭其責乎或曰孟子曰道若大路然人病弗求耳奚寄哉嗚呼道有寄可以觀古今之世變矣自秦灰項火皷禍斯文天下後世不獲見聖賢之書聖人之道筆於聖人之書聖人之書不見何以探聖人

之道哉魯共王升孔子堂聞金石絲竹之音壁中斷簡殘編始校讐於漢儒之手倘當時是堂不存與不登是堂則吾道已無餘脉矣有是堂所以存是道也升是堂所以聞是道也然則孔子之道豈非寄於孔子之堂哉新昌前未有學紹興十三年三山林君始剏於縣南門外一百三十年幾脩幾壞寶祐己丑世傑來學製殿謁日氣象寒閴上漏旁穿與彼傳舍等喟然嘆曰文不在茲乎遂悉心經營絶蠹者植之朽蠹者新之甲寅乙卯創先賢祠行鄉飲禮開大小學有朋自遠方來相與讀聖人書獨講堂屋老未暇每與諸生坐其下則凛乎憂其將壓而斯道無所寄越丙辰愈歎不可居延撙節浮費庀材鳩工而邑之詩禮家翕然來助無靳色二月始五月告成輪奐翬飛群驚咸聳易曰君子以朋友講習語曰德之不脩學之不講是吾憂也甚矣學之不可不講也如也士之盛入斯堂也知天理之微不可以丕行如蔽者郁者

[illegible]道之要[illegible]大學致知格物之功加以平居[illegible]篤行之力家[illegible]絃誦人人規矩并成一邑之[illegible]然則相在[illegible]宣高[illegible]儒矣然紹興之始建今日之重脩是蓋有賴存乎其間嗟夫數非數也人也世傑去稀不百日後之主是寄者亦將有感於斯文寶祐四年六月宣教郎知紹興府新昌縣主管勸農公事王世傑記

舊二十齋

元至元二十八年知縣完顏因燹寇楊震龍所毀重建齋舍二十間曰志道曰友仁曰立禮而附以土祠爲十居東曰據德曰由義曰崇智而附以先賢祠爲十居西今廢

二齋

東曰傳文西曰約禮宣德三年知縣鍾麓建成化三年知縣毛鱶重修

儒學門

在靈星門左正統元年知縣鍾麓重立扁縣學二大字乃紹興十四年知縣林安宅所書雄壯奇古三百年舊物也

儀門

在大成門

左知縣毛驤重立

神厨在大成門右

宰牲房在大成門之西南知縣李楫建

膳堂在明倫堂之西北凡三間成化四年知縣毛驤建

倉在膳堂後知縣毛驤建．

號房在膳堂東西兩旁凡十間知縣毛驤建成化十二年知縣李楫又立外號二十間于靈星門裏

射圃在訓導廨之西成化九年知縣黃著建觀德亭

鄉賢祠舊名先賢祠宋寶祐四年知縣王世傑剏建中奉宗賢石待旦石公弼石公揆石墪黃度石斗文石宗貽文彥博呂公著杜衍韓絳林安宅凡十二人泰定三年郡守王克敬增奉俞浙通十三人成化三年知縣毛驤重建○先賢祠記世傑令南明之三年既治學教養建祠剏堂有覺其楹又皆爲文以落之竊惟雖邑斗大衣冠人物則冠于越而石黃二氏尤著子孫緝緝藹藹續詩禮未艾其鼻祖偉節高風隱德逸行如石城先生乃石氏鼻祖設義學自爲師北遊學如

杜祁公文潞公呂申公韓康公皆一代偉人其擢高第登顯仕者七十六人其旁支猶裔如尚書之論孽京侍御公之論奸檜編脩之直諒寺簿公之學問檢詳公之篤學迭起而鼓鍾其家聲如宣猷黃公文行足以軌範鄉閭風節足以儀刑朝著見於葉水心銘表絜齋狀者班班也如三山林公之令是邦剙邑庠振風教以淑士心是十二賢者皆宜祠也人各爲之贊并字而祠之行請二族賢者德者領其祠云寶祐四年宣教郎知新昌縣主管勸農公事王世傑記○曰聞之禮曰民不祀非族大凡不當祠而祠者謂之淫祠昔狄仁傑毀江淮淫祠七百餘所惟存夏禹伍員二廟伊川猶以存伍員廟未是盖員可廟於吳而不可廟於楚也今文彥博呂公著杜衍韓絳林安宅皆他產也不過游學從政而來新昌耳一體例爲鄉賢似或未當况四相與石待旦爲師生坐俱南向尤爲未安因撤去五位而進以十二人且正其位號云○正南

面則宋義士贈開府儀同三司刑部尚書述古殿大學士石城先生石公待旦居左第一○宋烈士贈武功大夫汝州團練使董公公健居右第一○宋監察御史大理少卿默翁先生俞公浙居左第二○宋禮部尚書龍圖閣直學士謚宣獻遂初先生黄公度居右第二○宋義士桂山陳翁祖居左第三○宋寶章閣直學士贈會稽縣開國伯龜潭先生王公夢龍居右第三○宋忠臣稽山書院山長宏齋先生吳公觀居右第四○大明孝子胡君剛居左第五○大明孝子小齋呂先生升居右第五○大明左僉都御史楊公信民居左第六○東西配饗則宋兵部尚書西齋先生石公公弼居東第一○宋殿中侍御史浩軒先生石公公發居西第一○宋權樞密院編修[illegible]齋先生石公垚文居東第二○宋樞密院檢詳[illegible]先生石公宗昭居西第二○宋[illegible]齋[illegible]王公[illegible]居西第三○大明忠臣知[illegible]先生[illegible]居[illegible]

宋太常簿充齋先生石公諱塈居東第三○宋隱德忠臣半峯陳先生諱非熊居仁第四○宋義士尚幹通功郎平壺陳公諱雷居東第四○元孝子石吾諱永壽居西第四○通二十位敘齒不敘爵內有子孫弟姪之分故有荊面東西之别

文昌祠

在東廡之後成化五年建今改為偶亭○策問異端邪說人人得而攻之不必聖賢先儒有是言也夫攻異端莫先於毀淫祠今天下學宮皆來梓潼之神果淫祠歟抑正神歟學校風化之本源也於風化本源之地立一淫祠果法所當然歟且其人何姓何名生於何地顯於何時有何功德之可崇重歟其書有九十七化事跡妄誕詞亦鄙俚果其人自言歟抑亦淺夫昧士之所妄撰以欺世歟其妄誕之尤者可舉其一二以資笑端歟且帝之一字無以加之尊號也雖孔子功被萬世不過王爵而已梓潼何人而偃然以帝君自處歟其加封繆號果起於何代歟我　太祖高皇

帝維天出治爲封名號所謂變歟新昌文獻名僩歟何無豪傑古人毀淫祠之之則可惜存之民牧或師道之歟抑不知新昌明理以聖賢爲處事貴乎見理天下無難處之有淫祠之當毀見理明則不能者當毀而毀之以何者當崇而化也非豪傑之

神人主凡天下嶽鎮海瀆並去其所越百王者也豈於樟潼反存其封號邑而學宫亦有此祠果何人之所作者起而攻之歟今欲撤去其像以合意矣餘有祠屋三楹潔新完整併去將何所用歟欲取新昌来仕之人或可稱者分立牌位題曰去思果可行果有何人可當其任歟諸士子讀書法者也願聞其說且問○對君子之明而存心正夫理明則心正心既正而事矣今天下之事莫難於鬼神之辨者焉有正祠之當崇者焉斯二者非非存心正則不敢既明且敢則以何所以毀之者拒詖放淫而正人心也崇之所以崇之者報功崇德而美風士不足以語此恭惟乾事先生發策

而以祠祀之廢興下詢承學大哉問也愚雖不敏敢不撫拾所聞以求教乎且異端莫過於淫祠而淫祠之嘗毀者梓潼其一也斯人也姓名爵里俱不見於經傳亦不載諸祀典今世俗流傳有所謂化書者始有七十二事之夥終有九十七事之多語其事則怪誕觀其詞則鄙俚是蓋淺夫托之以欺世賕十假之以罔人耳豈真有其人哉今姑約其詞而舉其一二焉其人姓張名亞霽夫其字也生於周初顯於吳越相戌王而保全周召事宣王而功侔吉甫繼筏二帝命爲雪山大仙又爲北門山主奏免幽王廢后曰之罪力諫蜀主用五丁之非漢戚姬之子曰如意者是其本身之所化也晉之謝安并玄石者是其父子之所爲也在唐也而爲張九齡在宋也而爲司馬光真他若掌桂籍關法籙備世安民弭災恤患自唐初至趙宋上下歷三千餘年神通變現不可枚舉是皆異邪說以惑民執左道以亂正有王者起必誅無赦道

特可以資奖端而已哉古者先王封緣謚贈必視其德之厚薄功之大小而爲之隆殺焉功高德厚莫若孔子歷代加封不過王爵令梓潼者泛眛繆收而無可據之實邪僻妄誕而無可稱之美而乃身及妻室既有注號祖孫父子亦有徽稱究其所自固已無憑識者觀之當付一笑龍元延祐三年煥頒明詔褒詞溢語封爲帝君此則君子之所恨也夫尊號之稱莫過於帝上有上帝與君臨九五者曰　皇帝而已繁纓小物孔子惜之令以至尊之號而加於無名之鬼冠履倒置瀆莫甚焉元之敎化不明運祚不長良有以也我　聖祖繼天出治混一海宇凡嶽鎮海瀆祀典之神並去其前代所封之號況梓潼無據之尤者而肯存其封號乎一洗胡元之陋習撓回太古之淳風功莫大焉奈何人不皆賢心不並正不學無從之徒以謂梓潼者掌科名之籍故以之崇奉於學宮而殘其庇佑不亦陋乎漈山窮谷之小有一淫祠司祠

蓋爲郡邑者之責而學校風化本原之地反爲
淫祠以爲之先焉吾不知其爲何說也新昌雖小頗
號文物學校之中甚無此祠景泰間命工圖影者肇
於黄岡訓成鈗初立祠塑像者成於趙二尹由是因
循至今竟莫能革世無豪傑之人耳果有其人夫豈
難革命一二健夫舉而投之於水正合古人毀淫祠
之意以其餘屋改爲去思尤見邑人不忘前政之心
豈不快哉豈不偉哉先生又謂新昌何人可當去思
之任愚以爲去而見思非德澤洽於人心久而不忘
者不足以語此今考新昌來官之人民牧有林安宅
賈驥二公之德政師道有章廷端鄭原亮二先生之
文章等而上之則有程明道朱晦菴之流寓焉范文
正歐陽公之爲郡焉果能肖其衣冠分列牌位尊崇
而奉祀之其過於奉梓潼也遠矣祠一也毀其淫而
崇其正非先生之正心明理者孰能與於斯將見一
邑之中教化行而風俗美人心正而大道明何其幸

歟謹以是復明問惟先生
進而教之生員張儀廷

主學廳

新昌縣主學廳記
周自帝學以達于
里閭皆學也里之有道藝德行者師也師道立而善
人多徒學之云乎漢分郡邑鄉聚之學列學校庠序
之名大而學校置五經師小而庠序置孝經師以師
各官猶古意也唐制郡縣惟廟祀夫子猶各置博士
以訓諸生取其經學八品九品居之縣博士取其經
術或從州選未以品稱也夫計封域之廣狹限弟子
之多寡以為師秩之大小視古者並建大學小學之
意又或一道也我朝慶曆詔天下郡縣皆立學歟後
郡有校官以知學政縣庠則責之令佐期會既煩教
養亦弘乃景定四年始詔諸縣並置主學一員漢之
經師唐之博士似也於是老師宿儒皆得列於學宮
官於新昌之學者代處凡五見矣惟敝邑褊小迄今
官舍猶未定也咸淳甲子天台謝侯治邑政成加惠
學宮黌堂門廡一日畢葺適戴君始至謀於侯曰邑

有博士邑之師也若燕居燕常丈席之間戶外之屨安所寓乎步趨之不相接也唯諾之不相親也不惟師生病之令亦恥之也乃相學宮之隙爲屋百楹堂序庖湢內外完工不擾費不發又易隣圃爲門徑以通礙屋半載而落成諸生相與語曰先生之居安矣背囂塵而樂繇峙脫凡近而游高明令君之賜宏矣可不記乎來請於余余曰禮聞來學不聞往教不知漢唐之師來學耶往教耶今州縣以師名者皆往教矣明來于學教之可也居廣居宅安宅則師嚴道尊之體得矣侯能上體聖朝設官之制下成諸生事師之典其知化民成俗之本歟是可書也余先人之敝廬居相隣也故樂爲之書侯名在梓慈元皇太后從姪載君名嘉四明人德祐改元邑人俞公美記

泮池

上在靈星門裏跨石橋于上由王道達于大成門傍有喬松數仞蔭于池上如舞鳳形蒼翠可愛○新昌縣學改創泮水記按明堂位稱頖宮爲周學蓋周

天子之學也康成解之曰頖之言班也所以班政教
也至漢文帝命諸刺經典作王制始名天子之學曰
辟廱諸侯之學曰頖宮自其降頖宮爲諸侯之學於
康成箋詩遂改明和爲圜水以訓辟廱改班教爲泮
水以訓泮宮頖之與泮音雖同而義實異今弃取而
同之豈其出於傳會而忘其自相矛盾耶頖宮之說
至是兩變牢不可易而從世舉從之矣故天下郡縣
學皆有泮水設於南門之內而新昌之學獨設於外
縣丞王光祖初來許其未然參同官訪耆耄稽衆證
例咸曰易之當或者乃不能無疑殊不思古人立學
于郊所以均四方之來觀者必節以水又使觀者不
可褻瀆焉故辟廱之制水潤乎學學臨乎水水濟以
橋橋表以門周自有次第也夫泮水視辟廱之半知
辟廱則知泮水在門之內無疑矣雖然泮水所以代
垣墻也[illegible]垣當立於泮水若可廢而不敢廢者爲存
[illegible]是非不定者

不能存取舍不決若不能存卒至因陋襲弊泯滅與壞不可救俗有志於存古若出訛摘謬明辨力行皆若茲水之復正則雖三代禮樂千萬載猶一日也豈特一泮水之可復哉比學舊無井泮水易今地亦古井出焉以其蔽於昔而顯於今名曰復井吁是又勸相之北也并書以記大德二年十二月望日紹興路新昌縣儒學教諭李華撰并書前進士俞浙題

教諭廨　在明倫堂後○元李拱辰詩出宰偶逢山水縣縣貧吏省樂官閒公庭晝永花陰靜月野春深何菜色還文水已知逃不去武城更覺遠難攀愕然何敢敦名教一度登堂一赧顏○許敬詩天理人心共一初文王生已後唐虞萬言土苴明知費安得與言守聖謨○朱成子詩百十年來幾廢興添新換舊苦經營我來不敢差前輩尚幸斯文有老成○金鎮詩出門復入門雨過郭南村地望毗陵出人文學校尊絃歌聽嘹喨鐘鼓自朝昏孰會沉吟意西山月一痕

訓道齋在西齋之後知縣黃著李撙相繼脩建中有借景堂竹間亭綏安園○借景堂詩宦途僑寓即爲家就景怡情事事嘉風月有情隨處買溪山無價債誰賒酒適詩債償還又意匠毫神妙欲誇識得乾坤都是寄春明何用歎天涯新昌貳教莫先生創廨居初成題曰借景堂予與掌教陳先生烜貳教連先生過訪尋留款酒半走筆賦此以寫一時之興云丙申長至前三日嵊縣訓導金陵王洪識

學田新昌儒學田土記山林之養材也虞人屬樵牧之禁學校之養士也有司豐廪之儲夫以拱把之木而至於合抱洒掃應對之學至於脩齊治平二者非有以養之待之歲不能至也易之頤曰天地養萬物聖人養賢以及萬民在蒙則曰蒙以養正聖功養之爲用其大矣哉新昌鐵[illegible]之山水縣學宮宏壯有度贍學田三百八十餘畝地視田四之一以年遠籍遺宿猾巧匿其削滋甚天曆改元承務王公尹茲邑首以

學校爲巳任修祓敝陋勉勵曠地良真承乏職文學
奉御史建言詔舉以告公慨然東粵乃命贊理毀復
方廣寺僧占其西千餘武吳丁洞地武次之余皆奸
豪隱彰舊物供選廩膳以充衿佩咸集從俾飛鴞食
黮懷我好音而知明德之功嘉魚罩罩式燕以衎而
思與賢之意弦誦之音一唱三嘆倚歟盛哉適逢督
花志秀滿谷兒承直涖政協恭底績于成諸生謀伐
石志廟美公闡而諭之曰固稽是鑴憲旨做督承流
宣化予職也奚志爲夫學校置廩膳所以育材備用
二三子明倫齊治平之道其能行義達于昭代自一
命以上皆能盡職而有爲焉若乃隱居以求其志行
脩于家教行于鄉亦足以善其俗庶幾上不負天子
下不負所從遊徒曰食粟而已子其勉旃諸生御德
不忘固請書之思謂子游宰武城聞弦歌之聲子感
治單父民不忍欺之公學道愛人而憂官政嬈美二子
而有吾夫子相魯歸侵疆之救可無志乎併疏曰數

于碑陰公名諭大名路開州長垣縣人廉明剛毅端直誠慤可書之續不惟是他日必有植豐碑於甘棠之側以須遺愛云至順元年庚午十月吉日紹興路新昌縣儒學教諭程良真記○元改元元癸酉歲邑令鄄城張思訥募教諭徐有立之奉置田若干為學官建造葺脩之助美事也人莫不尚焉其或私所蘊而使上雨旁風榱棟腐撓咎誰執其職于斯者醜矣雖然令之審蹟不可以不紀也後之繼其軌者又當有書以記云至正四年冬十二月甲子潘嘉識 大成樂

新昌縣鄭璠主簿尹守約同在籍儒入立石

新昌縣儒學大成樂記孔子祀用樂何所始乎自[illegible]公始也樂曰大成又何所始乎自孟子始[illegible]乎[illegible]於四代之樂遠矣始周公孟子何居昔者[illegible]周公爲先聖後然其祀孔子位正南面乃[illegible]非自周公始乎或謂開元二十七年樂用宮縣[illegible]也孟子曰孔子集大成金聲而玉振之孔子聖[illegible]全猶

合衆音爲一大成非自孟子始乎或謂宋大觀六年
樂須大晟亦非也蓋孔子繼往聖上泝周公牖羣賢
下迄孟子信有縣者矣國朝尊崇孔道加號大成郡
縣通祀盍用樂新昌刻故壞梁開平間始縣縣有學
再徙易今地廟制僅完禮器粗備釋奠獨未有樂至
治二年秋九月尹戴侯乃馬台寔來既請學顧瞻咨
嗟蕭士于庭出矢言曰古者春入學合舞秋須學合
聲樂何可廢歟明年勸相成我士子更捐錢作唯恐
後分命弟子負走于杭惟樂是圖延作搏鼓二設縣
二塤崇牙植簨列簴上琴十須瑟二髹漆仍凡升歌
者八人二管笙簫間凡六人塤鳴篪應者四人推次
合柷敔以櫟敔各一在阼階下又搏廩稍之贏塑從
祀像合百有五位兩廡上歲十有一月告成於是聲
教所濡彬彬嚮風矣諸謀伐石紀侯績王應及諭于
衆曰天下事不爲則不成憚于始者沮其成勸其終
者責效成孟子論大成曰有巧焉有力焉始條理者

巧也終條理者力也侯不憚不勸心營神運成於始者無餘巧聲同氣應成於終者無餘力矣應及備具學校非事巧者也大懼力不克成侯志喜侯之志有成樂與諸生道也侯濟南人仕所至有聲此其最著者故録而書之是爲記時泰定元年甲子二月望日紹興路新昌縣儒學教諭王應及撰

禮器

宋導祐元年知縣丁璹置○籩九十四範金爲之承槃以圜而圜足稍大紋理跡簡弇蓋重四斤一十四兩口徑四寸九分通足高五寸九分深一寸四分足徑五寸一分○豆九十四豆下口徑深淺並依籩制鄭氏謂籩以竹豆以木爲之爾雅之說亦然○簠三十八簠連蓋重一十三斤二兩通蓋高七寸深二寸闊八寸一分複徑長一尺一分○簋三十八簋連蓋重九斤通蓋高六寸七分深二寸八分闊五寸腹徑長七寸九分闊五寸六分○緹五十六長一尺八寸闊八寸高八寸五分漆兩端以朱中以黑○爵四十十壹

一斤八兩通柱高八寸二分深三寸三分口徑長六寸乙分闊二寸九分兩柱三足有流可鋬○坫七十二重二斤九兩縱廣九寸二分○大尊二通足高八寸一分口徑五寸一分足徑三寸八分深六寸五分○山尊二重六斤四兩高九寸八分五鋬口徑六寸七分五鋬深七寸五分○著尊二重四斤七兩高八寸四分五鋬口徑四寸三分腹徑六寸二分深八寸三分○犧尊六每重九斤十兩通足高六寸一分口徑一寸四分頭至足高八寸二分耳高二寸一分五鋬耳闊八分五鋬深三寸七分○象尊十每重一十斤通足高六寸八分口徑二寸八分耳闊一寸二分耳長一寸九分深四寸九分○壺尊六每重四斤一兩二錢高八寸四分口徑四寸五分腹徑六寸深七寸一分○罍二每重一十乙斤通足高一尺口徑八寸四分深七寸二分足口徑七寸九分○洗二每重八斤八兩通足高五寸七分口徑一尺三寸六分深

二寸九分足口徑八寸九分〇籠六以竹爲之通足
高五寸長一尺八分闊五寸二分深四寸蓋深二寸
八分〇杓十籠杓每重一斤杓口徑闊二寸八分深
一寸一分柄長一尺二寸九分酌獻盥洗皆以杓挹
之〇鼏巾用絺玄被纁裏圜一幅〇冪尊疏布巾三
禮圖布之幅二尺有二寸而圜之今以布一幅取方
爲之〇造禮器
尺以五寸爲則

元祭器

新昌縣儒學祭器記皇元延
祐七禩邑大夫達魯花赤忽
林赤公縣尹金公主簿亦迷福公祇謁文廟因觀禮
器用右具文而已遂閔圖論于衆曰宣聖爲萬世師
其祀莫重乎禮禮莫先於器器禮所寄也盍圖之咸
曰諾於是損俸帥先諸生翕然樂助範金合土爲簠
簋共四十有四皆有蓋山尊二大尊二壺尊二著尊
二象尊六犧尊五罍二洗二皆有冪爵一十有九坫
二十龍杓五竹工爲籩三十五皆有巾梓人爲豆數
稱之俎五十篚五越明春上丁聿崇祀事燦然一新

大夫士動色胥慶曰天下事不爲則不成尚簡廢修非所以重祀事也嗚呼智者創物深潛縝密衆人固不識也銅之爲器非惟戴禮亦以寓教太史公謂不爲風雨暴露改其形不爲燥濕寒暑變其節夫抱道與器而爲士試目斯器而言之謂將改其形乎抑變其節乎其能不改於風雨暴露不變於燥濕寒暑斯無負於爲器而與斯道常相存而不相離也豈止於萬世而已乎慎無忝邑大夫惓惓之意至治改元歲次辛酉三月甲戌朔越三日

新昌縣儒學教諭桒載采記

今祭器

成化四年知縣毛驥九年知縣黄著相繼置造○牲匣二○案卓六十一○籩九十二○豆九十二○簠三十四○簋三十四○酒尊四○杓五○爵二十五○盞一百五○紗燈四○醢箱九○鍘一十二○方盤一百二十八○酒瓶六○滌牲桶四○盥洗盆杓帨巾各三○鍋八

釋奠圖

宋淳祐元年知縣丁塤考求禮制爲圖刻石立

于講堂與今制雖不同而前人之美意亦不可泯今以圖列于卷首而録其儀於此云○釋奠儀○時日○州縣以春秋二仲上丁釋奠至聖文宣王前一月檢舉關所屬排辦○齋戒○前釋奠五日應行事執事官散齋三日治事如故宿於正寢不弔喪問疾作樂判書刑殺文書決罰罪人及與穢惡致齋二日一日於廳事其日質明赴祠所唯釋奠事得行其餘悉禁釋奠官已齋而闕者通攝行事○陳設○前釋奠三日有司設行事官一次於廟門外隨地之宜前二日有司牽牲詣祠所前一日掃除廟之內外○釋奠日丑前五刻執事者陳幣篚各一於至聖文宣王兗國公鄒國公神位之左祝版各一於神位之右置於坫設祭器掌饌者實之每位左十籩爲三行以右爲上右十豆爲三行以左爲上俎二一在籩前一在豆前又俎六在豆右爲三重以北爲上簠二簋二在籩豆外二俎間簠在左簋在右設犧尊四象尊四爲二重

在殿上東南隅北向西上犧尊在北皆有坫加勺冪爲酌尊又設大尊二山尊二在神位前著尊二犧尊二象尊二壺尊六在殿下皆北向西上加冪五齊三酒皆設而不酌○又設諸從祀位祭器每位各左二籩右二豆俎一在籩豆間簠一在籩前簋一在豆前爵一在籩豆之前兩廡各設象尊二○有司設燭於神位前洗二於東階之東罍在洗東加勺冪篚在洗西南肆實以巾執罍洗者位於其後○設揖位於廟南外門初獻在西東向亞終獻及祝在東西向北上○又設三獻官席位於殿下東階東南西向北上分獻官位其後祝位二於庭中稍北學生位於庭中北向西上又設初獻飲福位於東序西向○又設祝位位於堂上前楹間西向○闕瘞坎於廟堂之北壬地方深取足容物南出陛設望瘞位於坎南三獻在南北向西上祝在東西向○省饌○前釋奠一日釋奠官帥其屬常服閱饌物視牲充腯詣廚視滌溉訖各

還齋所○行事○釋奠日丑前五刻行事執事官各入就次贊禮者引初獻升自東階點視陳設訖退就次各服其服學生先入各就位贊禮者引三獻官詣廟南門外揖位立定贊禮者贊揖次引祝入就殿下席位西向立次引三獻官入就殿下席位西向立贊禮者少前於初獻之右贊請行事贊禮者曰再拜初獻以下皆再拜贊禮者引祝升堂就位○奠幣○贊禮者引初獻詣盥洗位北向立搢笏盥手帨手執笏升詣至聖文宣王神位前北向立搢笏跪次引祝詣神位前西向跪就事者以幣授祝祝奉幣授初獻初獻受幣奠訖執笏俛伏興再拜次詣兗國公鄒國公神位前並如上儀祝復位初獻降階復位○初獻○立少頃贊禮者引初獻再詣盥洗位北向立搢笏盥手帨手執笏次詣爵洗位北向立搢笏洗爵拭爵以授執事者執笏升殿詣至聖文宣王酌尊所南向立執事者以爵授初獻初獻搢笏執爵執尊者舉冪執爵

者酌儀尊之所齊初獻以爵授執事者執笏詣至聖文宣王神位前北向立搢笏跪執事者以爵授初獻初獻執爵三祭酒奠爵執笏俯伏興次引祝詣神位前東向跪讀祝文讀訖興先詣配位前南向立初獻再拜次酌獻於兖國公鄒國公神位前東向酌獻並如上儀俱復位初獻降階復位○亞獻○贊禮者次引亞獻請盥洗位北向立搢笏盥手帨手執笏次詣爵洗位北向立搢笏洗爵拭爵以授執事者執笏詣殿請至聖文宣王酌尊所立執事者以爵授亞獻亞獻搢笏執爵執尊者舉冪執事者酌象尊之醴齊亞獻以爵授執事者執笏詣至聖文宣王神位前搢笏跪執事者以爵授亞獻亞獻執爵三祭酒奠爵執笏俯伏興再拜次詣兖國公鄒國公神位前並如上儀降復位○終獻○贊禮者次引終獻詣洗升殿酌尊並如亞獻之儀降復位○分獻○終獻將升次引分獻官詣洗盥手帨手分獻殿內及兩廡諸神位搢笏

跪執爵三祭酒奠爵執笏俛伏興再拜分獻訖俱復位○飲福受胙○贊禮者引初獻升階詣東序西向立執事者各以爵酌福酒合置於一爵持爵詣初獻之左北向立初獻再拜搢笏跪受爵祭酒啐酒奠爵執饌者以俎進減正配位胙肉合置一俎又以豆取黍稷飯合置一豆先以飯授初獻初獻受訖以授執饌者執事者又以俎授初獻初獻受訖以授執饌者執事者再拜以爵授初獻初獻受爵飲卒爵執事者受虛爵復于坫初獻者執笏俛伏興再拜降復立贊禮者曰執事者各復位贊禮者曰賜胙再拜○望瘞○贊禮者引初獻以下就望瘞位祝取幣祝版寘於瘞坎贊禮者曰可瘞寘土半坎○贊禮者引初獻以下詣南門外揖位立定贊禮曰禮畢揖退有司監徹禮饌闔門以降乃退○新昌縣學鼎建於紹興甲子樞密林公爲宰之時春秋舍菜典禮雖行而儀器未備擣以嘉熙己亥仲冬來領斯邑其明年春仲蕆事覩其

籩豆之數升降□□牲牢之薦奠不承訛習舛深竊嘆惜欲加是正偶藏元符政和之儀而職事黃君以溥熈頒降新儀見示又於邑丞柳君得栝蒼府庠纂定須知於是再考薦獻升降之節俎實腥熟之体籩豆鐙簋鉶罇爵俎則遵奉常圖樣而一新之其範金者邑無良冶乃或陶或斲以充其數又明年春仲始克備器以祭禱大懼器久則敝決壞久則遺忘因取陳設之式行事之序製器之度割牲之制繪爲二圖刻石學官庶幾有考者夫守其已成增其未備不能無望於後之君子云淳祐改元孟秋初吉通直郎知紹興府新昌縣主管勸農公事兼弓手寨兵軍正借緋丁璹謹書

禮器圖

淳祐元年知縣丁璹

刻石立于講堂今存○器之有圖經史之所載者備矣歷代沿革蓋有不同國朝祀夫子廟所用皆見諸聶氏三禮圖自宣和博古而三代之器蓋出諸儒之考訂加詳故今奉常所掌與聶氏之圖大異然郡邑

之學尚仍其舊淳熙間徽國朱文公請于朝繪本頒
辟音及潭學而他郡邑則未也歲在己亥冬十有一
月令尹評事丁君視事三日祗謁學宮首以脩崇敎
化爲急務上丁舍菜祭器簡妍嗟惜良久遂遵淳熈
之式而一新之織鏤鐫陶之素丹青塗漆之文雖曰
搜諸圖譜而令尹之妙心匠之巧指授工技是以成
精其範爲籩者九十有四豆稱之爲簠者三十有八
簋稱之俎五十有六爵四十有一坫七十有一大尊二
二山尊二著尊二犧尊六象尊十壺尊六罍二洗二
篚六杓十冪帟燈籠之具不與焉祭祀社稷之器不
在焉又明年春祀復書示盥薦升降之節繪爲釋奠
一圖俾執事者奉以周旋所以福多士者備矣亮竊
請祭有常禮器無常存模其形似爲來者取法非朱
文公所望於後人歟令尹從其請遂刊諸石後一日
國學免解進士呂堯仲貢補免解進士
黃飛免解進士俞彬靖州文學孫亮誌

割牲圖

淳祐元年

知縣丁璹刻石于講堂因録于此有志於事神者所
當意非細務也〇按陳氏禮書周禮凡祭祀司士帥
其屬而割牲諸子正牲體肱骨三肩臂臑也股骨三
肫胳觳也脊骨三正脊脡脊橫脊也脅骨三代脅長
脅短脅也正脊之前則髂也肫之上則髀也左右肱
之肩臂臑與左右股之肫胳觳而爲十二脊骨三與
左右脅骨六而爲九體不薦於神髂不升於吉祭之
俎以非體之正也又禮特豚四鬄去蹄四鬄者殊左
右肩髀而爲四又兩胉一脊而爲七所謂豚解也又
禮奠俎載兩髀于兩端兩肩亞兩胉亞脊在中少牢
肩臂臑肫胳在兩端脊脅肩在上則俎之有上下猶
牲體之有前後也肩臂臑在上端則肫胳在下端矣
特牲尸俎正脊二骨長脅二骨肫俎同少牢脊三脅
三皆二骨以並按王氏云割牲依儀用前一日晡時
〇俎實腥熟之禮用王氏本〇羊腥腸胃肺一羊熟腸
胃肺同五禮新儀云腸胃長皆及俎距離肺一寸而

長午割之不絶中央少許離肺一搓而不提心刌肺三側切之腸三胃三〇豕腥膚九豕熟膚同五禮新儀云凡豕膚横載于俎令其皮革相順脊骨三左右脅骨六已上按陳氏禮書〇羊熟十一體並連骨帶肉一肩前腳上節臂前腳中節臑前腳下節去蹄正脊第一第二脊骨直脊第三第四脊骨横脊第五第六脊骨代脅肋前兩骨直脊肋中兩骨短脅肋後兩骨肫音純後腳中節胳音各後腳下節去蹄〇豕熟十一體如羊〇今考脊肩臂各有二有在七體者有在十一體者在七體者皮帶肉在十一體者皆骨帶肉其在足者又帶皮〇肫胳之名用王氏如此若如陳氏書脛當上爲肫中爲胳下則爲觳而去之

聖賢像碑〇宣聖前行十弟子從遊刻石立于講堂今存〇縣丞汪君得中一日出示宣聖像墨本再拜以進狀其筆法入妙氣象尊嚴使人如親侍洙泗間問其畫者曰名士劉子仁也又曰石不存矣主尊

何君清卿精刊諸儒校以廣其傳大受敬賛氏之因
書以識經歷壬子季冬望日頭今古括唐大受書
字徑二尺許寶法端楷雄壯旁小書云
嶽脩二大字寶慶丙戌書于南明邑庠王僕時從〇
詩從姓趙氏
新昌知縣

復井 在東廡之後近墻元大德二年縣尹王光祖因浚池水得古井味寒冽因名曰復井公秋頼以灌溉

社學 洪武年間開設每里一所共四十二所選民間俊秀子弟業之而以通經著儒爲之師後廢永樂元年復設講讀大誥鄉學一所亦廢成化十年郡守蔣渠戴瓛帖仲庠生張琰爲師選民生俞鐵等團集於石佛寺訓導如教官儀提調

先賢祠 舊無令以義起欲立於講堂之西鄉賢祠立于講堂之東尚未成也先賢位號如下〇宋寓賢明道先生程純公居左第一〇宋寓賢晦菴先生朱文公居右第一〇宋知新昌縣三山先生林公諱安宅居

左第二〇宋知新昌縣金華先生王公諱世傑居右第二〇元浙東宣慰節齋陳公諱皓居左第三〇宋知新昌縣晉陵先生丁公諱璹居右第三〇元新昌縣尹涂陽李公諱拱辰居左第四〇元新昌縣達魯花赤畏吾大魯公諱思家居右第四〇大明知新昌縣淮陽周公諱文祥居左第五〇大明主新昌簿盧陵先生曾公諱衍居右第五〇大明知新昌縣東魯賈公諱驥居左第六〇大明知紹興府李公諱慶居右第六〇凡十二位俱正南而後有其入當續入可也

新昌縣志卷之六

儒學訓導吳江晉纂

義舉

以義舉事仁人君子之用心也然千萬人中不一二見焉盖無則不可以爲悅無量不可以爲悅財則易爲而不窘量則樂爲而不吝不窘不吝則其舉事也何往而非義哉如吾蘇范文正公置義田以贍族當時所儲不過八百斛之租耳今之富兒求其十倍於文正者豈少哉而亦不能爲義者非不能也局於吝而不肯焉耳不意新昌小邑而有能義舉者焉石陳二氏之尚義盖有過於文正者也今也想像於遺墓故址之中稱頌於故老遺民之口而芬馥昭著於碑刻文詞之上者尚能使人歎賞而歆艷非仁人君子

之用心孰能然哉然作善降祥積善餘慶易書之言也今二氏之尚義如此而其子孫卒至於不振使人不能不致疑於造物焉是不然大抵廢興成敗由乎命賢愚善惡由乎人行法以俟命此君子之所以爲君子也向使二氏吝而不爲此舉能保其今日之不廢乎今也鄉賢有祠邑志有傳仁聲義聞垂諸無窮而不泯是亦天理之彝之也噫真豪傑也哉

石溪義塾 在縣東南八里石溪之上宋咸平間邑儒石先生待旦建分上中下書院身自設教後延明道先生與塾事四方來學者餘數百人登科者七十六人如丞相文潞公韓康公呂申公杜祁公皆出其門自後子孫相繼開設不墜先志養才凡七十餘年程伊川張南軒朱文公俱有記述今不存○晏殊詩書仙十闕排儒宮靈越山川寶勢雄岫佰莊

香侵几席岩花雨影入簾櫳千仞岩巒東南竹一水清幽且莫風文酒雅宜兼宴作湖家前上有新叢○元孫焱詩石溪流水自瀉溪吾祖書堂在此間樹有青襟歸相府不妨華袞卧江山晏公何在光圖懷德氏碑殘沒草營夾岸海棠飛欲盡東風何日又吹還

○吾新昌有大儒曰石成先生姓石諱待旦字秀平宋人也家于石溪溪自為文正公守會稽礼為鄉先生咸平間中鄉薦築義塾三區曰上中下書院又置田萬卷堂開講教導生徒數百人而石衍文下第居專講繹呂公著俱登相位其餘仕至侍從登第者七十六人予觀濂溪周子河南程子横渠張子學宋子及衛岳五峯胡氏接踵開講載之方冊以年考之石溪在諸老之先而受業者不落於諸老之後但平生不著作無傳于世當時未有紀錄之者而門人弟子又不能發揚盛德與諸老齊驅遂使石溪事蹟與先生姓名幾於無聞吁惜哉豈所謂遯世不見知而不悔者耶

迄今三十餘年子孫比比皆是父老則舊聞能言之山高水清自有不朽者在也延祐戊午長至日里生童處學因道石溪乃作懷古詞曰石溪有山高崔嵬兮匪山則高先生之高兮石溪有水清淪漣兮匪水則清先生之清兮

桂山西塾

去縣東南十五里地名平壺本嘉泰中邑士陳祖建中有瀑潭堂衆綠樓列一十三齋有同舍題名錄傳世〇桂山西塾記凡人之心逐境則移古謂山林可以學道者以其無紛華麗盛之可悅也新昌邑東十五里有山曰平壺其鄉仙桂其里畫錦平壺之中是為陳氏義塾東接沃洲西望石城天姥據其南四明鎮其北山川映帶秀氣鍾聚閭閻之所不接故寬閑足以養其心水陸之所不能故淡薄足以安其躰此學道者之所宜居也地廣而爽宇寬而深由門而入道容五軌夾植兩槐枝葉蒼鬱日不到地貳以芳池臺亭宇亦蒲荷芹芭之所萃焉道登十數級高門嶄然榜曰書

院歷階而升曰麗澤堂〻〻之左廣文居焉堂之右上賓位焉由作階而東曰學古學古之後與崇德相障由賓階而西曰通藝通藝之側有喬木森列而堂前芳桂叢秀寒泉泓洌環以脩廡〻之側左曰富文曰約禮曰致遠廡之右曰顯道曰立義曰上達自約禮而入則升樓之道也其道與神祠相望樓曰衆綠波光山色前拱後揖蒼松翠竹環擁錯峙憑高而望遠足以壯氣槩而快心目爲暇日聚會之地樓之下爲尚志以次而至觀善又以次而至成己友仁友仁之前則富文之炉亭也庖湢浴舍又友仁之西偏合而計之餘百楹絃歌其中者近數百人不見其爲隘陋君家于塾之右覩其堂室木斲而不丹墻污而不白而是塾也翬飛翼拔宏麗如是嗚呼可謂厚於義而薄於已矣然塾以義名則塾之廢興視義之存否使爲義之心有始有卒是塾庶幾焉一日乎天台胡楊記〇陳氏西塾題名記合當世之士而私淑艾之自

古所難能也以義名學而利祿以終之後世之通患也居今之世思古之意苟不以課試詞章之是專而期於成德濟世之用則爲是學與受是學者其可輕乎哉新昌去縣十里石溪東山有石氏義學及韓鎮所叙題名石廢壞湮滅不可復求搜尋石刻尚有考者自咸平刱始後有公相四人顯著於朝者七十六人如文公彥博杜公衍呂公著韓公絳皆在焉中間范公仲淹守越蘇公軾守杭亦求預名於其間一時人物之盛其洪艾斯人之意與夫人自立之志亦可想矣今其廢未及百年而題名石已不可見可歎也夫雖然自治道散而人可自教家自爲學三物之教四時之別本於上以一道德間風俗者無復逢古之事九家之流專門之尚趨而下爲虛言爲詭論無復尚志之士源委既失學者莫知其所宗於是窮居獨處之士抱負所有始於兼善夫人之意所以義學之興駸駸焉見於世惟其教多異而不同故其學而易

散亦難矣石溪南上六七里曰平壺陳君組字惠卿築室建堂於所居之傍以起其遺事始於嘉泰癸亥士之游學者日益盛噫使其間豪傑有志之士苟能不為當世詞章之習而志於古人德業之盛使為是學受是學者善意相尋於無窮而來者有考焉則題名之刻誠不容缺也嘉泰三年癸亥迪功郎新南康軍學教授黄庭記○平壺陳君設義塾以來游學之士掄以謗才倫數講席時士之至者蓋百餘人陳君月課其藝之能否十取其一以稟之暇則往來其間勸道勉勵如父兄之於子弟士亦遵守繩墨日夜孜孜于學以求稱陳君之意嗚呼可謂兩得者矣咸平中開府石公待旦建是塾於石溪去平壺五里而近歷歲既久生徒為尤盛登顯官為時名臣者七十六人文潞公杜祁公呂申公韓康公實在焉韓玉汝為之記碑雖湮滅不復存採之石氏家傳尚有可考今其子孫蕃衍仕宦不絶者皆陰德之報也開府以儒

起家四子躋高第義蓋平日之所講者取其斥財舉
事為易陳君奮自田里恭儉節用以起其家以身致
艱難者未有不喜於財今乃能樂於為義以起石公
之遺事可不謂難哉士之食其食而居其居盡亦恧
其所以為善之意乎嘗惟近世學者大抵驕惰脆弱
不耐勞苦去古人萬萬相遠杜公為同郡人文公居
汾州韓公居開封呂公居壽州地之相遠幾百里淩
險阻冒風霜歷寒暑重趼而至雖勞不憚惟好學如
此故其文章事業師表當世今學者悉室家而畏道
途嗜芻豢而厭藜藿一暴十寒學如何其進哉况陳
君為人所難能之事已知政於石公矣與我同志者
宜自孳加勉力求如四公可也繼自今以後毋懷於
安毋怠於嬉毋矜其能而自足毋委其命而不修勉
之哉開禧三年五月上澣抵齋王爚書○嘉定己巳
之冬南明陳惠卿一再馳書且介其所行之簡夫屬
興以義塾講席既以寡陋辭不可至則為舉所見式飭

行業因其士友之所習□皆薦之間以聞於前輩諸學行已之要相與勉焉旣而朋友之來寖多乃卽其郡邑姓字序以齒而誌之越之新昌某某台之天台某某臨海某某發之義烏某某東陽某某越之剡川某某山陰某某諸暨某某凡百有餘人於是陳君三聞義聚以延秀艾者矣而其心益不渝其義槩益流聞于縉紳間然士友集於大比之歲而散於趨試場屋之時是雖以義名學而欲其不爲謂試祿仕計也其將能乎蓋嘗聞之前輩科舉選士其來尚矣名儒鉅公繇此途進而近世之士陷溺於中以文滅質則人之業苶不振固宜有之蓋始也不知明乎義利以爲入德之方是以終其身不能自進於廣大高明之地此則爲士者之過也昔唐初以進士取人方其盛時奮其事業隱然爲國名臣不可勝數見其季世乃以浮薄爲時所嫉至本朝碩德重望往往以文詞推見其器識凞豐以從積不遠前遂有大庭奉對而詭

言折法之便旨考其人材之盛衰有以知其所學之邪正所養之厚薄矣今世之士既不免科級而進使其脩身以學而正學以言豈皆有司之所棄天命之所遺乎誠能原究夫古人為學之源專志於義而不汩於利則由是而試於有司必皆據其平日所學而不詭於聖人由是而進於仕途必皆忠於國而惠於民而不私於己退有以自守進有以自達一洗百年士習之弊挽而歸之於正非學所當然乎故願與同志之士勉之庶幾異時義塾之聲聞振於世較之昔賢亦足以嗣遺響於無窮矣迪功郎新臨安府餘杭縣主簿諸葛興識

桂山東塾

陳祖之孫曰雷者繼建中有師友淵源堂列二十齋〻各有銘有叢桂錄傳世○桂山東塾記義塾之創舊矣萌蘗於石溪之東而舒歛華實於平壺而彫剝於嘉定後而蹉枯吹生紹定嗟夫絃歌弗嗣餘二十年矣為平壺之子孫壽平壺之氣脉亦難哉雖然義猶元氣也

元氣流行天地間雖紅大嚴沍大摧折生意常自若也一旦暢而為陽春之氣萬象其不春乎况是氣也一培植於方廣文再護養於王拙齋三潤澤於諸葛主簿而是氣未嘗不蟠鬱於乎壺山水間今乎壺若子若孫乃能爐一點之融和鏗震黄鍾於久弁士之秀者翹而秀麗而葩藹然有開禧全盛之氣象則知義在人心果不以學之中廢而隨絕也自筆硯蕪跌備數講席偶當變與免試之秋俾課文藝而權衡焉前輩有詩云東君費功夫春事好努力余敢誦此句為同志勉亦為主人賀紹定辛卯七月立秋朔儒林郎新台州法參軍陳自記○治古盛時化民成俗家有塾黨有庠術有序絃誦接於耳目篤敬行乎州里藏焉脩焉息焉游焉安其學而親其師樂其友而信其道薰陶啓迪故人人有士君子之行自王迹熄功利之術勝人心固有之天日益以鑿學校不脩已不能不感於子衿之詩孟子環轍志於行道獨惓惓於

謹庠序之教申之以孝弟之義去古逾遠習尚澆漓士無常心家亦殊俗甚而淪胥於異端莊周之說間雜畜意於斯不過國都及郡邑而止覩浮屠老氏之宫良歎焉設其德行道義又不過以形迹繩人以課試待士於乎盡以反其本矣新昌越山水邑士樸而好修稽諸縣志石儀同待旦咸平中創義學三區于邑之石溪號上中下書院觀肄業者之進而升之一時英材多來游光顯于朝者七十有六人呂申公杜祁公文潞公韓康公皆在焉晏元獻賦詩有書仙十閣杜儒宫灵越山川寳勢雄之句范文正公守越蘇文忠公守杭又皆聞風而喜書之寥寥數百禩莫嗣厥響嘉泰三年平李陳君祖希蹤昔賢始即其家結屋數十間招台越名士方君秉哲王君焓諸葛君興為之師負笈而趨者踵至後預計偕入上庠擢巍科者班班題字間紹定四年其諸孫曰霽慨然而思告其毋何曰石氏之遺躅吾邑美事也從伯之近撫吾

家美事也惟力是視其相與謀乃作東塾于桂山之陽闢而新之有閎百楹朋自遠方來者如歸初延鄉之陳君自淳祐三年復延發之陳君一中二君壁水勝流至是席下餘二百人朝夕講習彬彬然有鼎澤氣象拔類策勵較嘉泰為尤盛塾之冗費皆需左右之終始無倦色規畫出其手輒可久求文紀成余老矣何敢望晏范蘇之美儀同也吾黨之士周旋其間獨不當以中祁路康之學業自許乎舜何人也予何人也有為者亦若是況理無終窮學無止法所貴於學為明理也其時習必說朋來必樂如木有根如水有源培之浚之月異而歲不同若乃隨時所趨疾其驗於利欲之途古人為己之學如是哉求之方冊有餘師加以近世諸大儒條析發明覺所未覺誠毫髮無遺恨中庸不云博學之審問之慎思之明辨之篤行之學者勉旃心悟理融浹知為聖門垂教之本旨儒者立身之本業是亦陳氏建塾之本意石溪桂山

相望僅數里異時而無異道〻豈難知哉敢誦所聞俾歸而刻之石淳祐五年二月既望資政殿學士正議大夫提舉臨安府洞霄宫陳卓記朝請大夫張即之書少保觀文殿大學士醴泉觀使兼侍讀衛國公鄭靖之題蓋○得英材而教育之古君子之所樂也然非事力豐裕則不足設施非襟度宏博則不足容受非志意恢恰則不足持循世道既降人心愈漓縱有事力而衿度局爲志意隳焉安識所謂與人爲善之事哉其或知親師取友可尚日漸月磨之爲益者又不過爲子弟計私淑其徒計閭門之内絃誦僅聞鈆藥稍近則沾〻自善誇詡諸人矣越之新昌東南十里許仙桂平壺陳氏世居之諦祖者性天近道趣尚不允築室百楹翔爲義塾招延名儒俾主師席四方髦俊霧湧雲蒸當嘉泰癸亥甲子歲從游者凡數百人其以器業自見篤敬自將科級自奮者前後相望亦可謂作人之盛矣紹定四年從孫雷思繼廣先

懿益廣舊規擇佩明彥圭璋類萃見於樞密大資陳
公之記偉矣既又念癸亥甲子嘗有同舍題名歲月
綸適久梓鏝弊剥併欲登石以幼度曩預掄選命著語
于下方切惟三代盛時自京師至黨術皆有學自幼
至壯老皆務學故勞農鄉飲論獄獻馘一由於學王
道大洽人文化成所守者堯舜文王之政所傳者周
孔孟子之言士有常心家無殊俗居則相師行則相
友達則著爲功業窮則自安義分人之爲學如濟飢
渴之必用飲食禦寒暑之必用裘葛也豈謂世不古
若此意莫續有能維持而振起之則舉世駭之矣
國朝宅都京師新昌蓋僻縣也而石溪義學著名宇
内魁磊人豪如呂申公韓康公杜祁公文潞公肄習
焉今賦詠僅存芳潤浸邈乎壺之陳既能振領於幾
三百年之後諸孫又能接踵於餘二十年之間合衆
彥於户庭闡聖門之庠序自非宏雅之度忱恪之志
嚮克臻此事力云乎哉推而進之古道庶幾會題名

再揎使声迹之有存風既之可想繼志述事之善不
替歟初長育髦俊之意常如一日匪徒曰修壘壁之
招揭壽砆碔之列鐫而已敬以是復命淳祐六年丙
午承議郎新權發遣南康軍兼管內勸農事揚幼度
譜跋○越之陳氏桂山義塾初剏於嘉泰癸亥一再闢
於紹定辛卯益舊塾圮而不復葺從而新之規昔愈
壯講堂邃宏齋序羅列賓有次職有位藏息有舍居
處寢食條理規摸具州縣學躲課試如月書法師友
講習有白鹿麗澤書院揭西山讀書式淅以東茲盛
俟丙午春陳君雷介樂清邑大夫俞公美俾持后主
之舊盡廢端秋孟撤席告分陳君重聚散刻石題名
用昭永久使去而擢高科登顯仕以氣節事業名世
者於此石與有光焉期待之意遠矣夫士生天地間
其名當與天地相終始爰友致君庠序廟廊一[illegible]劍
佩鏗鏘切磨浸潤則端弁垂紳雍容羽儀者也[illegible]疑
問難辨析義理精微蠹奧不少置則立巖陛與天子

争是非相可否者也以至權衡世變戚否古今人物上下千百年治乱興亡之迹則開物成務進君子退小人身佩天下之安危者也乃今鑱石之銘其異曰欽嘗勳業輝耀史冊之名欲峭絕之崖方丈之藪蛟龍蟄焉及其鼓鱗甲躍天池震雷霹靂風雲霧雨滿蘧戴形色皆生意倏忽变化爾陳君期待吾意盛心所以自期待豈徒如嗟夫天地以人為重也魯多儒衛多君子儒君子以魯衛名耶魯衛以儒君子重耶桂山叢鬱倣自石溪昔文潞公杜祁公呂申公韓康公來遊後皆為宋名臣題名記文正蘇文忠咸願附於是石溪之名重矣其山川相望總六七里遺址故址雲烟蔚擁靈響如聞過而覽者肅容起敬豈非人重其地乎至今吾石溪以四相為重四相之名著于天下後世與天地相終始以氣節事業而重焉耳若夫學之所以立士之所以學叙巔末贊盛美有學記舊題名序可考何敢贅淳祐六年七月朔迪功郎新

饒州學教王持㞐記〇家有塾黨有庠術有序三代盛時無地不學也然塾曰家塾所以淵吾子弟也今名以義來者不作爲其黨庠術序之充廣者歟最歲辛丑錢塘寧丞章公鑄國博先生鑑之長子也嘗命予主義塾矣塾曰南塾於閩四集相與講貫者略時尚而浚源叠既而章公伯仲以夏居朝夕其間師友之益不掎同志之幸紛存自亦幸爲惜幸未及再耳壬子韶歲友人石維翰來語予曰平壺陳氏義塾踵石溪之遺躅也桂山陳君雷克紹先世士嵗鄉以早告粒米珠惸尋欲執卷而來者陳君略無難色且爲予爲文盟主予作而嘆曰吾聞其語矣未見其人也世倫俗靡淺中狹量者皆是也一語之以道義交際顛猖肆縮桂山㨾然流俗中此豈聲音笑貌之所能爲哉紛存特不可自視欲然一日桂山語予曰肩摩踵接似非舊比朋從盍簪必內紹及實地工夫測昔則有加焉余應之曰果介則向非余之所欲然者可

以釋然所謂章氏南熊之來及所幸者又於今日幸之矣則桂山之所以關是墪也余之所以玷是墪者而豈徒哉淳祐十二年壬子孟秋朔太學進士杜幼存誌

義田

陳再置以贍族者○陳氏之與於義也久矣學有舍塾有所鄉有役皆以義為之遠近傾向若慊不自足益節衣縮食勉躬悴躬經營隴畝贍其族人積四十年亦租至五百石號曰義田介其倩東陽徐某請記於予予謂茲不待記也若其疆畝之多廩給之豈施予之均出納之時人盡知之奚俟鋪說予所以為之而不辞者慮其害義者爾古大宗小宗之法素明人心有繫焉不至於渙然而不可收拾今世之人有親未盡而不相往來婚冠不告喪死不赴者由立宗之道壞也夫兄弟之子猶子也等而推之為初從為再從至祖免則無服矣先王本之天理酌之人情不得不為親疎而為之節文爾原其初意欲其輯睦如一人久遠如一日豈以族屬之疎遂遂

至瞪目不相視掉臂而去如路人也哉嘗觀周孝侯碑陰載宗簿宗尉且與史氏譜每院有簿尉之職是宗法歷隋唐猶未壞也今君創東西義塾不愛重幣延待四方碩師以淑其子弟及從游之彥使之研聰滌明熟復義理其於宗法如素講之矣復給以腴田生有養死有歸婚姻有饋蒸嘗有出助緩急通有無哀樂共休戚陳氏爲義不以飢渴之言爲心害固可憑恃扶持久而無替也雖然君稱立契券之初必書瞻族田朝省經界又以義曰立籍輸賦至於畝步丘片一一刊之碑陰以防變換可謂思之深慮之遠矣御予前所謂當慮者正恐後人或有出意以敗約生事以貽禍強者肆專取狡者夤漁獵則是田且廢不能支君曷若以顛末規約上之于州縣于計臺于版書籍之綱維于上雖百世不墜可也君諗雷字震亨南明人有籍於吏部不樂仕進[illegible]受陳雷立以便民云咸淳二年某月日孫德之書[illegible]者〇役法寨今

之巨患新昌越長邑爾仙桂並邑爲縣居人株山劉上
自力衣食故役户稀而頻差勞斜爲患尤甚陳君震
卒縱紓其鄉之患嘉定甲申捐田爲衆倡而結義役
白此始後十有九年建居栢溪凡五十協而義役又
有在矣支吾公費年積其餘買上腴百畝爲義役之
田而向爲鳩於衆者悉分以還之矣淳乾道詔書議
定規約上其事于縣于府于常平使者遇兩役則有
以助之或謂陳君曰人心可以義動獨不可以利誘
乎役户有興廢他日寧無心者予盍慮諸以予觀之
正人心之所恃非人心之所慮也子産春秋人才整
頓鄭國聖人稱其使人也義今之役人人者果何義也
白者户長之顧趣發上供而催科與進胥吏歸之保
正彼固輸庸於我者未嘗受庸於我也吾既役之以
不當役而比較程督至於代償者何也期會未發吏
刻逮繫捽抑奴虜視之維需符牒名碎俱科治文移
於敲朴供宴好於怨嗟村落之淸晏持半福紙而過

者豪呼横索已不能免譊口常例肴宿負然一有變
容動色之事雖犬無寧迹其於爭役之禍患如此則
凡可避者烏可禁已檣訴錯訐門内外往往觸蛮推
負推來委命吏手而役爲滿産之具爭之蕩不爭而
承之亦蕩爭而棄之亦蕩以其役人若害人未得爲
義也幸而鄉有好義之士相與糾爲義役維持棄捽
謀協志予役者不爭終以不困於固本厚俗不爲無
助夫事之取患易人之紓患難紓其左不妨其右紓
其往不許扶來患紓一患咎也仙桂之義役既成兹
助於此者昔疇所畝尺寸盡獲也然則陳君官酬私
應脈絡交貫役戶與發不常而無儀於義役之當立
也然則陳君爲鄉人紓其役之患固與義役之所患
者弭之美處事而當於人心雖千載可也余是知人
心之爲恃非人心之爲慮也雖然義失於上下能明
之義明於下上不能廣之乎推原祖宗录美意以昔
戶長顧役還州縣催科遺胥分於所隷不以不當役

昔役之役其力者竟其賦而吏剛民救飾之奉法且無縣政行命以爲之擾廢其繫於爲役此非茫閑[illegible]行之論必有能行之者所恃在人心又當求爲人一心之所係若哉陳君力行好事旦評高之義役乃其一爾寶祐五年三月望日

慶元司戶葛洧圭記

助役

亦陳雷立○古之役也殖民今之役也躍民敢良不善於役莫善於義役而尤莫善於助役授周官司徒掌凡役地著爲本有閭師以任其力有均人次均其政有遺人以掌委積自十里至五十里皆得以助役之而支助之義行焉是以民人和睦力役生產可得而平也呼古之民何爲得其平今之民何獨不得然所是必有其故矣有志上下古今者豈獨無其人乎予曩歲讀宋嘉王公不窒記越之桂山陳君雷建助役義租事未嘗不義斯人之近古也後二十有五年君寓書屬予記義所矣復俾記十八都所建助役義庄益見君之沒沒於義者撫其事之本末若世

居南明仙桂之二十鄉特義庄以安其四十餘年矣
是都又其隳壞也土磽户拂敝於役十年君不忍以
秦越視始捐已穀斛若干為義倡裒凡役者附益之
飢又以所積穀斛若干㦖遷買田若干畝計歲入為
公費然後盡散還向所裒者一如二十都故事為置
天姥山下極若干聚所以助凡當役者役户有廢興
庄業興變遷名可循得古人支助之餘意矣吁有治
人無治法隳突叫囂擊木而召東西不得寧者悍吏
也相率鬩相怨咨以相糾訐形人心戳痾痒疾痛不
相顧恤者縣民也然是人也豈特無恭心哉盖周官
司徒之法廢而支助之義不行故本心之義泯而為
不義今有義人焉則悍者馴暴者仁渝然化一變為
義鄉在乎人焉耳已推是心也則今之役猶古之役
矣然何獨一鄉哉君之言曰余髮種種無能爲役矣
河之清人壽幾何尚有一之義未能舉行庶幾天假
之年得畢忠顯其志盖不特為此邦計將以推成典

以往而來定矣所安得君數百千輩布滿天下由一鄉而一邑由一邑而天下後世周官法度使斯人皆得其平則君有志哉天未欲使斯人之得其志也君未得由一命以自見於世然即其行鄉以及隣壤其志蓋可知矣所行于官爲行于鄉雖孔子曰觀於鄉而知王道之易易也聞君之風若亦可以自勉於義云咸淳八年三月日鄱岳祥記

平糶倉

陳雷立○柱山平糶倉者越新昌陳若所建也置田地若千畝有規以潰其家有籍以傳于官矣而又謂余文以記其請之之辭曰余家故約也而聞天下之事甚美者莫若義莫近於義余力所能至必趨也於鄉鄰以義建於里役以義舉於族庶以義置義濟有司義乾有所也皆得華於閭人美今是倉方經始而田方續賣鄉圖其永將有遺憾矣台越隣也予故所聞也敬以記累子非徒曰余名是揭也斯文在焉庶余之若子若孫俳佪顧瞻片石巋然嫁馬部治之在耳不

以從故弛吾規下以利故悖吾說則吾戒不壞吾生不滅也乎嗚王政不行則仁義之任歸於秦世矣古者鄉遂之制明井牧之經正郊內則大司徒詔之五家為比〻以相保五比為閭〻以相受四閭為族〻以相睦五族為黨〻以相救五黨為州〻以相賙五州為鄉〻以相賓郊外則遂人治之易比為隣易閭為里易族為酇易黨為鄙易州為縣易鄉為遂易之之名雖異而相扶相助之意則同其為民慮可謂閭且悉矣然而內有遺人掌之委積以待羇阨而賑凶荒有旅師所聚之王粟以平頒而時施是皆為上之法制經紀而不使下之人自為之也孔子與原憲粟而辭子曰毋以與尓隣里鄉黨乎蓋此古之義也周衰而失之矣雖憲亦未之思耳夫子身任王政之責故於憲發之天下者隣里鄉黨之債也老者安之少者懷之則王政行矣以王政而歸於秦王天下之事真可太息矣予之記是倉若不潤筆道君之美聽

以重有毀乎王政之不復也君之用心仁矣其子孫將世世多賢與有不能守君之規者哉斯君之傳固有在也德祐元年八月日郡校徐公純記

義濟局

陳需立以濟死無棺者○予聞上古無棺槨自有虞氏瓦棺昉於此矣漢特融妻亡婦人閔其貧無殯斂贅為其棺融辭曰古之亡者棄之中野謂高曠後世人不皆融也原壤之母死夫子助之沐槨顏淵死顏路請子之車以為槨嗚呼養生喪死無槨正道之始無憾有其具也井田無甚死徙無出鄉非有甚富甚貧之民也始壞逸阡陌開於是以富者事兼并貧者無立錐無蓋藏矣夫惟貧富莫能相恤也於是圈牢之外自肥一勝之外即胡越矣於義乎何有南明越支邑土隘而俾俗窶而綸邑南門外有局曰義濟大要為力單者殮予足形棺有三上焉於次櫳又次松有是局之前無矣期且施量授昇擔費幾至幾至悉也昔子游問喪具夫子曰稱家之有無與

意得之始予聞而竊有楚越人視秦人肥瘠漠然欣
戚之不加胡為有是哉入其境實庚而稱賑飭而揚
夫有義庄之規月養歲贍塢其根又有義塾之舉是
窓々繁養其源里正無撞搪而呼號扑社受庀禮而
右粥義濟此其大略也十室之邑必有忠信噫亦難
矣范文正公守郡日公餘帥僚佐登樓顧見衰絰者
瞿々如有求亟令詢之乃一　士亡棺斂所取辦公
憮然郎徹宴席賙其事非要奢而市恩也仁人深居
黃簾翠幕宜念巢居露寢若食陸珍海錯宜念餓口
醲醽暑風亭蔆泉宜念懸日熱耘者貂裘羊圖宜念
李歲無禍若前用心如是演而傳之後世子孫必有
興者是局刱於淳祐戊申重新於景定辛酉區畫經
始石君損與有力焉倡之者誰桂山陳君雷義丁千雷陳
也明年二月既望吉安州學教授徐統記
立以濟死無所葬者傍有慈濟庵〇環當世有義人
乎曰有有則教以姓名曰桂山義翁陳君是也桂山

界萬山間非動傳漢儒之會而義公之名常四馳遍其里者必指其山而問曰此非村山義翁之所居乎吁君何以得此哉蓋右世於義者也先是君闢義塾于家之東偏每大比之部下不遠數百里致名師江閩浙負笈至者以千計、龍集己酉余嘗游君之東塾見其酬應無倦容聞書声必倒耳聽喈喈不自已吁君真義人也夫越二十三年余自芸館請外贅鄭幕邑之南諸縣以葵凡八人死而無歸者以畝計五十有奇規其地築菴若干楹榜曰慈濟請官地于曹州壟為田以畝計二十有奇瞻若行人為主其事且白之常平使者爲久永其行事甚義而慮甚周也余曰此必桂山義翁之爲[illegible]元寮笑曰然且徵余記余亦急於義者輒援筆書曰先王掩骼之仁政也有義焉自井田制壞生者無所於養死者無所於藏故儀渠火化之法得以灰燼[illegible]斯人而殲滅之吁其亦不仁甚矣自巨細萬物齊宇宙觀之司馬之石槨伯倫之荷鍤固不以以天地爲棺槨者之爲無碍奪烏鳶之攫狐狸之食而與螻蟻固不如浮屠氏付烈熖之爲速化此豈可爲孝子慈孫訓哉先王治生民之道不如是也父母全而歸之瞿々然遑々然此人心天理之良感風教所由[illegible]也厚衣以薪不封不樹使可以掩其顙之泚則所[illegible]聖人者何必取諸大過而強人以所難哉惟先王[illegible]餘之政上之人不能盡行故逸而歸諸下之好義者奈之何世之好義者不多見也吝閑者不肯爲[illegible]循者不蹤爲若陳君者百千萬人中僅一有焉呼此之人何其不發深思也耶以百年有限之軀而欲[illegible]自封殖而爲不朽計知有子若孫而已視其族之[illegible]以至隣里鄉黨極而至於途人休戚之漠焉不係其心總總爾夫豈知天地間所以不朽者惟義耳於[illegible]則甚々衆多同歸于盡果何所底極哉昔人有[illegible]以[illegible][illegible]聚設義漿以濟行人廣義塟以[illegible]豈陳向後往往乎未有聞

者至今誦其名談其事髫齔童豎偏陬叟亦知其爲義人其不朽者蓋如此夫義事之顯著者有四而陳君行其三矣皆有關於風教者豈向以者之苗裔歟是不可以不書抑爲世之不知義者勸余聞太史氏方將大修國載若陳君者他日必有特書行義傳之汗簡者君名雷字震亨越之新昌人也　咸淳七年秋七月日慶元府司戶參軍葛紹奎記

典籍

昔太上立德其次立功其次立言夫立言非得已也達而功窮而言而德以爲之本苟無德焉則功與言亦烏足道哉新昌文獻邑也士大夫立言而有功於世者古今相望今採其最著者録其梗槩使人有所考云

學庸輯略　宋儒石子重所著朱子嘗有取焉者也

西銘註　宋監察御史俞默翁先生

詿今其世族孫禮部左侍郎欽藏於家

沃洲雜詠宋平陽縣丞邑人呂大亨所著臨洲徐宏愿序謂其有詩詞數百篇平澹而明暢殆與學問政事相表裏也

剡東録宋人俞公美著其弟監察御史公浙誌之曰兄病鄉邑無圖志著剡東録若干卷凡例一新紀載精密未及鋟梓兵火喪之又可恨也

俞默翁集宋大理少卿俞浙號默翁杜門著書凡三十年有易審問八卷繫辭審問八卷書審問十卷詩審問十二卷禮記審問十六卷考工記三卷春秋編十卷正朔考三卷孝經審問并外傳十二卷離騷審問并九歌九辨共十卷杜詩舉陽十卷韓文舉隅十二卷今其族孫禮部左侍郎欽藏于家

南明録宋人俞公美著今不存

克齋文集宋儒石𡼖子重先生所著凡十卷

永嘉唱宋知温州府福清縣開國男石牧之所著凡二十卷

往生録石峕之臨終手鄉十

右餘事拱理究賾至令廞歆之其喪葬之物資客之
禮子孫之誠纖息無遺門人華經教甚過禾詩曰生
生録蓋牧之死若蟬蛻學士蘇頌謂其浚尘悟理以
爲力學行已所得宜矣今題其録曰先生似乎渉於
佛氏之教恐非牧之之業
儒之志也因持辨之

石仙居詩文集　仙居令石行之所著文二十卷詩十卷

適翁稿　宋隱士石俞亨所著其自撰墓志云平生自喜爲詩文多亡其稿璞孫於
廢紙中檢拾數千百篇以告曰他日願校刻之顧請
之曰勿妄言聊以適吾意爾未必名家安計其必傳
哉

春秋類例　宋隱士石公揆所著嵩宗朝經進命藏于館閣

五山稿　宋司農卿呂彙南所著

桂山小録　宋義士陳雷所行義事門人纂輯成編者也

南明志　元人黄奇
孫著按其墓志云所爲文若南明
志則縣尹徐公序之稱有大筆

蚓鳴集　元隱士黄奇孫所著

按其墓志云宋季隱居洪洲從大理卿俞默翁石九成韓明善游考訂經史傳註之異同品評古今人物之優劣具有確論

耕讀稿 元教授章廷端所著詩文今其族孫生貢佳藏于家

櫟泉雞肋二集 元鄭山書院山長丁茜水所著詩文

雪溪遺著 雪溪董氏名曾者有約齋稿名旭者有南朗稿名性傳者有宦游稿名日初者有西山樵唱名荊者有翠微漫稿字宗樵者有烟林擬唱及元季并國初名人贈送慶予之作總謂之雪溪遺著洪武丁丑臨安董鵬序

丁樂平詩集 國初樂平令丁宜民所作學士方孝孺序之

康山詩集 國初刑部主事丁義作廬陵夏伯時序

介石集 國初建昌教授章衡氏所作詩文

得月稿 國初隱士呂不用所著詩也新昌主簿會府學也

[illegible]南莊詩稿 本朝隱士章文雅所著

小齋詩稿 本朝[illegible]

昭德升所著今其玄孫經魁戲藏于家親筆所書秀整古拙可觀

隨寓集 本朝臨邛縣丞俞壽所著今其曾孫雲南右布政使鐸藏于家

愛齋集 本朝隱士楊居所作詩文也

俞氏家乘 集其累世志銘誥勅及名人贈送詩文凡■卷

○贈俞亞卿序

新昌俞君振恭舉辛未進士歷義部主事郎中遷太常少卿再遷禮部右侍郎同郡士夫以振恭年方强仕官登三品爲鄉邑出色相率時觴酒望賀復推兵科給事中張君以弘具振恭屢歷介兵部員外郎汪君鎡來徵予言贈之惟禮部侍郎即周之小宗伯位亞春卿職司邦禮治神人和上下厥任均焉唐宋以來若常袞邢昺劉正夫眞德秀諸名賢始得更歷此職且慎重之意可見巳我朝六卿之佐皆遷自諸司惟禮部侍郎率以翰林儒臣爲之有不自翰林則亦文學博洽之士蓋國家大禮所在非明於故實達於政體者弗足以稱振恭之遷

此簡自　宸衷豈偶然哉予聞俞氏紹興鉅族詩書
之富衣冠之盛代不乏人振恭自幼穎異乃祖清節
先生嘗謂振恭之父曰此子異日必大振吾門宜善
教之於是闢家塾延明師朝夕訓勵學業日進遂以
弱冠之年取高科預讀中秘書業由益精所謂文學
博洽孰有逾於振恭者乎况儀部太常皆典禮是司
振恭實清弗懈聲譽籍籍所謂明於故實達於政體
又孰有逾於振恭者乎用是上契　聖心下符輿論
存齋華顯非偶然已[illegible]振恭[illegible]盛非獨以[illegible]初
三華三載蒙　朝[illegible]己官毋[illegible]
安人[illegible]交郎中考[illegible]詰[illegible]閉[illegible]
[illegible]

新昌縣志卷之七

儒學訓導吳江莫旦纂

官宇

設官分職各有等差大小衙門皆有統屬故一縣之設亦有合屬衙門皆所以分理庶務而撫安斯民也至其倉庫郵驛廳堂亭館之類雖廢置損益有所不同而名額之存則不可泯焉故備錄之使後人有所考究云

浙江等處承宣布政分司

在縣治西二百餘步俗稱北司　本朝洪武二年知縣周文祥建成化間　知縣毛鵬黃著李楫重修正廳正間穿堂三間東西廊屋六間儀門三間廚房三間墻垣周圍伍百四十八丈

浙江等處提刑按察分司

在縣治東連營五十

餘步俗稱南司　本朝洪武二年知縣周文祥建成
化間　知縣毛翥黄著李楫重修正廳三間穿堂三
間東西廊屋六間正門三
間墻垣周圍四百三十步
尉司在縣西百餘步元至
大三年尉桓古伯重
建正廳三間東西兩耳房各一間後堂五間東西廂
房六間鼓樓三間元設縣尉一員吏一名弓兵三十
名今革故址即今戒陛關○樓鑰詩高七不爲薄子
儆論獨殊不遺何不可而況主薄予夫君豈其裔南
明發士初要知官無卑禄可代耕鋤正須勾小稽使
氏能繁翰況後領尉曹鼠竊隨驅除而職去民近尊
此權輿君哉吾里秀賢厚素有餘埋蛇足陰德映
讀古書起家決儒科鄉評多名譽乃以兄之子相
相娛小別不足惜未免摻于祛邑境連台剡好
濶二子丞鄰封川陸通舟車乘興或欲往逐
賂恩績文猶當惜
一賦擲地金户知
丞廳在縣西百餘步
有二松堂至元

十九年裁减承轄因廢○李泳詩藍田丞事少乃系松所役為我語崔君豈若忘語默

主簿廳 在丞廳之東久廢今為石城館

鎮守軍營 在縣治西北一里設百户一員領其事司吏一名撥軍無常制元末裁革屋宇毀于寇今為社稷壇

彩煙巡檢司 在縣治南六十里彩烟鄉元設巡檢一員吏一名弓兵三十名元末裁革屋毀于燹遺址今存

豐樂行善政巡檢司 元至元十五年設巡檢一員吏一名弓兵三十名元末裁革

天姥驛 在縣治東南五十里今廢

南明驛 在縣治西百餘步元設提領一員吏一名後革改為尉司亦廢今併入城隍廟

皇慶驛 在縣治東六十里元設提領一員吏一名後革廢址今存○皇渡驛記古者國野之道十里有廬廬有飲食三十里有宿宿有露室露室有委五十里有市市有候館候館有積此館之制也馴馬高足為置

傳馹馬中足為馳傳馹馬下足為乘傳一馬二馬為軺傳此驛之制也方今四海一家酌古準今通天下都邑各置舖驛合而名之曰站凡朝廷投行之使州縣朝聘之官憧憧往來向莫由斯歟初有司權其道里之遠近定其馬乘之多寡亦既井井有條矣蜀州路赤城站距紹興路南明站一百一十餘里僅設一站馬八疋所歷險艱馬瘠僕痛行者病之至治三年秋太中趙侯自吳門遷守台郡道經其地由吳越別站通而絜之有土名皇度站實當其中建議增設驛站于此擬於本路仙居戴村二處協助馬三疋撥紹興路起蓋官舍撥馬三疋以足之轉申上司契勘準而行之人咸謂增站不增馬益於官便於民若侯可謂能平其政矣昔諸葛武侯之治蜀官府次舍橋梁路道莫不繕理民不告勞先儒謂其真有王佐之才今侯百廢具舉而尤於此盡心焉豈非王佐之才乎書諸石使後之來者見而曰此趙侯之嘗憇也侯名

鳳儀字瑞卿號怡齋古汴人太定二年歲次乙丑八月吉旦章嘉記

稅場在縣東出賣茶鹽法等從革今為按察分司

酒務在縣東今廢

稅務在縣西門元至元十四年移在候仙門久廢

樓店務凡九間四間在驛門西二間在驛門東和旨樓二間在文昌坊西一間在舊丞廳東今廢

馬院在縣西文昌坊即舊平糴倉址今為縣獄

際留倉在縣治西北元元貞元年設久廢

驛料庫在今縣治後堂之東久廢

錢庫在今縣治後堂之西久廢

米倉在縣儀門之西今廢

草倉在縣儀門西南久廢

平糴倉在縣西文昌坊元改馬院今為縣獄

養濟院在縣治西即舊稅務故址今為市西鋪成化十一年知縣李楫重建

濯纓亭在縣南五里丈溪塘上未詳所建○章廣民濯纓亭上書懷詩兵餘無策理生涯草履麻衣看物華一任白頭牢裹帽慣燒黃

葉爲煎茶溪流淺水一痕月梅著南枝幾箇花不是化工知我意肯分清氣屬詩家

爽心軒 在縣治東四十里溪口舊傳有詩云溪居人未識一見爽塵心惟許魚鳥忘機古到今後人因築軒其夢未詳所始今廢○方秉哲詩胸中有丘壑塵埃不可言因聯爽心句如對爽心軒

迎恩館 在縣治西三里石牛道傍爲遞運舍迎之所元泰定二年建有扁曰溪山一覽□椿池泉石之勝今廢

石城館 即舊南明驛故址本朝洪武元年知縣周文祥建正廳三間後堂一間東西兩廂各三間正門三間後堂一間府官視事使客往來者皆宿歇于此

稅課局 在縣治西正廳三間廨舍三間門一間本朝設大使一員吏二名巡攔三十名門子一名革

惠民藥局 舊無廨所即訓科所居

醫學 本朝洪武十七年開設三十二年裁革永樂元年復置即訓科所居旁舍爲署事額設訓科一員門子

一名陰陽學本朝洪武十七年開設三十二年裁革永樂元年復設即訓術所居房舍署事額設訓術一員門子一名僧會司在縣南五里寶相禪寺本朝洪武十五年開設僧會一員吏掌書一名門子一名存留倉在縣治儀門東西相對預備倉四處一在縣東善政鄉二十三都沃洲一在縣東彩烟鄉十七都皇渡一在縣西豊樂鄉六都梅渚一在縣北新昌鄉三十一都胡卜本朝洪武二十三年給鈔俾老人收糴米穀於內給借飢民秋成抵斗還官不徵其息申明亭在縣門之左本朝洪武六年建當都闊要會之地民有干犯惡條者則書于上爭訟者里老會集而剖決之乃懲惡之所也各都共十四處旌善亭在縣門之右洪武十七年建人民有善則書于上所以敦厚風俗也各都共十四所安樂堂在縣西五里元時設置凡疾病軍人皆於此安宿久廢

接官館 在縣東六十里舊有皇度驛久廢行人艱於住還成化三年知縣毛鵬建此館近天姥寺行人便之

急遞鋪 南凡九所○市西鋪去縣西半里○三溪鋪去縣西一十里入嵊縣界○柘溪鋪去縣東一十里○小石佛鋪去縣東二十里○赤土鋪去縣東三十里○班竹鋪去縣東四十里○會墅鋪去縣東五十里○冷水鋪去縣東六十里○關嶺鋪去縣東七十里入天台縣界○已上九鋪俱 本朝洪武三年知縣周文祥建十二里一鋪爲屋三楹旁列兩廂中建一亭繚以周垣外門榜曰某鋪每鋪設鋪長一名鋪司一名鋪兵四名具旗鈴以嚴號令置包匭以護封緘更迭走遞一晝夜行三百里即古之置郵所以傳命也厥後知縣毛鵬李揖相繼修建完整

祀典 國之大事祀爲之首今之縣令即古諸侯之職載諸祀典皆曰當祭之神祠廟壇遺已有定制春秋告報咸有成規有其誠則

有其神可

不敬哉

大成至聖文宣王廟詳見學校條下○文廟禮制 國初宋學士濂說之詳矣意謂古者几筵在西而今南面古者掃地而祭而今肖像與夫熏薌之代籩豆秉炬之當庭燎之類乃一代制作損益時宜未爲害也獨所謂顔回曾參孔伋子也配饗堂上顔路曾點孔鯉父也列祀於兩廡間深爲害義者也說者謂以傳道爲重然則人倫顛倒若此所傳者果何道乎至宣德十年又以臨川吳澄列於從祀今考澄年譜澄於宋咸淳六年中鄉舉則食宋之祿矣宋亡乃仕於元及面事讐不顧名節與無道無異謂道統之傳果如是乎歷代相因坐此大錯竊意禮樂百年而後興我 朝承平餘百年矣正禮樂可興之日也安敢私議 如此以俟知者

社稷壇在縣東北一里○本朝洪武八年知縣賈興重建厥後知

縣毛鷄李楫重修〇或問石主之義郭斯垕曰社祭土主陰氣夫陽氣積而成天故其精爲星陰氣積而成地故其精爲石石擊則火出陰陽動生陽也星殞則化石陽變爲陰也土爲陰氣之積而石乃其精故社以石爲主又問社稷皆木主而石位乎中何也曰社爲五土山林川澤丘陵墳衍原隰是已稷爲五穀黍稷稻菽麥是已五穀生於原隰是土所自出也故石得以貫之亦以明社稷之神無二致也且天之將風雨則星主之而土地之宜寧非石生之乎

風雲雷雨山川壇在縣南一百步宋稱風伯雨師元因之　本朝洪武八年知縣賈驥重建厥後知縣毛鷄李揖重修

城隍廟在縣治西一百[illegible]步宋伺崇福候至大元年縣丞[illegible]李承事重建元末燬于方氏　本朝洪武二年封鑑察司民城隍顯佑伯三年部天下凡嶽鎮海瀆並去其前代所封名號止以山水本名稱其神其郡縣城隍神號一槩改正

本作知縣周文祥因舊址修舊廟司址重建成化十一年知縣事楫取丞啟○新昌縣城隍廟記元至大改元秋八月費罕李公廷弼來治邑延見吏民具宣上德意既而甫孔子廟增社稷政教並舉邑人曰我公先所重矣遂相率而請曰自秦置會稽郡則有縣至唐沿革不一錢氏析剡為新昌有縣則有城隍食茲土有年榱棟毀劾丁未歲大祲舊屆隳落神棲安厭桷殆不任祀事公茲秋少稔人且和鬩撤而新之以迎貺公顧謂僚佐曰予竊有民社事神乃其職往謁祠下已戚然于心而爾哉請益堅若相符契不可不於其言達魯花赤小里公簿令馬合公少府郭公皆慕懷公正同心茲邑協誠貿勸延助雲集已而廟成昔舊屬予記之夫郡邑祠城隍其來尚矣按周官小宗伯掌山林墳衍之神位各因其方祭法又曰山林川谷丘陵能出雲為風雨者在諸侯之地皆得而祭之下逮門行戶竈之微俱不廢於祀典獨城隍而經

見者蓋闕之不然此豈下於五祀神者與然斯邑循無所考廟之役經始於戊申冬明年夏工畢無纖毫煩公家調度發庭號馳軒簷轍上極旁狹比舊倍差學基序礎檻楹豐碩兒相環列繪事輝映赤白絢好民來觀者傾動驚駭忘其往日之陋而以為今日之雄梁麗歸蝀蝠而獨出也神之與閒乎人有數哉神有所依則人之揭虔妥靈於是乎至矣他日吏從大夫饗於新祠牲醪絜盛器幣嚴肅登降之禮皆有儀矩妙成之儀風雨順序百谷豐衍里閭徵警稚耋行歌得非神之所相乎李公中京儒者以明庶治政視民之休戚為一身之苦樂寬猛適中鬭訟稀省鄉無詈哭雞犬晏然凡令出威數整之無敢慢施勸於治人又憑於事神蓋為夜思各有條紀期年而化盛行公之心白之神而無愧神文隨之也確矣公之政後必有為世大手筆書之與斯廟為不朽矣記今甘棠姑以識歲月并附祀典之銘以詒來者歟系以辭

俾邦人歌以祀焉山南明兮聲青蒼水洌西兮源深長惟神聰直司金湯翬飛祠宇臨康莊神居清麗邑以昌威靈烜赫庇一方導和驅厲民阜康祈雩協應時雨暘八鄉禾稼年豐穰神來下兮格馡芳億載護國崇禋祥至大己酉六月望張泳涯記

陳宣尉祠

在縣西一百二十餘步城隍廟西元至元中祀[illegible]東宣尉陳恬今廢○理記云評論人物之道不當校其事而當洞察其心心何有哉仁是也仁何物哉公理是也人惟一公理存心則理重於我以我循理雖易生而死可也一或私意間之則我重於理以理循我雖三綱淪九法斁弗顧也昔夫子稱殷有三仁而不輕以仁許令尹子文及陳文子者正指其心之所在也三仁生死不同而心同於爲殷我無與焉故曰仁彼子文心乎楚而不心乎中國無主也子文心乎身而不心乎君無上也天下寧有無主無上之人而得謂之仁乎哉由是推之故宣尉使陳公之死

於發寇也其事固可悲其心不幾於殺身成仁而無求生以害仁者乎公諱恬字慶甫號節齋河南府人至元十四年丁丑以浙東宣慰從百餘卒來自福建抵新昌隣境發之玉山也玉山多悍夫先是有欲逞悍於一使者呼傳五百輩約便道爲邀寇計風傳來期適與公值邑人白公寇鋒必銳少避之公曰吾宣皇靈慰民望以爲職不幸遇寇彊寇可也避寇可乎縱吾可避百姓魚肉何不上負朝廷善使節乎況寇亦吾民也吾將道揚天子德意志慮昭示利害禍福使知向背以盡吾職無愧吾心而已即留止縣治冀日左右曰寇至公肯與招諭罄囊勞之寇認爲前使者喧呶洶湧不復聽命擁衆直前公遂死焉寇殊覺其誤驚駭鳥散嗚呼公以赤子視寇寇不以父母視公公爲宗特開生路寇乃納公於死事之倒施有如此者天乎命耶或疑公此舉可以死可以無死死殆類於傷勇矣吾謂此說者但以事之成敗議公非以

忠之公理知公者公倉猝遇寇武備不及設文詰不及施自常人處之肝碎膽落奉頭鼠竄惟恐不速公氣宇雍容詞意惻愴上念國恩下慮民生毅然隻身横當寇衝雖事勢蹉跌卒能順理以死吾竊意英魂陟降猶以不克竟其大勇自恨尚何傷勇之有則凡低頭歎息仰天俯地不滿於公之一死者固公之所憫笑而麾斥者也烏足以知公之心事哉吾固以爲公之死根源於此心之公理深有合於吾夫子殺身成仁之義非天下大丈夫能爾哉公既死邑人壯而祠之閲二十有三載庚子邑大夫王光祖求文爲記因發明其心事之精微以表見於當世且用岳騷數語隱括以歌之曰出不入兮往不返平原忽兮路超遠身雖死兮心不懲凛壯節兮神以灵塊䰟毅兮爲鬼雄若其歷官行事無繫於新昌茲不贅大德四年六月吉日監察御史邑人俞滸書

邑厲壇

在縣東北一里孫唐園本朝洪武八年知縣賈驥

重建歷後知縣毛鸂黃著李楫相繼脩建鄉厲壇各鄉村共三十二所里社壇三十三所

止水廟在縣東二里東堤之上有神像二莫詳其名今考舊志紹興中林安宅知縣事築東堤以禦水患其功甚博士民肖像立祠石子重先生爲記至寳祐中知縣趙時佺重脩東堤意今二像乃趙林二公也但歲久碑刻無存邑人誤目爲神耳今又晝夫人二像于壁尤爲可笑爲政者當表而正之故今不敢目爲淫祠而繫于此云成化十二年秋本府同知浮梁黃璧入謁再拜有詩云步入東溪路趨瞻令尹祠築堤前日事止水後人思晝永官無事秋成民不飢喬松香合抱應是手親移

職役人之生也有貴有賤貴則爲職賤則爲役職所以出令而役所以奉令者也其孟子所謂勞心勞力治人治於人者歟新昌小邑政務最簡以故職役不多設立大抵冗

於宋元而省於
本朝云

知縣宋一員稱宣教郎知紹興府新昌縣主管學事兼勸農公事兼弓手寨兵軍正○本朝知縣一員正七品儒出身初授承事郎陞授文林郎吏考韓出身宣義郎月支俸米七石五斗二梁冠青袍鸂鶒花譜銀帶槐笏皂隸四名

達魯花赤元一員至元十四年設以蒙古色目人為之月支俸鈔中統鈔一十八兩歲給職田二頃至大三年拘田入官月支至元鈔一十八兩歲支米四十石四年仍復舊制

縣尹元一員以漢人為之例與達魯花赤同

縣丞宋一員○元無○本朝一員正八品初授迪功郎陞授修職郎月支俸米六石五斗一梁冠綠袍練鵲花譜角帶槐笏

主簿宋一員○元一員將仕郎兼縣事月支中統鈔一十二兩歲給職田一頃後拘入官月支至元鈔一十二兩歲支米

四十石後復舊制○本朝一員正九品初授將仕郎陞授登仕郎月支俸米五石五斗一梁冠緑袍緑鸂花譜角帶槐笏

縣尉 宋一員○元一員至元二十四年始以流品任月支中統鈔一十一兩歲給職田一頃後支米四十石仍復舊制

典史 元一員月支中統鈔一十一兩歲給職田一頃後支米四十石復舊○本朝一員雜職月支俸米二石平冠服帶笏與主簿同

主學 宋設一員

教諭 元一員至元二十年貴經賦教諭各一員受儒學提舉劄付大德四年栽減一員用省選後以浙東宣慰司選月支贍學粮一石五斗鹽菜錢中統鈔一十兩後支米二石○本朝一員雜職月支俸米三石

訓導 元一員至元十四年置後革○本朝二員雜職月支俸各三石

教導 元置大小學教導各一員奉御史臺劄奪大學月支米二石五斗中統鈔二兩五錢小學月支米二石中統鈔

二兩時本縣以年餉下數量各支米七斗令革**鎮守官**元設鎮守軍管百戶以上充元末歲革

巡檢元設彩烟巡檢司一員豐樂行舊政巡檢司一員月各支中統鈔一十一兩歲給職田一頃後支米四十石俱

提領元設南明站一員皇慶站一員天姥驛一員俱於元末裁革

訓科本朝醫學一員新職無俸

訓術本朝陰陽學一員新職無俸

都監元設稅務一員令革

同監元設稅務一員令革

僧會僧會司一員僧充

道會道會司一員道士充

大使本朝稅課局一員雜職令革

吏元縣吏七名每名月支中統鈔四兩大德中添二兩米六斗至大中月支中統鈔三十兩米六斗○尉吏一名與縣吏同○巡吏二名與尉吏同○站吏一名○鄉長一名○學吏一名月支米五斗○陰醫會副一名○攢吏一名○鎮守司司吏一名軍人充○本朝

縣吏共二十名司吏六名典吏一十二名鋪長一名承發一名學吏一名

鎮守官軍元設漢兒新附相參鎮守司撥置無定今革

里長舊四十名今歸併爲三十二名

老人三十二名

甲首三百二十名

方兵元設尉司三十名○彩烟巡檢司三十名○豐樂行善政巡檢巡司二十名○共八十名○俱於元末裁革

曳刺元設一十四名驗民稅石以上者充今革

鋪兵元設四十五名○本朝每鋪四名九鋪共三十六名

門子本縣四名○按察分司四名○布政分司四名○石城館二名○換台館二名○儒學二名

弓手元六十七名

庫子本府奏積庫一名○荒熟庫一名○本縣二名○儒學二名

斗級本府大有倉一名○汜城倉一名○本縣際留倉一名○儒學倉二名○預備倉八名

弓兵本府三名○都府二名○本縣三十名

皂隷南京直部三名○本縣在德十名○本縣知縣四名○縣丞二名○主簿二名○典史二名

禁子七名

防夫本川進表驛二名

馬夫本府通判一名○本縣知縣十名○縣丞十名○主簿十名○典史十名

巡闌四[illegible]驛[illegible]一

鋪司九名[illegible]長[illegible]夫

儒學齋夫[illegible]

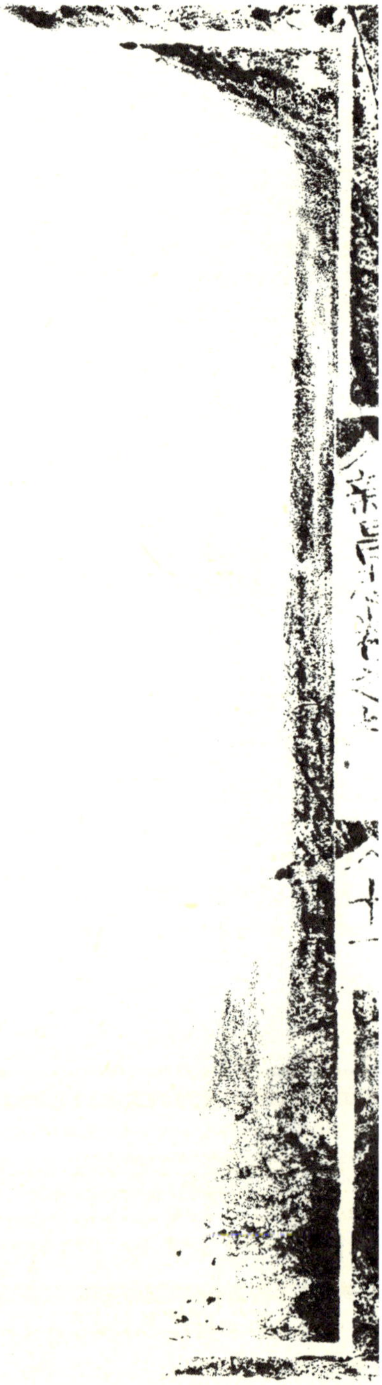

新昌縣志卷之八

儒學訓導吳江莫旦纂

坊巷

建坊于巷，巷以坊名，即古表厥宅里之意，所以旌賢而勵俗也。新昌爲紹興名邑，凡士大夫有名德在人者，通衢皆立表揭以旌異之，而爲政者又能因其習俗以成美意，而發身科第者尤所崇重云。

狀元坊 在縣治西城隍廟東，邑有狀元三人，皆石氏，此坊俗傳黄姓，未知是否。

康樂坊 在縣東三百餘步，今名忠信坊，昔靈運嘗寓於此，時人重之，爲建此坊。郡志云新昌之康樂蓋古跡尤著云。

仁政坊 治平以縣治名。

繡錦坊 在縣東十五步，宋時爲石氏立。

崇化坊在□□三十步宋時爲□學之文廟立集賢坊在縣東十五步舊名槐巷以石氏園亭名興賢坊在縣東一百二十步舊名千秋以儒學名登俊坊在縣東一百二十五步以儒學名通明坊在縣東二百步以路通明州名十進士坊在縣治東爲呂氏立明倫坊在縣東南一里以儒名應台坊在縣東南一里以路通台州名宣德坊在縣門西以縣治名文昌坊在縣西三十五步以宋黃文獻公度及第名霸越坊與文昌坊並太平坊在縣西五十步儀鳳坊在縣南二十五步爲舉人陳孝軻立沖鵬坊在縣南七十里爲舉人魏完立飛騰坊在縣南七十里以楊□□登第名應奎坊在縣南三十五里以□□李□□□□第名□□坊在縣南八十里以丁孟□登第名興賢坊在縣

亞十里以翁讓登第名掇科坊在縣東八十五步以俞鐸登第名科英坊在縣東百
步以呂昌登第名折桂坊在縣東三十五步以劉文輝登第名鍾秀坊在縣東三十步
爲舉人周綜立春官坊在縣東百步爲都憲劉敷爲禮部侍郎俞欽立承流坊在縣門左
宣化坊在縣門右澄清坊在布政分司左肅政坊在布政分司右迎恩坊
在縣西門外文奎坊在縣西北三里醴泉知縣周文祥爲章廷端立凌雲坊在醴泉知
縣貫職爲章衛民立進士坊在醴泉知縣劉賔爲章士淳立聯桂坊在醴泉知縣劉寶爲
章以善立解元坊在醴泉知縣朱騏蓋爲章以占立絲衣坊在縣東三里鎮東門內爲監察
御史丁川立飛騰坊在縣東三里鎮東門內知縣黄著爲何鑑立登瀛坊在縣東三里黄

充立着為陳進士坊在縣東三里為丁川立飛鳳坊在縣東三里為舉人王環立

聯英坊在縣東一里為舉人俞適立進士坊在縣東七十步知縣毛麟為進士徐志文

立登第坊在縣東三十里鍾井門前天順八年知縣王璁為進士徐志文立登科坊

在縣西二十步成化辛卯為舉人呂遠立文英坊在縣西十五步成化辛卯為舉人呂初立

儒英坊在縣東百五十步正統丁卯為舉人俞遠立世科坊在縣東為舉人劉忠器立

進士坊在儒學東成化十二年知縣李撝為御史何鑑立三桂坊在春官坊右成化甲

午為舉人俞振才俞振英俞深立其兄侍郎欽有一秋晉桂三人折之句雙進士坊在春官坊

右成化乙未為俞振才俞深立進士坊為呂鳳立經魁坊在按察分司左成化甲午

爲舉人呂獻立　繡衣坊　在候仙門内知縣朱揖爲御史何鑑立　承芳坊　爲舉人呂鳴立

橋梁

徒杠輿梁嘗見稱於孟子則橋梁亦王政之一事也于以濟川而人不病涉豈細務哉新昌爲邑山多水寡而橋梁不多建立今取其有名者録之以備考云

司馬悔橋　在縣東南四十里一云落馬橋舊傳唐司馬承禎隱天台山被徵至此大悔因以爲名竊謂此當爲處士輕出者之戒

渡王橋　在縣北守義鄉三十九都

平川橋　在縣東七里五山鄉二都

渡津橋　在縣東九里仙桂鄉二十都

桂香橋　在縣東一里仙桂鄉二十都

棲霧橋　在縣南二十里仙桂鄉二十二都

迎仙橋　在縣南三十里仙桂鄉二十一都

丁公橋　在縣南三十五里仙桂鄉十九都

小茅橋　在縣南四十二里仙桂鄉十九

都

觀政橋 在縣西門外一里五山鄉三都

西郊橋 在縣西門外一里五山鄉三都即石牛橋也

石鼓橋 在縣西五里五山鄉三都

鎮洋橋 在縣西七里五山鄉三都

清冷橋 在縣西四十五里

天姥橋 在縣南五十里

王渡橋 在縣南六十五里十八都旁有壽昌寺

懷仙橋 在縣南四十里仙桂鄉十九都

廻瀾橋 在縣西北三里醴泉

坑西橋 在縣東三十里安仁鄉三十四都

落馬橋 在善政鄉十八都上有樓五間

村墟 林居曰村野市曰墟皆郭外之地也或烟中綠樹而茅屋參差或牆外青帘而柴門掩映山靜似太古日長如小年垂髫之童戴白之叟盎盎而居熙熙而樂吾有以知

祖宗之恩澤如天地之
覆燾也何其幸歟

南洲村在善政鄉居民數十家宋郡馬丁宇之居此子孫亦有顯者　本朝進士劉忠器亦家焉○章文輝寓南洲答虎溪韻樹藹青山雲藹洲相思雲樹日三秋酒邊得趣忘歸興林下行吟憶舊游處世未能忘世諦惜春羸得惹春愁何時重與成三笑拈起當年舊話頭○瘦藤扶我入芳洲雪浪翻是又麥秋歡酒爲貪歡意足傍花非學少年遊頭顱不愧閒中老踪跡偏嫌鬧裡愁多少世情人未識好回頭處不回頭

錢嶼村去縣東十許里在石溪之右有俞氏祖墓山水靈異墓前有石山每遇科期墮一石則子孫一人登科若今雲南左布政使曰鐸同知曰逵舉人曰適曰振英行人曰振才知縣曰深皆應是

五峯村去縣東二十許里俞氏始居之地其祖兆墓多卜於此今有惠迪翁裕菴在焉

芹塘村去縣東八十餘里　本朝永寧學諭董廉豐居之有連庵遺址而黃精乃其土産也

石村去縣治東八十餘里有舊族吳氏世居之

銅谿村去縣治東六十餘里其地有九峯方泉之勝　國初瑞安令吳總江西檢校吳宙世家于此喬木森聳

栢峯村去縣治東北二十許里與高桂爲界士人俞用直結晚翠莊凡若干楹儲粟賑乏正統六年大饑出粟三伯石以賚邑人子孫克世其業

高桂村去縣東北二十許里安仁鄉獅山之麓張氏世居之有用隱竹窓于皐牧坡玄皐聽松樓俱有題詠存　本朝工部郎中徐志文行人俞根才讀書于此爲定六景曰東峰朝陽西山晚翠栢嶺烏啼楓潭魚躍桂里秋香草堂春色本府同知黄璧諸公俱留題又有俞氏憩雲菴山陰朱純蕇有題跋

藕岸村又名鷉律呂升亂後因過石元用舊址悵然成詩時遭兵火萃荒凉腸斷諸作

柔頭瓦礫場亭院昔曾留客飲蓬蒿今已沒人長猶[illegible]徑荊榛朝靄愁看園葵向夕陽亂後知遺幾人在悵逢隣叟話興亡

蘭洲村

在剡界近四明山竺氏世居之〇章文燁留蘭洲作水調歌頭送春春事尚多少不忍送春歸園林媚景綠暗萬紅稀載酒直追南浦不見東君歸路芳草自淒淒無計留春住且作送春詩　堪惜處愁粉蝶困黃鸝無情杜宇一声声在畫樓西我已雪添頭上管春来春去去住總休提但得徽娛處何日不芳菲

曹洲村

去御山五里許有欽趙二姓之墟亦名欽村其地有鸂鶒石馬二山下有廣溪碑蓄水甚盛澌田千餘畝居民利之

檴溪村

去縣東三十餘里俗名湖北居人胡伯兆有園趣軒子端禎結草亭甚幽雅

前梁村

去縣東三十里有舊族梁氏之墟今王氏居焉其地曠衍有良田沃壤國賦冣豐

醴泉村

去縣北二里許章氏所居甲第相望

有興元坊有八景曰屏山晚翠醴水寒泉喬木夏陰方塘雲影竹窓琴調松閣書聲東嶺樵歌前溪漁唱○呂升醴泉小飲詩人生無百年世事嗟倥傯清歡遂今朝懷抱得一縱章君雅愛客人彩稱伯仲鉛鱗薦氷盤碧酒出銀瓮觥籌恣交錯談笑襍謌誦酒酣客不留攜手復遠送歸來興未闌醉托槐蟻夢○楊居過醴泉詩乘興西郊路不迷好山重疊樹高低小橋倚杖徘徊久疑有桃花流出溪

半村

在縣郭北門裏有孝子呂無升之故宅他姓亦斷居焉木

諸村

去縣東二十五里宋黃宣獻公之子孫世居之凡百餘家仕宦不絕

長潭村

又名槐潭去梅諸五里宋丞相王爚所居有怪石假山流觴曲水遺跡尚存今名閬張氏居之○楊居過長潭詩一傾一斗盡吾歡爛醉不知風雨寒明日起看江海大却勝酒量未爲寬○小山溪上碧於苔數朵幽花傍石開爲惜芳菲閒立久消消蝴蝶忽飛來

白茅

村去縣東二十餘里舊爲張氏所居有平水廟

董村去縣東六十餘里仕族俞氏所居有南湖菴米芾書扁尚存

棠村去長潭十里居民頗蕃武昌知府丁所居

雪塘村去縣西五里宋舊族袁氏所居有科第今爲俞呂二氏別業○呂升遊雪塘詩我聞雪塘好一到尤未能今日復何日有客邀同行所願適已遂便覺逸氣增杖藜隨東風盤薄舒我情山花發無數山鳥飛且鳴波光閃日色照我雙眼明携手登坡陀倦憩林皋亭豈但四美具况乃二難并茲遊信可樂舉世徒營營○章文燁雪塘詩雲斂東皋宿雨晴蹇驢春後快吟情步遲花徑風光好坐久林亭天氣清松鎖雪塘涵翠影水分天岳瀉琴聲吟餘回首溪頭路踏碎瓊瑤月正明

後溪村去縣西十里許有漁樵耕牧之利本朝黃州副使章敏墓在焉○張汝威宿後溪詩秋宵寥寂月華明宗逐金風梳畔生夜半客意驚夢醒

孤燈何處讀書聲

長樂村 去縣西南三十餘里山水秀麗土地饒沃生齒頗繁有吕氏寧菴在焉

袁嶴村 去縣南十五餘里本朝主事張汝安同安尹汝貞所居

齋堂村 去縣東四十餘里鰲峯之下梁氏所居

董嶴村 去縣東二十餘里梁氏所居

下梁村 去縣東三十餘里本朝祭酒梁先生故址并墓在焉

求村 與下梁村相近

鍾井村 去縣東三十里有宋評事徐冨墓裔孫志文第進士仕至郎中世居此

上宅村 在鰲峯徐氏所居

雪潭村 又名下宅村勑封主事徐景釗有重慶堂

山南村 去縣東三十里鰲峯之上徐氏世居

西河村 在鰲峯吕氏居之

上坑西村 與西河村相近曹氏所居

下坑西村 與上坑西相近吕氏居[illegible]之名建者登科[illegible]

[illegible]家嶺村 在鰲峯[illegible]

居

沃洲村去縣東三十里宋儒石子重先生子孫世居之

英崀村在二十三都張氏所居

羽林村在二十二都居民孫王各姓所居

夏家村去縣東五里○呂升過夏家村和章信臣韻夏家村前楓樹林行人來往憩清陰繁枝蔽日雲烟重老幹凌空歲月深數過青山忘舊憲坐溫白石賦新吟絕憐此地殊蕭灑況有幽泉瀉瀨音

下嶼村在二十七都中溪有呂氏平淡庅有恠石高八丈大十圍儼如人形○張汝威留下嶼村詩小窓夢學欲銷竟啼鳥声中別有春應是夜來風雨急杏花狼藉滿籬根

黃檀村在二十四都翁王二姓所居四十餘家有石太保灵柘墓在馬

蘇村未詳處所○楊居寓蘇村詩九月十五日炎蒸氣未清夜深驚月蝕雨急恠雷鳴爲客孤村香憂時百感生今朝覺蘭奕相對酒同傾

石溪村去縣南八里石氏世居開府公建義塾于

此有金紫山碧波潭四相潭令旗峯梅花塢蓮花池菊花亭遺跡尚存

下洋村在縣南十二里亦石氏所居○本朝王璠下洋訪石叔度詩偶爾尋春過石溪數家茅屋午雞啼好懷好景同歡賞一路斜陽信馬歸

黎木村在縣東南十里有腴田數頃民賴之宋司空石延俸藝此旁有黎木高數十丈歲結實甚多人不能摘故號黎木村

下新宅村在十四都彩烟山居民十數家楊恭惠公其望族也

雙柏樹村在十四都彩烟山王楊二氏所居

北池村在彩煙山主事王觀遠居此

大園村在十四都彩烟山令都憲丁川居此有坊

岩泉村在縣南五十里十五都居民數家布政使甄完居此

王度村在縣南五十里十七都居民二十餘家止朱張二姓

南山村在南七都王氏數家居此

東山村在善政鄉天姥山東徐氏所居

班竹村

在十八九都音大居此凡二十餘家下岩村在縣南七十里十六都仕族盛氏數家居之平壺在縣南十五里邑士叶祖陳雷相繼建義塾于此菴存四十餘年遺跡尚存堂墅在縣南安十里十六都梁氏所居陳恭惠公為字以源者定為八景曰屹峰遊龍雪竇垂虹雨坂農耕雲溪魚唱竿鳳擁翠石筆凝霞鶴髻翱雲鶴岩夕照○朱純詩烟山秀出天姥西直與沃洲爭誇奇絕風萬疊擁嵐翠鶴髻倒鋪香雲垂瀑布一派懸雲寒氣遙通華頂溜當秋噴薄走晴雷向夜光明同白晝深林麋鹿動成群溪草飽食閑且馴況有丹芝發奇秀風景彷彿如宜春山人臨溪結茅屋愛聽漁歌翟爍曲秋田數畝身自耕莫歸遂課群兒讀兒能勤勞惜寸陰毋愆鷄岩西日沉胸中文氣白虹吐冲霄貫斗變千尋學成定際風雲會攀步蟾宮折丹桂摘取峯頭五色霞臨行製作朝天綵白竹村在二十五都石

氏二十餘家

小將村在二十五都宋有孟珙者爲將立廟于此其地有金鷄岩繞以雙溪溪上有孫松高百餘丈蔭地數畝石氏世居之名思堅者以知縣致仕歸隱于此

查林村在縣東三十里梁氏所居

祭嶼村在縣東九十里唐氏所居

棠洲在縣東南五十里僉事盧方所居其妻丁氏不屈節處曰夫人潭亦相近云

谿邊村在十四都盧氏所居曰伯安者有濱潤堂宋學士景濂書扁楊[illegible][illegible]憲信民爲記○丁孟達詩潤曲茅堂絶幽勝楓流翠崖足弄潺湲有時漁釣自朝夕傍舍酒船相往還石子拾來棋局碎芹根煮熟飲烟樹欲攜鋤笛就斗酒與[illegible]鬢以吹清夜聞

細坑在十一都近穿岩產美石可作研璞他方人俱求采

菴山在渡王山下上人王欽葬于此發潤司馬桐柴俱有詩挽之

徐村舊爲[illegible]氏之業某生評事裘尚存今爲周[illegible]所居

蘇師村在縣師山下有元張二姓祖墓又有肅戒注母翁墓并菴田當代名人若羅狀元俱有詩崇仁吳與弼大書其菴端**花園村**在縣治後石氏之業今其子孫數家居之又有呂氏修齊堂**前山根**在縣治前南明山下陳氏居之**盛畢村**在縣東二里許人民數家居之有俞氏鎮府基布政使俞鐸之祖墓在焉**下五峰村**在縣東十五里俞氏始居之地今有菴在焉**瀨石村**在縣西五十里十九峰下張徐二姓居之有上舍張斯文墓在焉

墳墓葬者藏也封土曰墳窆棺曰墓古今風水之說所謂土厚水深草木茂盛之類先儒亦有取焉余竊以為擇風水莫若修德使吾祖宗之有德焉則人將指之曰此其人之所藏也其德澤在人不可忘也使吾身之有德焉又將指之曰此某人先世之墓也今

有此賢子孫也是以承平則加敎離乱則相保不然則風水雖佳爵位雖顯將恐路人垂罵仇家發掘而存亡俱受禍矣大哉德乎其墳墓安危子孫盛衰之所繫乎

石氏墓

唐檢校大保元遂葬縣東沃洲平頂山○唐鎮東軍節度使昉葬縣東南黃檀村有栢樹覆墳如盖子孫每有登科者則朽生一枝則一人二三枝則二三人踐是栢墓○吳太子賓客上柱國吏部尚書諭葬縣東銅坑○吳越司空左丞延俸葬石溪金紫山○梁刑部尚書渥葬縣南黎木山○宋義士開府儀同三司刑部尚書石城先生待旦葬金紫山四栢潭○尉衛寺卿待聘葬縣東村林山○工部尚書待用葬金紫山墳前石人石獸俱存○保州通判秘書丞待聚葬縣西南楊坑大嶺頭王公塢○仙居令衍之葬楊坑大嶺頭○兵部尚書文[illegible][illegible]國侯西齋先生公弼葬剡西烏榆山○殿中侍御史[illegible]

先生公撰葬縣安仁鄉仁山○太常簿克齋先生墓葬臨汝縣之雲溪○樞相密院編脩官卜文葬縣西鼓山○福建提刑誠齋先生宗昭葬大嶺頭○元死節孝子求壽葬二十六都霧後山○本朝廣信府通判如璋葬卜赤山

吕氏墓

宋大理評事億葬一都蒼嶺宋隱士集葬三十九都杜潭術者識其地云須待千軍聚會一馬抛騎之時下窆至日果有軍官千戶過墓前所東馬產一駒遂葬之墓前有竹生笋景艱得句子孫有登科者必應其笋之多寡人號祥笋墓○宋孝子蒙葬二都龍岩菴曰報慈○宋龍虎上將軍殿前都指揮使定葬四都馬家坑○宋宣差使雩葬一都嶺坑界○宋宣教郎琰葬一都陳岩○宋進士宣義郎元之葬二都丘家田○宋進士平陽丞声之葬湖東金庭鄉○宋進士南康軍僉判冲之葬二十二都長隴○宋進士迪功郎邁葬二十三都溪西○宋鄧馬遲葬二十都下甘棠○鄉貢進

士若霖葬金庭鄉○宋朝散大夫通判甘棠有桂樹覆墓○宋進士迪功郎應舉葬沃洲溪西墓前石柱猶在○宋司農卿秉南葬曰竹步頭菴曰芳在門曰竹山皆張郎之所題○宋進士源葬長隴○宋進士謨葬珠浦○宋進士台州司理淵葬杜王山施家嶴○宋進士台州司理參軍嶸葬大茅洋○本朝百歲老人師暨葬龍石○孝子升葬杜王山○行御史臺知事模葬長隴○孝子珮葬杜王山施家嶴○本縣李訓導不用葬蘇師山○行人九思葬長隴○連江教諭迪葬杜王山許嶴園鳳形庵曰熙春精舍○平江知縣鵬葬蘇師山○梧州府節推景融葬三十六都胡師塘○陝西按察使昌葬二十二都長隴

胡司馬墓在縣東三十里七星峰下吳越行軍司馬兼尚書琛葬此潛菴先生其世孫也潛菴孫棟自廬陵來祭此墓有詩云宦游湖海世更張今日歸來識故鄉先隴衹同荅僧老殘碑莫雨碧苔荒

尚遺簪笏傳家好更有芝蘭與葉芳
忽向西風陳一奠肯同郭氏拜汾陽

蔡氏墓

蔡氏諱必榮者葬縣之北門外必榮爲新昌法曹至元中有㚇賊焚劫民居縣簿蕭化龍欲以邑人構亂辭干朝勦殲之必榮以爲不可白於縣長大曽思密寢其事又朝命榷茶官欲獨取之彩烟一鄉必榮曰與人不均固非聖人所許况取人以不均乎獨取之於一鄉孰若均取之於衆官從其議邑人德之必榮生五子二十孫曽孫四十又一名用強者國初登進士爲御史葬于墟山今其墳側有永思菴辛木森蔚至今子孫世守之

徐氏墓

徐氏名富者宋任評事葬徐村○宋迪功郎標葬蝴枚山○宋學諭小五葬葉家山名三角墓○宋御史一山葬會墅名徐家墓○宋僉判午葬銀珠嶺○宋制幹鉅葬東路山打鼓石下○元教諭誠葬上田○元訓導上□葬坑西橋頭○元學諭元傑葬蟠家山⊙本朝工部郎中志文葬余家山

章氏墓 宋大理評事天與葬獨秀山○九世孫廷端謁墓詩云宋主南遷日群公扈從來獨憐東序玉埋向北卯堆嗣胤綿瓜瓞文章焔蚌胎百年陵谷奕觸目總成哀○在初葬白岩山有連理木其子文燁有詩云先翁潛閟面旗峯黃壤風雲氣鬱葱一木凌寒知歲夕兩枝連理喜根同盤紆不假栽培力奕葉原從造化功巷說紫荊堪比瑞千年田氏一家風○文燁葬祥龍山○文華葬塩山○本朝教授廷端葬沙溪山寺東○廷璿葬細坑○勑封主事胥民葬西金山○行人中丞同知仕浮俱葬鬪旗山○貴州按察副使敏葬五都後溪○給事中良民葬塩山

袁氏墓 袁氏諱元者汝陽人宋咸平二年進士來尹新昌葬于塩山子孫家焉○宋進士太平教授行之葬場梅山○元鄉貢進士應午葬王家山○宋隆興教授應春葬豆塘○不講書三傑葬仙桂鄉西墓○元月泉書院山長不中葬茅陽山

楊

恭惠公墓　本朝左僉都御史謚恭惠楊公信民墓在
彩炬鄉士王山侍講李士瓚山立書撰神
道碑銘○維成化八年歲次壬辰三月丁酉朔越八
日甲辰新昌縣知縣晏江黄著謁故都憲楊恭惠公
之墓謹具牲醴之奠爲文而告之曰公之懿德茂行
足以敦薄俗公之敏識長才足以匡亂世鄉閭稱其
孝友士林重其信義讀聖賢書發身科第左掖名藩
争傳政事昔嶺海之滿騰人皆付之於無計公乃推
赤心以置之渥神功於顛沛風塵爲之肅清民廢爲
之安泰寶十生蘊蓄之有素故其措諸事業也有以
壯　國家之元氣延宜亨盛與於無窮爲方來之效
視廟貌森嚴丹碧流麗鎖青檫於靈洞滴四時之空
翠嗚呼華勳表儀於　治朝芳声激烈於中外醴泉
長流天姥高峙盖將與公並立於乾坤歷永久而無
替齊可謂間世之豪傑匪特爲一鄉之善士著也來
官不職是愧雖欲追遐踪而尚友奈音容之莫企徒

臨風而景仰𥩟一觴兮奠祭神乎來哉鑒此微意○
俞振才詩黄門給事近　明廷王陛　綸音得侍聽
鑾省分符勞貧昆蘭臺犧筆見儀刑中朝士望歸韓
斗東魯氏心仰德星今日空山拜遺墓　龍章宇光照
九原
靈

俞氏墓

宋監察御史大理少卿沂葬仙桂鄉諸侯山○通判慶元府公㫖附葬九峯寺側父塋之傍○　本朝贈礼部右侍郎用貞葬二十二都于竹塢育椎松覆壕若張蓋然號瑞松墓○臨邛縣丞壽葬五峯緑雞山○確山知縣文淡葬五峯○右軍都督府經歷松茂葬三十八都黄皮墩
勅封刑部主事遜葬枯溪○廣州府同知逵預營壽藏于乃父松菴之側○封禮部右侍郎名廷獻預營壽藏于二都擇衍嶺有嘉遯庵取語中嘉遯丘園之句為名○星子縣丞埴葬四都福泉山○鄉貢進士適塋五峯○雲南左布政使鐸預營壽藏于四都盛嶴

周知縣墓

本朝知新昌縣周文祥

葬縣北七里施家坑
其孫訓導綜祔於其側

形勝

夫地理形勝不可謂無取也西閩東遷左峭一石龍昔人十以定都者矣啟辟一邑之小而山川景物亦有可觀者焉然景不自勝因人而勝使赤壁無歐公之賦則夏口武昌江山徒自相繆耳岳陽無范公之記則巴陵洞庭之氣象徒自萬千耳何以有此芬馥於天地間邪今新昌爲浙東名邑其山川景物當不下於赤壁之與岳陽惜無歐范其人以爲之增重焉耳因擇其景著者定爲八景使韻人勝士品題而發揮之播揚而傳誦之庶足以增重其形勝云

五馬飲泉 縣治後有山如五馬齊驅振鬣垂頭並下光鼓潭如飲泉之狀○吳江吳震題山勢

騰驤馬一群驊騮騏驥總難分只因不入天閑用飲
盡溪系氣吐雲○浮翠黄肇題五山如空馬渴飲大
溪東闢關乾坤日多應百戰功○淮南蔣詵題山形
如五馬渴飲奔流泉流泉無声極今古五馬卓立空
雲烟憔夫日落下鳥道猿啼一声徒悵然○吳江曹
孚題群山如馬奔下飲寒潭碧山上樵蘇人依稀似
鞭策○邑人俞振才題五山今五龍騰驤如馬群石
孕千金骨雲生五花紋聚首江頭飲江水凡馬萬古
空一洗世無伯樂形長鳴霹靂滿天驚不起○金陵
王洪題群山聯絡勢向雄繚繞南明縣治東氣應房
星名在世位臨皇極數居中指排飲水形何異心感
浮江事已空彷彿郡侯巡歷處朱幡皂蓋踏春風○
邑人張琰題五山臨水爭長雄彷彿群馬吞
流虹向當一吮使驚起戴我朝謁光明宮

三溪響

三溪流自縣治東過光鼓彈出西郊入剡溪三水交
會流激為天籟噴喧豗澎湃如張樂洞庭之野王音施

作宫商相宣或風起水湧又如人馬赴敵金鼓齊鳴使幽人逸客洗耳以聽之真足以銷礙魔而添詩興云○莫震題水入三溪響怒濤濤声遠襍籟声飄蕭韶一泓来天上彷彿當年侍早朝○黄璧題三溪水自流三将今何處響籟不停声似訴平生事○蔣誼題兩過溪声急恍如天籟鳴淙淙淨淨出樹杪宛宛轉轉歸滄瀛幽人所竹學把釣水清無魚空用情○張琰題溪流宛轉入滄溟晝夜激成清籟鳴三将死忠名不泯至今流出斷腸声

眉目並秀

昔白樂天謂天姥沃洲為東南之眉目今二山在新昌境内非謂真似乎眉目也以越為首剡為面則以姥沃為眉目矣此亦文人一時之趣未可以辭害志然其層峯疊嶂複嶺崇岡雨黛烟鬟澄光佳氣所以溢目快心者真有似乎淺黛微顰秋波斜轉者矣○莫震詩沃洲天姥勢岐層眉目何人巧定名彷彿重瞳連入彩萬年堯舜再天生○王洪詩兩山角立

勢崖巖秀壓新昌勝槩多雲斂芳春舒曉黛月明良夜轉秋波巧顰能識人情否靜閱其如世態何留得乾坤元氣在不妨光彩自相摩○曹孚詩天姥具碧眼沃洲橫翠眉所以越上土秀氣鍾于斯○蔣誼詩沃洲越之眉天姥越之目兩峯俏撐倚天高飛擔咽霞曜晴旭何當脫卻繡羅袍去看仙人騎白鹿○會稽朱紱題我聞蛾眉與天目兩峯遥遥隔吳蜀何以茲山並獻奇秀出南明横黛綠懸詩正欲問山靈肯過一英雄幾戰爭吳強越霸旗鼓爭雄旗山如旗鼓山但一瞬何須乘藥游東滇方如鼓當縣郭之風門水口南北對峙激以溪流而有填然之声擁以雲氣而有飛空之勢遠而望之何異將軍之屯營鼓人之赴戰也○莫震詩郭外旗山對鼓山夕明旂鼓兩營間只今四海休兵久彼此爭雄是等閑○曹□詩兩山儼旗鼓鎮此東南隅風雲一朝生空中如□圖○蔣誼詩左峯如褰旗右峯如□□擊鼓聲□□□

謾椎雲飛飛兮旗謾舞烟塵不揚四海靜底用憚忍破膽虜○俞振才題鼓山如卓鼓旗山似褰旗角立名爭雄造化非人爲南明絶景無與伍歷盡興亡千萬古漢家赤幟蜀下桐轉眼豪華變塵土

東堤

溪水發源自天台諸山而来一遇霖潦則洪流泛濫而有墊溺之患宋紹興間縣尹林安宅築堤以爲保障民賴以安如成化十二年七月三日大風雷雨漂沒嵊縣民居而新昌晏然無虞恃此故也○莫震詩長堤誰築捍洪流萬古民無墊溺憂黃鳥有情枝上語声声猶似說林侯○曹孚詩東堤漲洪水水平斯可居壯哉萬家邑徹此化爲魚

西郊耕牧

自縣郭出鼓山而西有也曰西郊皆平田沃壤四山羅列當東作方興之時土膏雨香荷鋤扶犁競敏其事牛背笛声響應林樾所謂樂其樂而利其利者熙熙然吾有以知　祖宗之恩澤如天地之無不覆燾也○莫震詩西郊雨過午風輕牧笛声中

處處耕、帝德自同天賦大、太平無像不能名、○曹孚詩老農荷鉏倦牧子跨牛閑蒼山斜日下、相與唱歌還、○蔣誼詩日出牛下田日午牛上山下田貴力上山樂大家全賴牛耕鑿田頭禾黍生孫枝里正催租行帶索○邑人章以賢題布穀声中雨後天一犂耕破隴頭烟東風緑徧平原草牛飽人閑樂晏然

泮宮書案 泮宮之前有山秀峽蒼翠儼如書案之形其上層峯疊巘古木怪石或如書冊或如卷軸或如筆硯皆依稀而彷彿焉負勝槩也○黄璧題黌黌泮宮前有山平若几我欲居上頭讀書白雲裏○蔣誼題朝看雲出岫莫看雲歸山儼然書案當學門讀書立志期孔顔孔顔事業在時雨羞見白雲空自閑○朱純題人才舊說新庠盛况有茲山表奇勝松篁幾疊羅翠屛筆架硯沼相輝映諸生誦對声琅琅喜看鳴鳳起高崗紹興五色照丹桂洗在玉皇金殿旁

石城仙奕 石棋枰詳見山川門○王

共詩虎踞獅蹲勢倚天傳聞絶頂隱神仙淺棲來了
開明月舊局空遺鎖莫烟林鶴夢回驚鼯啄山僧定
起悟機權不知曾有人看否欄却樵柯紅昔年○曹
孚詩雲出石城曉雲歸石城莫仙人去不來皆醮棊
枰路　蔣誼題峩峩石城山上有棋盤石何年仙子
騎鶴來　謾賞春情對相奕城郭人民半是非瑤草琪
花杳無路○張琰題楸枰方正象坤維仙子何年峙
奕棋莫何人問許敵手人間敵手宜轉謙○
邑人俞欽總題太守行春編一方無非歸獸華山陽
滿身雲氣挑花濕渴飲山谿春水香○碧澗分流映
青靄出人滄濱路不遙淺月時星天欲曉環聲如散
紫宸朝○連娟八彩洞雙幢天目娥眉總下風信是
吾鄉鍾秀氣魁梧出色有舜公○不聞來旗北斗城
未平金鼓亦無聲天然形勝千年在古蹟雄名莫敵
爭○石枰相對古城開善奕仙人自往迴千古無人
敢爭道斧柯爛却幾多秋○豐亨宮翼　集諸生果有

君義喜有成門外荒然青玉案最奇不斷讀書聲○城東巨浸自滔天築得長堤鐵石堅障却狂瀾無墊溺斯民舉疲樂豐年○雨餘芳草勃然生一望西原似掌平賣劍買牛夕買犢家家春接手春耕

新昌縣志卷之九

儒學訓導吳江莫旦纂

第宅

巢居穴處之後聖人易之以宮室所以蔽風雨而安棲止也然必論其人之德望何如苟德望在人雖蓬門圭竇愈久愈光後人為之舉廢不然則雖峻宇雕牆何足重哉昔李林甫有偃月堂賈以道有半閑堂其窮奢極侈可想而知千載之下指為穢跡過者為之唾罵彼陶潛杜甫一介寒微而柴桑里浣花溪至今不泯祠祀無窮吾是以知德望之尊貴有如此者新昌為邑山水絶勝士大夫之卜居于此者堂亭臺榭樓閣園池之類古今相望雖盛衰興廢或有不齊而德望之在人者則不能泯焉今採其實著者備錄

於此使其子孫觀之能無今昔之感而興起
其繼述之念乎

克齋在石溪之上宋儒石子重先生所居朱文公記
○性情之德無不備而一言足以盡其妙曰仁
而已所以求仁者蓋亦多術而一言足以舉其要曰
克己復禮而已蓋仁也者天地生物之心而人物之
所得以爲心者也惟其得夫天地生物之心以爲心
是以未發之前四德具焉曰仁義禮智而仁無不統
已發之際四端著焉曰惻隱羞惡辭讓是非而惻隱之
心無所不通此仁之體用所以涵育渾全周流貫徹
專一心之妙而爲衆善[illegible]人者是身則有[illegible]
目鼻口四肢之欲而[illegible]者夫仁人既[illegible]
其所以滅天理而[illegible]所不至[illegible]
之學所以汲汲於求[illegible]所以去其[illegible]
而已蓋非禮而[illegible]之非禮而[illegible]之
害仁也非禮而[illegible]之害仁也[illegible]

所以害仁者在是於是乎有以拔其本塞其源克之克之而又克之以至一旦豁然欲盡而理純則其胸中之所存者豈不粹然天地生物之心藹然其若春陽之溫哉默而成之固無一理之不具感而通焉則無一事之不得於理而無一物之不被其愛矣嗚呼此仁之爲德所以一言而可以盡性情之妙而其所以求之之要則夫子之所以告顏淵者亦可謂一言而舉也歟然自聖賢既遠此學不傳及程氏兩先生出而後學者始得復聞其說顧有志焉或寡矣若吾友會稽石君子重則聞其說而有志焉者也故嘗以克名齋而屬余記之余惟克復之云雖各爲一事其實天理人欲相爲消長故克己者廼所以復禮而非己之外則復禮之功也今子重擇於斯言而獨以克名其室則其於所以求仁之要又可謂得其要矣是尚奚以余言爲哉自今以往必將因夫所知之要而盡其力至於造次顛沛之頃而無或怠焉則夫所謂

仁者其必盎然有所不能自已於心者矣是又奚以余言爲哉顧其所以見屬之勤有不可以終無言者因備論其本末而書以遺之幸其朝夕見諸壁之間而不忘其所有事焉者則亦庶乎求仁之一助云爾乾道壬辰新安朱熹謹記

愛山亭

在縣東孟塘山宋禮部尚書黃宣獻公媞親之所公嘗自爲之記○家君甫六十盡棄人間事築室於孟塘山之陰而居之終日徜徉於群山之中既乃作亭北岡迴眺周覽萬象偃伏據登臨之要度嘗侍御家君曰何以名亭度對曰請名愛山家君曰試言其意度對曰市朝山林出處之迹異山紛華淡泊躁止之殊不同也而各求其志各樂其樂蓋有終其身不相爲也今夫往者如赴還者如拒委者如遯突者如怒奇天矯以龍驚怒軒昂而鵠舉此山之布列叢衍相爲面勢者也朝暾升而凝紫夕露合而浮碧巘欲雨而深黝晃初霽而濃鮮此山之變化翕忽異狀而同妍者

也春秋甞[illegible]里[illegible]哲性亭
桑鹿之斷交交[illegible]人物錯
律耳目於之而[illegible]夫取而[illegible]者[illegible]之則
識空匱一家寨何[illegible]而亡者[illegible]之則[illegible]與
人嘗真逆也意[illegible]亦不知其然而然也[illegible]愛
山之意也家君[illegible]知[illegible]知其[illegible]而求[illegible]其[illegible]知
其為可愛而不知[illegible]之[illegible]以[illegible]愛也泰華嵩衡[illegible]其
高也塗室陽剛名其[illegible]也若夫貧首商蒙峴峙[illegible]祠
其高可陟其險可通也亦其名聞于天下者以其入
也思其人愛其木而況於山乎設試憑高而望之直
東危峯中立巍然如側弁者峨也豈非道深師之所
居乎方其師友萬乘奔走公卿而能等朱門衡茅為
一致卒歸老於空山故吾愛其潔少南平岡隱阜交
互經緯者緜渺也豈非支遁之所棲止乎雖為浮屠
氏之學而有當世之望一時名士出處不同盡從之
遊片辭隻語皆足垂世以吾愛其達此出[illegible]轍

有山如倚劍塞其衝者金庭也豈非王逸少之所出
入乎識鑑精微有經世實用而不肯降志辱身故吾
愛其堅又比出秀峰端整如植圭出於衆山之表者
四明也豈非謝安石之將息乎蒼生偶偶以其出處
爲安危而高臥空谷若將終身焉故吾愛其遠界乎
東南之間層巒疊壁如連雲如陣馬者天姥也豈非
李太白之所嘗登躡者乎當其文章名動海內人主一
見傾屬之而飄然清興形乎夢寐故吾愛其逸躁吾
之廬左右一合而山之名聞者以爲霞隱於蒼巔稟
清風於千載雖蕙帳其已空想謦咳之猶在小子其
能知吾之心乎度對曰度不敏誠不足以知此家君
曰爲吾志之度再拜曰唯唯退而書之爲愛山亭記
旃蒙赤奮若冬季男黃度謹書

涉趣園

在縣西狀元坊右宋石茂誠所營中有虛心菴棲息軒斐
清閣可疑軒松洞殿春徑撒金徑○宋李洪題棲息
軒詩賓至公不迎公眠賓且去大哉天壤間蕭翰在

何由○題雙清閣詩○清晨捲書坐容塵牛馬風淡然
超語默入境將無同○靈心菴詩○故園會心侶此地
還相逢鄉董弥宇宙箇中允可容○松洞詩○觸目契
心朗冷燠祇自知婆娑萬物表寒暑任推移○散金
在詩誰嗟北阮窶貞富埒封君倘忘言契一露露西
山雲○殷蒼經詩榮枯更共之底夾判淹速一笑情
兩忘抉跡

王家園

在縣南長潭之上宋丞相王倫所
正逢皆居中有沂春亭蒼雪觀答春堂閣
素境蟾覓甫康干石林景物絕勝旦接倫事理宗由
席士請官至左相當時國步艱危不可支矣而吾第
之區言此遍不聞聽事前僅容旋馬不以爲隘者乎
今尋迎之餘尚有假山及流觴曲水遺跡宛然過諸
爲之興歎○王倫自題閒適樓詩萬壑松邊獨捲開
好山帶在一樓閒只因風月滎詩興猶是閒中未得
清

黃氏山堂

在縣南百許步宋教授黃庭所居守有
鉅山閣老山樓得心亭○黃庭自題書去

山樓詩青山無甲子知幾閲何年予歎老吾老見山

居曰然○黄度詩吾弟愛吾親經營以爲適垂白閲

見壽壘桓老泉石○周南詩傍山結綺要娱親見老

山如見老人舞綵圖中三樂備蕭山花竹李何春○

陳傅良詩世路倦追逐抱書藏故山與山成二老相

對兩奇顔○石菴詩一片浮雲世事輕此山因得飽

山名琴綠得意音窟遠詩爲書懷語自平掃地依然

留詩影掩些元不礙松聲吾廬只在塵埃囊雲與木

晝有在蘇[illegible]一空詩宋觀察官黄爽所巷

奇清

平波書堂

中有壯園亭平泉亭秋芳亭○石

千丈題黄氏山園詩平生一識說乾山水碧底不知藏

此亭巧畫亭臺[illegible]參差[illegible]花木[illegible]三三珠綺羅叢裏

青林鳴繒畫屏[illegible][illegible]繡[illegible]蘇盡歡[illegible]賓友盛從今誌

簪莫嫌貧○奇今文英蘭[illegible]處門日佳新詠門[illegible]

奇共座香聲然臺館最天上萬雨與山獻狀弥風過

識羽日[illegible]二[illegible]勁[illegible][illegible][illegible]來官酷宜人詠野

趍花朝併合頻

石鼓書堂 在縣西石鼓山之陽宋太常博士石亞之讀書之所嘗遇異人遺以丹藥不敢服投之池中隨有蓮開魚躍之異故叅政樓鑰有詩云蓮瑞古井香龍驤硯池碧又云書堂蔓葛百年聆太博之絃歌丹竈示成九轉服仙人之藥餌

平山書堂 在縣西獨秀山之麓宋儒章一經讀書之所對石鼓山今其子孫蕃衍有昇山堂耕讀園橘軒遯莊竹外溪山樓怡老堂平山小隱鮮元坊貞愛堂樓碧樓拱北堂○章一經自題門前石鼓翠開昇一帶横溪緑遶城西白仙山遥借助南明佛窟互相迎未饒花柳陪雍雅且愛松篁伴老成好是愚翁行樂處等閑来聽讀書聲

水竹所 在平壺之桂山邑人陳雷所營陳叅軍記又有緑就堂貯翠樓○水樂於知者非知不樂也竹比之君子非君子莫比也雖曰知者曰君子此豈凝見俗子漸染脂粉氣者所能友耶自古高人勝士固有癖於水

而倚於竹者矣往往得此遺彼歆集二者有之不可得此衛淇澳楚瀟湘唐六溪使百數年後歆艷羡慕口之而不容釋者以此也嘻余今於平壺之東距義塾一里許有山坳然有巖聳然有淵瀠瀠然有竹森森然扁之曰水竹所嘗過謁而周覽焉為之沉着痛快者久之嘻水竹主人其所謂知者歟君子歟紋浮枕簟蓮露滴凉清華堂也硯寒金井色侵書幌讀書林也寒流野屋簷外肅肅翼然亭也殘夜月明風窓疎響環翠樓也軒如之何山含清暉凉侵卧内是軒也憩而邃者也園知之何色共長天光園野色是沼也臨亦清者也水竹主人心源澄湛風韻蕭疎飄飄乎濯塵纓友歲寒與之相周旋於溪山風月間有王摩詰蕭悦之所不能猶摸者意主人真知者歟君子歟雖然是水也非止曰水而已也澡一身之德漱六藝之潤疏而可衍百年慶源之遠是竹也非止曰竹而已也屬拂雲之壽乘化龍之便遷而可以雋鳴枝

之搖主人其勉之紹定四年六月朔儒林郎新台州法參軍陳自撰

沃洲耕釣處 國韓

孝子呂升養親之所今其玄孫經歷獻寶藏詩文甚多○沃洲耕釣處記余聞沃洲在天姥山北岩巒秀拔流水澄泓其中有洲如砥可數百畝泉甘而土沃民以穀富故名曰沃洲自晉唐至趙宋間高人韻士群見輩出人言之赫赫若前日事廼今何寂乎其無聞也豈山川之氣粹於古而漓今耶果吝於人而鍾於物耶抑亦有其人而未之至也嘗款一至其所而未能今年春與一二友人由彩烟山過關嶺遊天姥登覽樂甚日暮忘返就宿山下精舍進野老而問之曰沃洲相去幾里亦有隱者歟對曰沃洲在數里間吾不知其爲隱者有耕而釣者其人與凡耕釣者異讀書以養親吾不知其隱也余聞而歎曰其隱於耕釣者歟質明從野老而造先生之廬先生方具食奉親二子者從於後食已始揖客延坐觀其貌温而直耳其

言文而確置耕釣之具於門問之曰日漁幾何曰奉親而已不敢盡物歲耕幾何曰不忍與人爭利自給而已余知隱者其賢於人遠矣覩貪多務得蔑知厭極者不侔也其山川清淑之氣所致而所以代不乏人者歟所以肇于今而繼于古者歟惜不得久相與處必有起予者焉既歸間嘗以隱者耕釣養親之事語於人好事者遂繪爲圖余乃書其事於左俾覩者知飯牛耕釣之徒有隱君子焉不可易也隱者姓呂德升其字云洪武十二年五月十一日會稽王節記

松隱

在南明山之七松坡伊府紀善劉文輝之先業也文輝重建就葬其後又有成物齋李雲菴所書○江南多茂林喬木高者數十尋大者踰十圍駢植以千百計而枝榦聳秀干霄特立者松爲最松之爲植也以貞而質勁根盤而體直貫四時歷冰霜青青不改故君子尤尚焉會稽江南佳處也有潛德弗擢者曰劉漢卿氏環所居前後悉植以松而闢一軒

爲游息之地朝琴暮書左圖右史清風徐來白雲飛揚日光隱瀰如虬如龍如鸞如鳳如企而立如偃而倒如伽而舞脫空青黔靈籟洒然可仰而攀俯而挹也淙然若金石之交奏笙簧之迭韻而江濤海潮彭湃澒洞響起乎空曲也於是乎目愛而明耳瑩而清志適而虛齊操以之貞行以之成澹然無復塵慮之嬰焉漢然以爲得隱所乃扁曰松隱而樂之終身洛如也越數年其孫宗遠趾美前脩追慕先德介其姻國學上舍生王勛求余文爲記余因嘆而知其祖孫之志爲可尚也敬爲記其梗槩如此云洪武十三年歲次庚申十有二月甲子賜進士及第翰林國史院典籍官臨川吳伯宗記

盤齋在天姥山中國初監察御史張世賢所居又有四面溪山樓○呂不用題盤齋讀萬歌爲張世賢賦臣靈以發東吳東一擘天姥撗蒼穹根蟠台剡幾百里大盤小盤千萬重雲霞半屬刀溫氣草木盡含上古風菁黄精白朮山客

飯桃花流水仙人蹤嗚呼當年謝公來走荒山道清猶至今啼不了嗚呼當年太白來游蒐夢非山月誰知今更好留使有孫美如玉平生萬卷惟一束退藏不爲人間讀却向陰崖葺茅屋身如鳳凰在雲表峯迴路轉曲更曲鴻毛輕視駟馬車弊屣甲渠萬鍾粟不復道乎衛頭人之阿亦何有乎太行陽之谷山頭去天不盈尺赤松王喬招不得麋游屋東復屋西兕肅山南或山北鷓呼滿山松粉白烏啼落照楓葉赤水手拂床頭隕星石和衣睡起亂雲堆晨露調硃點讀書起弄春風豈讀書起弄霜月夕足濯銀河寫來周易先生之心合太古先生之事巢與許寫圖須識是董願作歌須知是龔呂

小小齋在縣治後

國初孝子呂升所居又有看秋軒令其子孫即故址建閣學以奉之○章廷端詩碎蘿連檻竹憩壺由几匡床也讀書愛作齋居稱小小從人廈屋自渠深邃中風月清無限壺裏乾坤樂有餘山不在高名足貴

百年純孝聯槐堂元儒周明德所居金華宋學士記
泉誰如〇人事無與於草木乎孝友之徵
古多記之矣草木果符於人事乎則大舜閔曾之行
未聞形於草木之祥也然則將何所定歟人之於天
雖異而氣同養吾氣以感之者可自我而平日月
可自我而明山川可自我而不震驚鳥獸可育四靈
可致況草木乎然而有得有不得者變也物隨以應
者常也變者天之權常者天之經天以經示人而以
權教人以聖賢之德盡爲人之道固其職也雖勿報
焉可也未至於聖賢而能不悖於道焉可以弗旌乎
是權也或因物以著戒或設象以假義又權之教人
者也苟逐逐焉而報之仍仍焉而見之智者可以理
推愚者可以幸得則不足以卑天矣天道之權吾於
會稽周氏有徵焉周氏兄弟曰彝允皆賢而文居新
昌彩烟山中事母甚孝入其門少長秩秩有序其氣
穆然若陽春鄉人稱之爲孝弟舍旁樹槐一章高

天餘岐爲二榦及眉交合爲一左右之枝各三上挺可數天再交焉於是觀者咸歎其異以爲彝允孝友之徵乃以蓮槐字其堂且其太王宗成來京師爲之績名槐之爲音近於懷懷者思也所以旌其孝友而教其後人以思也後人視斯槐寧不有思乎其枝歲蕃而時茂猶子孫之愈久而多也子孫雖多其本於祖則一而已猶槐之衆枝本於榦也嗚呼周氏後人視於斯槐孝友之心其能忘乎此天之所以使也烏可以無銘銘曰周氏孝友德斯植天旌厥槐世希覯巨本數圍去地尺岐爲雙榦挺雄特及眉而交交復■既■聯枝合如織鄉哦里羣歎以嘖烱哉奇祥古未識吾知玄化彰尒德俾尒後嗣思作則枝蕃餘列勢莫抑同氣殊分麗千億槐枝可述人可析金華宋濂書

遺安齋

國初刑部主事丁義所居天台方先生作記眞傑筆也裔孫希綸有聽泉樓諸律記口孤介之士離世自適而以利祿爲貴爲禍之具

志於用世者篤於所欲而以守高不屈爲致窮之術是二者之論皆似也而皆未合乎中道古之君子居乎位者衆矣其子孫食其餘澤大者或爲封君遠者或數十世而不墜豈誠能致禍李隱居行義尚懷獻於心道德信於當時名節垂於將來其後人猶服其遺訓卓然有立於天下世未嘗乏也豈果無以遺子孫哉劉景升僭竊於衰亂而欲以區區之勢奪龐公其言固陋矣龐公之言曰世人皆遺子孫以危吾獨遺之以安蓋爲景升發也由後世觀之據一州之地智不能取仁不能固身死未幾而雄豪有力者逐其子而奪其位孰若畎畝之資哉龐公之言其取驗也遠矣然非所以論出處之際也當景升之時使有高光之才居方伯之位將使天下皆安而況其子孫乎龐公雖賢安得而輕之公之輕景升蓋輕其無定亂濟民之畧而以富貴爲樂也以富貴爲樂而無憂天下之心者能保其身則幸矣及其敗亡其子孫猶爲

奴隸尚可得乎故無道而富貴者皆龐公之所笑以爲至危者也若夫有道之士則不然其隱也有以淑其家其仕也有以澤乎民故其身無往而不失其子孫無之焉而不食其報越之新昌有士曰丁君宜民以才擢薦爲樂平令而名燕休之室曰遺安還書數千里因其宗人仲夷求余記之或疑丁君非隱者而其名與隱者類是未足以知龐公之意也欲安其子孫者其要莫大乎爲善無泣而爲善其事雖不爲功狹有位而爲善言脫乎口而民懷其惠仁發乎身而化行乎俗若決水於崇山而注之澤浩乎其孰能制之世之嗜利行私而不顧者皆不知爲身謀者也奚暇計其子孫之安與否乎丁君不以仕爲樂而欲遺子孫以安其所存者過景升遠矣余居與丁君之鄉邑比而壤接聞丁氏之爲世家也甚久丁君其尚力於爲善繼自今後聞越之東南有盛大之族顯[illegible]著當世者其遺安之後人也哉天台方孝孺記[illegible]

堂在石溪義塾　大明一統志云萬卷堂在新昌縣東南八里宋石待旦建堂貯書又爲義學舊傳杜衍而下七十二人由此登科又郡志云萬卷堂在新昌縣石溪鄉先達石待旦始搆堂貯書又爲義學三區號上中下書堂使學者迭升之人以此勉勵成名者衆傍又置議善閣占山水之勝

傳心閣

在石溪義塾張南軒爲銘朱文公跋云熹既爲尤溪大夫石子重記其修學之事又爲作此五銘焉時子重方爲藏書之閣於講堂之東中置周程二先生像旁列書史之櫃而使問名於熹請以傳心榜之而子重遂併以其銘見屬熹愚不敏不敢專也且推子重之爲是閣盖非學校經常之則非得知道而健於文者不能有所發明也則轉屬諸　廣漢張君敬夫而私記其訴如此

師友淵源堂

師友淵源堂記　河洛發先天之秘而斯道之源以闡洙泗承群聖之統而斯道之源以演蒼姬訖録輙没無傳其支

益分其流益別混濁於衆說涇汨於異端而斯道之源以塞宋受天命運啓文明濂溪周夫子以其獨得於心者上接河洛洙泗淵源之脉伊洛諸賢親相授受洊泉流而注之海沂而上之前乎已絶者於此而復續治而下之後乎方來者於此而取正於江中興晦菴朱夫子南軒東萊一時師友會同析異而衆說定障百川回瀾而異端闢淵源之傳益盛矣嗟夫道之大原出於天託於師友者斯道所賴以扶持於不泯不沒之地詎可一日廢哉此新昌陳君淵源堂之所以作也陳氏世居平壺儒素承家約己平施嘗曰天非使我自有餘於私也量歲贏備開設義塾以教族黨州里之秀凡傍郡願學者咸集名師勝友相望後先冠佩鏗鏘翕萃於萬山崦窈間游而去者擢巍科登顯仕相踵也今五世矣諸孫雷紹先志而充賁之卜地桂山規炉位置視昔加倍建屋百楹寢廡藏脩之所纖悉畢備中爲堂三間左右可列坐二三百

人膺曰師友淵源蓋將以科舉之外闡明義理淵源之學焉余持節江東番陽郡博士王君持堂嘗王是學每余言桂山五里有石溪書院昔開府石君創也時文潞公杜祁公韓康公呂申公皆嘗來學按會稽石氏志家有元獻晏公義塾詩韓公王汝題名記具載范文正公蘇文忠公所以記其事甚詳此亦一時師友淵源之盛也乃今山川如昨風聲氣習猶能興怨人心於數百年之後桂山義塾實昉乎此後爾王公擒其鄉人也陳君將紀其事以詔來者介翁霽公屬余記之余聞而嘆曰尚矣師友淵源之學也河洛淵源肇於天錫洙泗淵源接於河洛濂洛淵源本於洙泗自是而後武夷九曲之濱雙溪麗澤之上衡陽湘水之間其淵源源其流浩浩殆與天地相爲無窮矣爲吾徒者思其人涵濡游泳浸灌於一身而漸漬於一家潤澤於一鄉一國由是而達之天下皆此淵源之傳然則陳君義塾之建所望於當世者豈淺淺

我寶祐四年十月朔端明殿學士太中大夫參知政事蔡杭記　著作郎兼權侍左郎官兼景府教授王木崖書太中大夫試尚書吏部侍郎兼同修國史實錄院同修撰兼太子左庶子王倫題蓋○上梁文自家有塾推而爲有庠有序之規由士希賢達而造希聖希天之域大抵皆由講貫初非外用工夫昔在萬石君家昉立南明義學列書堂于上中下迭探精微發儒科者七十六人頭角鴻石倚歟盛事于茲有年紲選執者何人維平壹之陳氏塗博荐學席盛談經佃皆明義理以沆心非止立勳名於唾手其官繩我桂山之武爲今蘭砌之英屢開師友淵源之區振起詩書門戶之地望石溪纔七七里森羅寶勢之山川賡大厦將十萬間儲蓄現村之桂石棟詩之吉不日而成一舉將梁載揚雅詠梁之東黄大爲書妙樂道會得蓋前元有易信知此道未嘗窮梁之西斷自唐虞古可稽會等百篇明白趣始知道外總瑩[illegible][illegible]之[illegible]

詩正而葩義可採會得無邪一箇理性情眞趣自中涵梁之北周典六官分六職會得姬公制作心太平開了扶人極梁之上三百三千無盡藏會得中庸大學源一眞之外元無妄梁之下直筆森嚴判王覇會得潛心大業心所斷自可齊游夏伏願上梁之後道尊模範學富佩衿升堂聞金玉之音踵門遊鼓篋之業存心養性人人知理學之源正之士庇民世世闡聖經之用瑞州教官王鵬舉撰

壑舟　本學訓導陳仲初所居曾衍記

○聖人之治國也有道所以行道者有其具具焉具所以載道也非其道則國不治非其具則道不行何謂道仁義禮樂是也何謂具賢人是也譬之江海渺焉其大波濤浩蕩茫焉其不測而欲濟之非舟楫則何以故濟川也有道而道之行則舟其具也是以古今言治國者無强於任賢古今言涉水者無强於作舟夫如是則賢人者國家之舟也堯以舜爲舟舜以禹皐陶爲舟伊傅周召者商周之

舟也蕭曹丙魏房杜姚宋者漢唐之舟也有是舟則
涉無則溺桀紂幽厲無舟而三代溺桓靈僖昭無舟
而漢唐弱自古及今未有無賢而國能存無舟而川
可濟者也雖然普天率士莫非王臣何得言無賢山
林林木不可勝用何得言無舟曰無賢者不治國者
也曰無舟者不濟川者也人誰無欲欲不可足焉得
無濟川之蹈謀道必昌奚其好亡焉得無經國之良
孟子曰不信仁賢則國空虛然則非無賢也病於不
信爾如空虛何莊子曰藏舟於壑舟用物也而奚其
藏江海大壑也非可藏處如濤者所司藏也舟藏於
壽其天地閉賢人隱之時乎說不遇高宗即傅岩之
壑舟也太公不遇文王即磻溪之壑舟也孔明不遇
先主即南陽之壑舟也壑有此舟誰有此舟壑無此
舟誰無此舟嗚呼壑有此舟賢人之不幸也非賢人
之不幸乃國家之不幸也時君世主其毋使賢人不
幸以誤國家毋使國家不幸以誤其身身與國家俱

設賢人無與焉，則又非賢人之不幸也。爲人君者使賢人自幸以全身，而使國家不幸以喪其身，亦何利之有？新昌陳仲初氏，儒者也，觀時自省，埋其載道之具而無所售，署其齋額曰壑舟，而徵記於予，予唯命記之。世聞有仲初之舟而風濤洶湧，未克一試焉，清風徐來，水波不興，舟也其行乎，幸無繫於滔天之繇。洪武九年丙辰十二月朔，廬陵曾衍記。

寶慶堂

本朝左僉都御史楊恭惠公之先塋也，在彩烟山中。祭酒貝泰記○新昌士有楊氏文吉，隋宗室之後，遷徙靡定，其家於彩烟山者今若干世，朱紫組印仕者又若干人，族譜圖足徵焉。亭乃通政使陳公璉所撰也。文吉季子信民從予遊，今爲工科給事中，稟父命求文記其家之寶慶堂，用以昭世德也。夫富貴之家，子孫多不樂爲儉約之事，其所寶非金玉即貨賄，非奇珍即玩好，一切以縱耳目之欲，豈能知夫所謂慶者哉。慶之字義見於經訓不一，大率與福吉並

言詩以父母俱存爲家慶易云積善餘慶斯皆人情
所願欲者也然而積有厚薄是以享有久近或數十
世或數百年或一再傳而遂泯此固係於天而亦由
於人祖宗積德累仁而致是慶故凡若子若孫當知
業守如至寶雖有金玉貨賄珠奇不能蠱惑吾心以
易所寶之變此則異乎衆人遠矣謂非賢而[illegible]與昔
楚國所寶惟善晉文所寶以仁觀今[illegible]氏所寶惜[illegible]
三者不同而皆得其[illegible]一[illegible]昔[illegible][illegible][illegible]且[illegible]堂以自
見則其志尚必有人所不[illegible]而心[illegible][illegible]之者大爲[illegible]
夫時之人[illegible][illegible]以昌[illegible][illegible][illegible][illegible][illegible]章則[illegible]天[illegible]
奚度角以爲寶乎異[illegible][illegible][illegible][illegible]
則弗思其涅[illegible][illegible][illegible]
亦吉萬一書[illegible][illegible]
之蓋[illegible][illegible][illegible]
及[illegible]

十月初吉朝列大夫國子祭酒金華貝泰書

鼇峰讀書處

在龍峯工部郎中徐志文之先業也有鼇峯八詠及重慶堂濯纓亭可亭二友深源猗閣○薑曾詩白髪山人竹晒山拄藜獨下青崖間林風吹洒石泉急野禽啼落岩花㶊一路行吟得新句來訪鼇峯讀書處白雲滿谷不見人但聽書聲出雲樹入門一見顏色開剖瓜飲我流霞杯論文未了復違別白雲回首興悠哉○題徐氏重慶堂此天之君子也此人之君子也天人之君子也三世矣則其慶也亦宜廬陵羅倫○慶於君慶於天下而後慶於家大華慶於家矣則能慶於　君與天下也必然江浦莊㫤○題徐大華可亭亭上徐君不可尋故園脩竹又成林欲知此日題詩意摠是前人掛劍心淺水殘霞孤渚遠白雲黃葉亂山深望中渺渺愁予處一帶鼇峯淚滿襟長洲吳寬

皆山堂

贈江西僉事呂存政所居其子憲使昌來羅都憲作賦其孫詢

作小室其旁號伴雲潘律記○客有歸自天上休于林下卧白雲於吟窩邀皓月於清夜酬焉若李白之況醉飄然若洞賓之羽化忽有黃鶴皷翅來下導前舞後若引若迓客遂乘之以爲仙駕挾天風而遊六合蕩浮雲而登泰華爰見會稽之新昌遂憩息于山之下崒焉嵂焉削芙蓉於中天矗焉盤焉開屏嶂於圖畫中有廈屋渠渠焉左圖右史之間暇又有軒窻谽谽焉前琴後酒之幽雅松檜而古竹秀而野扁曰皆山隱若仙者客乃敞其門登其堂捲其簾踞其床誦南風之詩歌蓬萊之章遠而望之則駝峯前峙若低若昂近而即之則五馬後聳若騰若驤左則崔崔嵬嵬沃洲列空中之畫右則參參差差天姥掛雲錦之裳龜峯煥洛水之文月嶺發仙桂之香放鶴諸峯則奇哉怪哉森天外之仙掌龍潭諸水則汪兮洋兮流地底之瓊漿蓋兩浙之勝槩而東南佳境之高亢明爽者也於是堂中主人呂公出謂客曰客之所見

者特此堂之常景耳若夫四時代謝寒暑推遷其景物之美又非可以言語而形容焉時而春也楊柳含烟桃李笑風秧針蓁蓁草裀花芘把酒對山其樂無窮時而夏也葵榴噴火荷芰搖紅酷暑不到清風常從横槊賦詩其趣融融至若金風送冷白露湛玉芙蓉疊兮繡裀丹桂舒兮金粟主人則浩歌問月恍如身在廣寒而聞霓裳羽衣之曲冱凍凜冽六花飛雪群峯皆成玉筍萬幹盡綴玉屑白玉作擎天之柱叢冰凝大地之脉主人則取水煎茶隱然若玉堂之詩仙與文伯也客喜而去控鶴馭風翩然高舉邀手無踪天順六年十月既望資政大夫太子少保兼都察院右都御史致仕吉水羅通書

耻齋　在縣

治之後陝西按察使呂昌所居〇夫恥者義之制於心而宜於事羞惡之心也然有可恥者焉有不可恥者焉觀乎可恥不可恥之間而理欲之心判然矣恥其君不爲堯舜一夫不獲其所若撻于市曰時予之

辜伊尹之耻也巧言令色匿怨而友其人與左丘明同其耻者孔子之耻也齊人乞墦間之祭不足又顧而之他者貧賤之可耻也葬大夫屈身以信道而辛自投夫天禄者名教之可耻也與夫言過其行聲聞過情皆耻之可耻者也志於道乃耻衣食之惡屈無名指而且耻其不若人皆耻之不可耻者也士知其不可耻而耻之日泯其可泯之實人欲肆而義理之見愈微知其可耻而耻之日造乎無耻之可耻天理全而聖人之域可到故曰觀乎可耻不可耻之間而理欲之心判然矣西江憲副會稽呂好隆擢正統壬戌進士第拜南京監察御史予自丁卯濫竽考以君来監試陞僉閩與西江按察司事歷十餘年聲聞迥不相接去歲予使交南始會君西江及是秩滿告陞而復再會且出耻齋索予言噫余始信君於予斯文故舊尚然親昵之態則於世利之門可以餡諂人者宜其一迹之不至目坐一弊焉粗衣素食以待

公選之及可謂知可耻之貴矣覘彼昏夜扣人門戶而乘堅策肥於白晝氣焰赫赫以驕人者尚何能知耻之可否哉傳曰寡廉鮮耻則一俗不長厚然則耻之於人可以長厚其俗何獨善其一身而已哉予不意風靡俗頽之中而見耻也故爲記天順七年癸未冬賜進士翰林侍讀學士奉直大夫直　文華殿賜一品服東吳錢溥書

芹谷樸處本朝永寧學諭董廉所居諸律作記

〇孝廉董先生婁婁經術而研沉百氏者也發身賢科而掌教于清江之永寧庠鑄人之績晚歸芹谷爲清平散人端言蠕動一可爲則然以志在元古而有垢俗動槩意乃揭其堂曰芹谷樸處而屬予記之且曰子其試言乎樸之義予曰夫樸也者厥形未分中藏至美而外無文先生曰是矣子其試言吾樸處之意予曰至人無爲至寶不琢所以先生處之以樸先生曰似矣但子之言太簡而吾之所以樸處者猶欝而未彰更冀推廣而發揚

之子曰夫巧僞者樸之反也先生悲世巧僞澒流而不復乃歎一翕淳風俾之渺穆是以游心於有道之鄉任性於無爲之境冲釋其辭古踈其貌晨晡食饘而不慕乎膏粱以塞其口也寒暑衣惡而不慕乎文繡以華其身也室廬奧陋而不慕乎雕峻以誇乎人也先生之樸與如此使夫人之見之則寧有不曉然而悟躍然而遷化者邪將見自芹谷而一鄉自一鄉而四方無不背僞而歸真棄末而反本譽文而重質而淳風大行矣若是何如先生曰美矣至矣然注錯化性安久移質豈如子言樸乎已而遽能樸乎人使之填填其行顛顛其視而復乎元古乎雖不敢當顛因前言以自警也問答既終書以爲記潘律著

寶善堂 在縣治東忠信坊內邑士俞用貞所居今其孫欽爲禮部左侍郎有司爲立春官坊以表之

〇物在天地間雖有貴賤清濁之不同然隨人趣向之所好皆可以爲寶是故金生於水玉出於石而富貴

者寶之禾黍菽麥生於野而田夫老農寶之百貨生於土產之直而商人寶之法書名畫商鼎周彝出於古而耽古玩好者寶之煙霞泉石出於山林之奇勝而隱逸者寶之當其趣向之所歸殆不可以此而易彼也惟有一物焉根於吾心非形聲可求非智巧可得擴而充之無物不有斂而藏之寂然不動雞鳴而起孳孳焉寶之則心廣體胖睟面盎背積之多則天降百祥子孫有餘慶富貴者寶之則金玉長於已有老農寶之則歲歲有秋商賈寶之則有利而無害好古者寶之則不喪志隱逸者寶之則無病疾然則是物也可以貫衆寶而長存亘古今而不壞者也其名曰善越之新昌有隱君子曰俞君用貞孝友宜于家惇睦順于鄉非義不取非禮勿動正言讜論人服而信之善人也所居之堂額曰寶善蓋有取於楚書之語也介其姻友秋官尚書郎章君以達徵予記予聞用貞家富而不積金玉有腴田而不肯聚斂有商賈

之利而不殖貨居奇玩之器而不耽好擅煙霞泉石之勝而無痼癖何哉實善故也噫人能知善之為寶則衆物之可寶者不實而自至不此之寶而徒知彼之為寶烏能長有哉用貞之賢過人遠矣永樂十九年春左春坊司直郎三衢金寔記

壽春堂 在忠信坊內今行人俞振才所築奉其父叔安仲父叔由之居室也名人多有題咏

東溪草堂 在縣治東北隅今禮部左侍郎俞欽預營為他日歸老之所溪山拱揖花木森秀弟鋟又結屋于旁積書進業扁曰東溪書屋名人題詠亦多

貧樂齋 在候仙門內前工科給事中何秦所居今其族孫崇美受封為御史即其故址建 恩榮堂以奉 勅命○給事中何安道新昌人也嘗讀書於邑庠於所居構齋齋環列皆山也嵐光飛浮水聲激越朝夕變現於其中安道樂甚雖至爨烟不繼正坐鼓琴自如其友人陳原釆過而歎曰可謂安於貧

者矣遂題其齋曰貧樂而去明年安道以才貢入胄監又明年以才選爲今官居侍從寖將通顯矣在他人處此孰不施施自得酣於甘肥之奉囿於金繡之華爛然以臨乎人而安道固約自守所處無改於昔予暇嘗訪其所居見其中所貯者惟圖書而已其器用皆瓦石其衣卧皆常布其所食飲惟蔬菜而無他味予戲之曰是非飾情干譽如公孫丞相覆布被飯脫粟者邪安道曰天不爲寒暑易節人不爲洶洶易行言有常也天道失常則陰陽易位人道失常則災害並至吾雖不如古聖賢頗聞爲人之術矣顯隱者時也不與顯隱俱變者行也時無常也行有常也以有常而變於無常之際君子殆不取焉日中則移月滿則虧欹器之戒予獨不見之乎予聞其言爲不可及昔子夏聖人之高弟也猶云出見紛華盛麗而說入聞夫子之道而樂二者心戰未能自决今安道年甚少其能處身若此豈非其於道有所聞邪程明道

先生曰昔受學於周茂叔每令尋仲尼顏子樂處所樂何事或者曰樂乎道也以道爲樂則樂與道爲二矣蓋聖賢道德純備俯仰之間皆可樂所樂皆道也安道其知之乎雖然聖賢之樂可知也聖賢之不樂非聖賢不能知也故曰知我者其惟春秋乎罪我者其惟春秋乎洪武丁卯夏五月望日天台林佑記〇

勑曰朕惟人子皆欲顯其親故群臣任職者必有推
恩之命所以體其心而勸孝也爾向崇表乃山西道
監察御史鑑之父養恬樂善晦跡丘園訓子成才爲
國之用推原所自宜錫異恩兹特封爲文林郎山西道監察御史爾其祗承永光恩
命成化十五年五月十八日

新昌縣志卷之十

儒學訓導吳江莫旦纂

寺觀

釋老之宫在在有之不獨新昌然也其所謂慈風廣被法雨宏霑援之火宅爲清涼山出之苦海爲極樂國斯術也安得不使人恐懼而崇奉也哉我 朝遵先王之化洪武中立法歸併私創有禁可謂度越百王者矣今取其有名額者姑録而存之蓋以資其壯觀城邑而爲遊覽之一助云

寶相禪寺在南明山之陽東晋僧曇光開山齊永明中僧護僧淑及梁天監中僧祐相繼造石佛像身高十丈座高五丈六尺面長一丈八尺目長六尺三寸眉長七尺五寸耳長一丈二尺鼻長五尺

三寸口廣六尺二寸頂高一丈三尺掌長一丈二尺五寸廣六尺五寸足亦如之兩膝蹈趺相去四丈五尺龕高一十丈廣七丈深五丈建寺名石城唐末毀于兵火後梁開平中吳越王錢鏐賜錢公千萬貫造閣三層東西七間高十五丈又出珎寶鉅萬建屋三百餘楹後鏐之孫俶又刻二菩薩夾侍閣前身高七丈宋景德間邑人石繼鑄銅鐘一口重五千斤捨錢百萬重修寶閣縣令唐白率邑人董遂良共捨錢百萬粧飾金像又請閣請經一藏石氏又起轉經藏并寶殿以安之賜額寶相厥後侍像亦壞元元統二年僧普光更爲坐像二高六丈五尺又以銅絲結網布于其前 本朝永樂辛卯住持僧裔重建三門毘盧閣凡三層五楹高十三丈五尺寺之規模窮極工巧遂爲浙東甲刹正統中悉燬于火今惟僧房數十間而已胡僎老云唐末之亂生民魚肉錢氏奄有東南乘縣纍足之當從事縣盜之爲化石城瓦礫之墟爲

金碧翬飛之境亦五十五萬家之膏血也後人不見上世徵輸之苦但見今日游觀之樂因閲舊史為之感歎作石城春遊詩乱世英雄工逐鹿久聞欽錫為民福嗟嗟百年吳越國祇為緇流營土木石城寺甲浙之東填坑跨谷塗青紅華榱碧鐺相疊重觀者如賦阿房宮年年二月春風裏遊人接宅來如蟻那知五代乱離間乃祖當家愁似兕典兒鬻女了征輸笞榜叫囂無日匿而今雲仍醉歌舞當時膏血腥王府

本朝蔣誼詩一入南明山下寺天光雲影座中迷平生自負多奇句到此令人不敢題

普潤禪寺在十二都晉天福六年建宋治平中改今額洪武二十四年歸併石佛寺

興善禪寺在十都晉太康七年西域僧幽閒建宋治平三年改今額○唐盧綸詩臨窓棲白鳥似與鏡湖鄰月照何年樹花逢幾世人岸莎青有路苔徑綠無塵顛得依僧止山中老此身

華藏禪寺在十六都唐龍

紀元年僧文肅建治平三年改今額洪武二十四年歸併石佛寺○蔡泳涯詩天王南狩未兵興故舊相逢各悵情紺宇小軒聊共飯亂山危徑得同行中華多壘誰強戰野老何心自力耕豈必桃源堪避世結茅端足寄餘生

鷲峰禪寺 在十五都唐天寶二年建後唐清泰中重建宋嘉祐七年改鷲峯院洪武十五年改禪寺

九峯禪寺 在六都宋元嘉二年建唐咸通八年改列翠院洪武初改禪寺二十四年歸併石佛寺○宋石衍之詩九峯環繞白雲遮山好何如傳士家日永祇應聞鳥雀春回猶未到桑麻陶潛欲往誰沽酒陸羽惟便自煮茶遂作香山白居士後人應入畫圖誇

南巖禪寺 在縣西十五里五都南岩宋元嘉中建名南岩院咸通八年重建宋治平間改祖印院 本朝洪武中改禪寺併石佛寺寺有石刻唐宣律師行狀首著云中散大夫荆州刺史李邕撰并書僧俗好奇之士争寶

發之令披□史天寶元年改州為郡改刺史為太守則此書當是天寶以前筆也然邑之死在天寶六年今狀乃并識大曆十一年取佛牙舍利等勅牒又敘宣之高第文綱屏齋於開元十五年推是言之則自天寶至開元相去已四十年而其字法前後要皆一筆謂果邑之親札可乎況其文詞鄙甚恠誕可惡豈之所作果如是乎此可見僧人之誑也無所不至矣噫

寶巖禪寺在三都晉開運二年趙仁爽建大理評事石溼捨田贍之吳越給釋天院額宋大中祥符改寶巖院元為祝聖都道場洪武十五年改禪寺

香林禪寺在三十四都周顯德四年建宋治平三年改香林院洪武十九年改禪寺二十四年歸併石佛寺

真覺禪寺在二十三都宋治平三年改真覺院洪武十五年改禪寺

天姥禪寺在天姥山中周廣順元年僧德韶建號天姥院宋至道元年改廣福院洪武十五年

改禪寺二十四年歸併石佛寺其旁有接台舘凡官員往來俱宿于此僕隸夫役二人柴火所需或飲食外具之類不免有于於寺僧亦苦焉知縣李楫以寺僧爲舘中門後亦一便也

九巖禪寺在十九都唐會昌六年僧祐建宋大中祥符改慧雲院洪武十五年改禪寺二十四年歸併石佛寺

雲居禪寺在三十八都宋元嘉二年建晉天福九年吳越重建號石門院宋大中祥符改今額

大明禪寺在三十五都晉隆和元年名東岰寺後唐同光元年重建宋大中祥符改今額洪武二十四年歸併石佛寺

盤山禪寺在三十二都洪武二十四年歸併石佛寺

福聖講寺在三都周顯德元年僧昭度建宋大中祥符改福聖院洪武二十五年改講寺

普門講寺三十七都晉天福八年建治平中改今額

寶福禪寺在二十二都[illegible]三年建治平三年改宝福院洪

武十五年改禪寺**壽昌講寺**在十八都舊聞嶺探待院洪武十五年改講寺**方廣講寺**在三十五都宋乾德六年建治平三年改方廣院洪武十五年改講寺東有俞氏偶司若花院**天宮講寺**在三十八都梁普通元年建大順元年重建宋治平中改天宮院洪武十五年改講寺**真如講寺**在三十都洪武十五年改講寺**昌法教寺**在三十一都舊名灵慶院周廣順元年建宋治平三年改昌法院洪武十五年改昌教寺**小石佛教寺**在縣東南二十五里洪武十五年改教寺**甚松禪寺**在二十一都洪武十五年改禪寺**千佛院**在三都永明中建開運三年趙仁奕重建名千佛院宋大中祥符改七寶院洪武十五年復名千佛○佛皆題名記癸酉詔歲會稽八邑魁鄉薦登賢士者草南明盛㩦月三日揖髦俊燕鹿鳴是日也衣冠濟鏘頭角

浄濟躋彼公堂酌彼兕觥于以陳勸駕之章于以盛春官之裝既宴遂題名于古塔令佛之塔將相期於萃三魁之美而近天子之光也時同寅陪集者四司征嚴陵徐德馨邑教賀山戴嚞枳梅携孝孫謀猷揚丞古杭俞應僉南宮上客三十又四人書者合以鹵學天台朔在存記

沖虛菴在縣三都邑人丁月海捨宅同里潘和等助建

希聲菴在縣三都石鼓山三清廟西

鼓山真聖觀在縣三都石鼓山袁嶽行官前宋紹興十四年知縣林安宅建寶慶中知縣趙時侄重建中有石太博遺像○呂升有詩云欣林發幽聲竹徑圖秀色野人乘春間鳥道不倦陟緬懷古君子再拜覯遺跡回廊儼神像壞壁陰薜蘚餙如何古名地屬此羽衣客頭我非異端感比長太息何當重居此閉門著名冊○黄篩詩萬緑陰中一徑斜高低樓閣是仙家汲泉煮茗坐來久馬上西風吹雨花

祐聖道院

在縣西百許步元至元十三年道士侯湛然建今廢

崇真道院 在二都宋石廸之建始名棲霞淳祐中陳雷改建名小蓬萊元至元中縣尹完顔重建改今名○楊吕詩不識蓬萊路今知水上菴過橋珠樹列入室錦雲含白朮香微動黄精露更甘道人陪客罷賣藥出城南

桃源觀 在東坳山下流河嶺北四面皆山一徑斜入桃花千樹松柏陰森雖夏無暑中有環松軒嘉定間周益公與會稽章穎訪石天民編脩遇雨宿于觀有詩云桃源佳致絕塵埃淮有桃花樹樹開曉雨作晴香作陣晚霞相映錦成堆觀中道士多幽趣席上詩翁試逸才劉阮欲尋仙子跡不須采藥到天台章穎詩云繞觀參天萬樹松倚闌時見翠重重圍 曉霧浮天外半夜秋濤落枕中莫雨斷續愁羃歷夕陽飛鳥度屛風采苓欲問長生訣只恐雲迷路不通

清虛菴 在桃源觀西宋乾道間晦菴先生遊水簾還訪梁平林同宿于

蔡平叔有詩云：幽齋共坐論功夫，借問先生識此無。悟得此中真妙訣，人間始信有仙壺。先生乃題菴之來月軒云：夜吟惟覺月來遲，正憶先生獨坐時。離緒幾多無着處，不堪清氣入詩脾。

祠廟

禮記曰：非其所祭而祭之，名曰淫祀。淫祀無福。朱子謂淫祀非必皆是不正之鬼，假如正當鬼神，於法不當祀而祀者，便是淫祀。新昌於祀典神祇之外亦有淫祀數處，姑録之以為世戒云。

禹王祠 去縣北一十里渡王山上。俗傳大禹治水經此，民為立祠。

公塘廟 在二都，祠夏禹。

按禹未嘗至。狄仁傑毀淫祠，惟存夏禹、五員二廟，意者當時託禹之名以免淫祠之毀耳。

保應廟 在十四都。宋宣和二年，鄉民楊大夫等狀稱隱諱王避難沒葬其地，水旱疾疫禱輒應[illegible]之事上詔賜今額○董泰初詩廟食空山八百年衣冠猶似李唐前汴河十里無楊柳何似松陰數畝田○陳東之詩枝迹空山計已非江都消息亂來稀朝前幾種春香草錯惟王孫去不歸

天猷廟在縣一都舊爲剡溪菊鎮

梅姑廟在六都

司馬廟在十九都司馬即司馬承禎也

張王廟在縣西南三里

劉阮廟在二十一都采藥徑○王十朋題劉阮廟詩洞水桃花路易迷不同人世下成溪自從重入山中去烟雨深深鎖舊蹊

孤陣廟在縣西三溪唐三將與裘角戰敗于此民爲立廟○黃壁詩矢心不與賊俱生三將忠同日月明野廟荒凉溪水咽至今猶帶不平聲

石真人廟在二十三都沃洲

吳府君廟在二十一都神姓吳名玄之仕唐守越後居剡西今爲永富鄉既沒瘞于土黃院有斷碑文云惟公有大臣之壘君子之風鎮地山河助天星象雲飛烟水空

歲月珠

康侯廟在二十二都羽林村

五顯廟在三都集賢坊之東比至元已丑燬于寇今邑民重建

祠山廟在三都又名張王廟宋寶祐中知縣周浦建於南明山中後廢至大三年縣尹李瑞易建今地久圯

太祖廟在岱昭山之南不審所自

三皇廟去縣西一百餘步延祐間郡撤縣祀之邑宰就西門外樓官亭立三聖人小像以應命屋蓮三間規模隘陋太定已丑改建于今地內塑伏羲神農黃帝像配以勾芒祝融風后力牧春秋致祭樓三皇古無廟始於唐天寶中五代宋亦因之元朝始詔天下郡縣皆立廟以醫者主祠建學置吏設教一視孔子廟學大德二年太常言三皇開天建極創物垂範為萬世帝王傳道之首今太醫院請以黃帝臣俞跗桐君鬼臾區岐伯之屬十太名從祀孔子十哲配饗廟庭是欲以二皇為醫家專門之祖非禮經所止中書下禮部議議如太常至大元

年中書又以湖廣行省言如太醫院所請配饗下禮部議請以十大名醫視孔子廟諸大儒列祀兩廡遂著為令至　本朝洪武二十九年始革。

龍亭 在二十二都高嶓潭上俗稱白龍毋所棲因作亭奉之水旱有禱○至元順中王綸為新昌尹將之任舟次楊子江夢一嫗來謁問之曰新昌高嶓人姓白聞公遠來故来相迎耳覺而怪之比到任詢之果有高嶓潭俗稱白龍毋所棲奇孫論曰古人謂南人不夢駝北人不夢馬綸生開州至新昌數千里而山川之灵無情之感有如此者天下事理有不可曉者類如此

東山廟 在二十二都白茅村

平師廟 在二十二都白茅村

東嶨山廟 在三十五都高柱村旁有大明寺

大王廟 在窄岩之瀨石

下暝廟 在十四都

甪馬廟 在醴泉村

甎橋廟 在疊石村

石柱廟 在楓潭村

小將廟 在二十五都小將村

白鶴廟在西山頂 茹湖廟在茹湖村 白王廟

阮澗菴 俞欽過阮澗贈張蘊存詩白髮幽棲隱澗隈箇中風景似蓬壺屋頭流水鳴環珮門外青山列畫圖勝日尋芳修禊事閒來擊壤詠康衢却嫌商洛山中老出為當時定廟謨○張君蘊存吾邑隱君子也養高劉阮采藥山中顏其菴曰阮澗怡隱蓋將終身焉者因其子師述孫呂仁之請故賦詩以記[illegible]

新昌縣志卷之十一

儒學訓導吴江莫旦纂

氏族

氏族世之所尚非徒以其富且貴而豪且強也有賢祖宗以啓之於前有賢子孫以繼之於後修仁樹義於冥冥之中而流芳衍慶於昭昭之表斯是之謂故家斯是之謂世族云耳世之崛起於富貴者寔寔之蚩遂相與目爲故家世族求其譜諜有傳詩禮相繼者則茫無實跡可考如是而欲厠於氏族之列豈不難哉

石氏 始祖萬石君而下十五世孫淵建安太守從晉元帝渡江居丹陽十八世孫弥之青州刺史居會稽三十五世孫元遂檢校太保居新昌三十六世孫昉鎮東軍節度使渝太子賓客上柱國吏部尚書

廷俸司空右丞渥大理評事居石溪諱待旦金紫光禄大夫開府儀同三司刑部尚書述古殿大學士開義學得士文杜韓呂四相并生員田棐等登第七十二人諱公弼兵部尚書封文安開國侯諱公掞殿中侍御史直龍圖閣諱宗昭樞密院檢詳諱丰文樞密編修諱敦太常簿諱永壽死節孝子凡七人與入鄉賢祠其餘狀元三人榜眼二人進士四十二人登顯官者百二十餘人忠臣義士烈婦孝女無不有焉俱在宋三百年之間故家文獻莫有能及之者也

呂氏

呂自青從越宋大理評事諱億始居新昌孫諱定龍虎上將軍殿前都指揮使諱賓秉義郎諱宣差使使元之徽之声之中之俱第進士連登甞撫全之顒之俱領鄉薦而顒之鄉薦解元也曰導曰邁曰應舉曰堯仲曰淵皆進士曰遲娶國喬為郡馬曰若霖曰惟用曰一龍皆鄉貢進士曰一雷漕貢進士曰通領鄉薦授迪功郎贈朝散大夫曰秉南由進士累官

司農卿曰嵥曰茁曰嵩曰峻曰嶽曰巔曰嶵曰俱
似孫曰嘉凡十人同登文天祥榜進士曰煥曰傳
源曰脩曰浩曰范凡六人同登王龍澤榜進士歷跡
顯榮不能殫紀曰師賢號愚隱壽一百三歲子曰
以孝行文學列鄉賢祠曰蒙曰琰曰珮俱孝子曰冀
行御史臺知事曰必用曰諒皆儒官曰迪曰彧同領
丁酉鄉薦迪任教諭曰九思府經歷曰文玲按察僉
事曰總曰童曰貴衡曰鵬皆知縣曰景融府節推曰
昌由進士累官至按察使曰鳳曰鳴俱中己卯鄉貢
鳳第進士任工部員外郎鳴任通判曰建曰初皆辛
卯舉人曰璠以明經薦授學職曰獻甲午鄉試經魁
其餘者庠序曰僉以下凡一十八人呂氏一族自宋
至今可謂最著者也

俞氏

俞自唐末有諱昱者仕宋至少師子稠爲睦州刺史居杭生瑜拜奉議郎稟官入剡諱深始居邑之五峯傳十一世諱公美端平進士仕至朝奉大夫諱公斯開慶進士累官至少

鄉令入鄉賢祠子湘領咸淳鄉薦至　本朝曰鐸己未進士今仕左布政使封父刑部主事曰逵曰適俱領鄉薦逵仕同知曰欽辛未進士今任禮部左侍郎誥封三代曰振才進士今任行人曰深亦進士今任知縣曰振英甲午舉人未仕其餘游太學及庠序曰巽以下共一十六人可謂盛矣

黃氏

黃氏居新昌者族最蕃衍至尚書宣獻公度而門地益盛宣獻之從曾祖與山谷先生俱治平四年進士宣獻自敘黃氏居浙江者大抵出建寧之浦城其後由建徙婺由婺徙新昌與金華文献公溍同族

梁氏

梁氏譜始自諱萬者潯州黙江人官至行營招討使出廵兩浙丁五季亂遁于邑之炅鶴山傳五世諱山保者徙查林傳十三世諱友璘徙山背至國初諱卩者拜祭酒兼　太子賓客諱友敦者徙烟山崇墅至曰濬曰沂俱領永樂間鄉薦濬仕至魯府伴讀沂仕至教諭曰燁甲午舉人曰俶曰僑俱上舍生未仕丁

家焉六世孫諱世賢　國初陞察御史諱德友爲給事中遺才汝威有詩文名於世○宋太平興國中新昌令諱公良青州壽光人歿于官義士石賀[illegible]也[illegible]惡子假信遂占籍焉曾孫亶爲太學生善屬文歿特奏黄[illegible]伏其行亶之四世曰鎬爲藍田簿有能声紹熙初有諱隆者從高封生景時業儒用隆贊竹窓世以書脉相傳宋古虞陳永元會稽周簡亭其譜○元有名用新者江西南昌人來任新昌縣尉因愛長潭山水秀麗遂卜居焉四世孫曰寧仲家頗饒脩德樹義樂施好與鄉人稱爲義士臨終焚券處後深遠事見譜譜寧仲子曰斯文　本朝太學生貴志而歿

劉氏系出陶唐氏食采於劉後世因以爲氏其居新昌者自山東高唐州夏津縣諱暹冨字闇堂者宋時来任上虞五夫務大使因遊南明見山水秀麗邑南有七松坡遂卜居焉其子諱堅初軒扁曰松隱有詩卷傳于世至七世諱文輝者由學人仕至伊府紀善有學行八世曰忠器者由進士今任常寧知縣世以書勝相傳爲邑望族云

董氏董出古豢龍氏董父之後有居婺之三衢而仕於剡者子孫因家焉後至新昌居善政鄉諱彝者生三子季子娶小將石氏因家西岸後再遷芹塘裔孫曰廉者中永樂丁酉鄉薦任教諭又有居雪溪者由宋元來世有仕宦諱旭者元末死節子曾國初知縣爲州亦死節曰齊國初御史曰玉成副俱汝州團練使公健之子孫也居

章氏其先姜姓齊太公支孫虎別封于鄣周衰王時諱偉者去邑自稱章成王因以章姓至孫仲者由閩知台州子孫紹興中進士始居

新昌仙桂鄉之碇石諱天與大理評事再遷邑之醴泉諱一經有隱德諱一新秋書省校書郎曰廷建曰廷璋俱元萬户　本朝曰廷端教授有文名曰中大行人曰魯臣贈刑科給事中曰廷琳南安令曰廷獻祥符丞曰士江中書舍人曰衡民教授曰晉民封刑部主事曰士璋常州同知曰良民刑科給事中曰士沂大使曰以善知和縣曰敏按察副使曰衡知事曰以忠中辭元帳府長史曰兼訓導熊俱出唐太傅謚中書仔鈞第五子仁徽檢校工部郎中兼御史大夫之裔也

袁氏

其先汝陽人諱元者宋咸平初為新昌令因家于墟山曾孫曰穀祥符丞曰轂處州知事九世孫曰行之嘉定進士任教授曰一之嘉泰進士任縣令十一世曰桂明州司户曰昆黄岩丞十二世曰君實曰宣俱領鄉貢有名節者宋太師越國公名夔者龍圖學士謚正獻名似道者禮部尚書名洪者會稽郡公名楠者學士名甫者嘉定狀元祭酒謚忠

蕭俱徙四明又有徙上虞者俱與新昌通譜新昌之族有梅莊書院乾道初延止齋先生陳傅良典塾事

陳氏世居新昌之平壺山曰菁者生德德生惠惠生延禧延禧生祖始開義學祖之兄大榮生雷力行義事必繼先志凡四十年賈似道雖小人亦有詩贈之二人俱入鄉賢祠鄭有名禾者宋發中侍御史謚文介名居仁者簽樞謚清敏賓通譜系今其子孫雖不振而義風所被百世不泯非若他人以爵祿之貴稱于人而已也○梁開平中諱顯者由青州來丞新昌子孫因家焉曾孫棣咸平二年進士爲吉州助教十一世信宜章丞十二世棨夔州安撫司帥幹十三世非熊宋季死節今入鄉賢祠十五世本中國初本縣儒學訓導十七世孝輔尤溪知縣十九世哲興國主簿

徐氏系出伯益後諱若木者佐禹治水有功封徐國侯賜姓徐宋有諱鉉者隨高宗南渡子孫分徙于婺于越于台欽五世點徙居新昌

之鰲峯子冨大理評事裔孫一山任御史曰標任迪功曰小五任學諭曰午任僉判曰銓任制幹曰誠任教諭曰元傑任學諭代有聞人入國朝志胡文由進士任工部郎中詩禮相傳為邑著姓

胡氏出自帝舜滿封於陳為胡公而子孫因以為氏五代時諱景者自幷州來任吳越王偏將與張筠趙承泰同取福州有功陞行軍司馬兼尚書事後退處新昌之湖北植梅十里因號梅溪生三子諱深者獨居梅溪長子公覇為吳越王使南唐為吉州刺史居金溪公覇生勝又徙廬陵七世至忠簡公邦衡生泳泳次子標孫幾為學諭歸拜尚書墓就家焉由是族姓蕃衍世稱望族

何氏五代吳越國有名茂者為輕車節度使自青徙新昌居學宮之左候仙門內節度子諱曾由鄉舉歷官大理評事八世孫曰兆長樂縣令曰湜江西行省叅議湜子曰夔迪功郎十三世孫聖與宗鄉貢
本朝十四世孫曰用常洪武初以人才

舉授成縣丞十五世孫諱泰洪武中兵科給事中宗友諱者本縣儒學訓導諱得彰永樂初由賢良方正通判饒州今十七世孫名鑑者成化己丑進士付監察御史

王氏居邑之長河曰夢龍寶章閣學士會稽縣開國伯曰爚少保左丞相封信國公追封其三代皆公爵子孫仕者世不乏詳載于譜

科第

科第即古賓興賢能之禮也有國者以之取士而君子以之進身蓋取士不由於此則不得真才進身不中於此則不得大用歷代皆然至我　朝尤為盛典新昌雖曰小邑而山川清淑之氣恒鍾乎人以故士之出膺是選者揚芳藹偉建功名立事業前前然後先相望雖名邦大郡或有不能及焉猗歟盛哉

宋朝 浙東路鄉試

王整榜

天禧三年己未科

○進士石待旦

王堯臣榜

天聖

五年[illegible]卯科進士○[illegible]石待舉

張唐榜景祐元年甲戌科進士○石元之○石[illegible]○石[illegible]之

吕溱榜寶元元年戊寅科進士[illegible]○石溢之○石秀之

楊寘榜慶曆二年[illegible]科進士[illegible]進士○[illegible]

[illegible]○石衍之[illegible]袁之○袁轂

章衡榜嘉祐二年丁酉科○許[illegible]石[illegible]之○進士[illegible]○[illegible]

[illegible]○[illegible]之

王俊民榜嘉祐六年辛丑科○進士袁轂

許安世榜[illegible]

[illegible]未科○進士黃[illegible]宛○梁興○黃諶

俞中榜治平六年癸丑科○進士石景衡○解元石景畧

黃裳榜元豐五年壬戌科○進士石景術○石景術

馬涓榜景祐六年辛未科○進士石公弼

畢漸榜紹聖元年甲戌科○進士梁休泰

李釜榜元符三年庚辰科○進士石端中

霍端友榜崇寧二年癸未科○進士石彥和

蔡嶷榜崇寧五年丙戌科○

進士石端誠賈安宅榜大觀三年己丑科○進士石公恕莫儔榜政和二年壬辰科○進士石公揆何㴟榜宣和三年辛丑科○進士石嗣慶石公轄榜宣和三年辛丑科○武舉狀元石公轄張九成榜紹興二年壬子科○進士石延慶○特奏狀元石公轄汪應辰榜紹興五年乙卯科○榜眼石師能劉章榜紹興十五年乙丑科○進士石墼張孝祥榜紹興二十四年甲戌科、進士石邦彥○華木王十朋榜紹興二十七年丁酉科○進士許從龍木待問榜隆興元年癸未科○進士石斗文○黃度黃定榜乾道八年[redacted]辰科○進士石宗昭○梁文詹騤榜淳熙二年乙未科○進士石朝英衛涇榜淳熙十一年甲辰科○進士黃邁王容榜淳熙十四年丁未科○進士石宗萬鄒應龍榜慶元二年丙辰科○進士石宗魏○石宗玉○王夢龍　曾從龍榜慶元五年己未科○進士石孝溥○呂冲之　傅行簡榜嘉泰二年壬戌科○進士袁一之○楊轟

毛自知榜開禧元年乙丑科○進士黃庭　趙建大榜嘉定四年辛未科○進士呂堯仲○特奏狀元石繼喻　吳潛榜嘉定十年丁丑科○進士袁行之　蔣珍重榜嘉定十五年壬午科○進士石正森　劉渭榜嘉定十三年庚辰科○進士王祖洽○王熻○石森

徐元杰榜紹定五年壬辰科○進士呂秉南　吳叔告榜端平二年乙未科○進士俞公美　方逢榜淳祐十年庚戌科○進士楊國英○王華甫○王爍　文天祥榜寶祐四年丙辰科○進士呂嶸○呂喆○呂崙○呂峻○呂嶨○呂績○呂嶧○呂洪○呂似孫○呂嘉

周震炎牓開慶元年己未科○進士潘時晦○俞淅○袁同方山京牓景定三年
庚申科○進士王煓○吴大順阮登炳牓咸淳元年乙丑科○進士袁儒○吕淵○俞湘
陳文龍牓咸淳四年戊辰科○進士石余亨○袁範王龍澤牓咸淳十年甲戌科○
進士袁應春○吕煥○吕傳○吕源○袁桂○吕脩○吕浩○吕浣○宋亡廷試止此元朝江浙
行中書省鄉試丙寅科泰定三年舉人梁貞己巳科至順元年○篤列圖牓進士馬剌丹
壬寅科至正二十二年○舉人章廷端未詳何科袁君實○袁宣○袁應午○俞楊
本朝浙江布政司鄉試壬子科洪武五年○榜進士吴佐甲子科洪武十七
年○丁顯榜進士董薛○蔡用弼○潘岳○舉人盛賜丁卯科洪武二十年○舉人石州宜○

任亨泰榜進士王觀進庚午科洪武二十三年舉人章衡民癸未科永樂元年○曾棨榜進士章士淳○章以善戊子科永樂六年○舉人梁濯○林環榜進士盛霈丁酉科永樂十五年○舉人呂迪○呂或○董廉○翁玭○楊宗器庚子科永樂十八年○舉人陳孝軻○曾鶴齡榜進士甄完○舉人楊信民癸卯科永樂二十一年○舉人梁沂○周綜○丁孟達丙午科宣德元年○舉人李思爵戊午科正統三年○施磐榜進士俞鐸辛酉科正統六年○順天府解元章以占○舉人劉文輝○劉儼榜進士呂昌丁卯科正統十二年○舉人俞進庚午科景泰元年○柯潛榜進士俞欽癸酉科景泰四年○舉人俞過丙子科景泰七年○黎淳榜進士李夔己卯科天順三年○王一夔榜進士呂鳳○

彭敎榜進士丁川○徐志文○舉人吕鳴壬午科天順六年○舉人王環乙酉科成化元年舉人陳堯戊子科成化四年○張昇榜進士何鑑○劉忠器辛卯科成化七年○舉人吕滮○吕初甲午科成化十年○經魁吕獻○舉人梁燁○謝遷榜進士俞振才○俞深○舉人俞振英丁酉科經魁潘溫○舉人石揮○何錫○張琰庚子科

歲貢學校養才取而用之者科貢兩途而已然科舉拘以額數焉得人人而取之故歲選其才而貢焉所以開用人之路也不然則士有淹滯之歎矣然有志之士經明行脩不過借此以爲進身之階耳功名事業自當奮庸于時足以濟世及人而垂不朽豈在乎科舉而后爲用哉皐夔稷契之徒未聞以科第言也

國初選貢洪武四年石澗○吳佐○石絲○七年徐纍○九年張寧　**一歲一貢**

洪武十五年唐方○十六年葉宪○十七年蔡用強○十八年王盼○十九年王同○二十年楊亨○二十一年楊世清○二十二年朱沘○二十三年張德規○二十四年黄澤○二十五年王新民○二十六年吳希哲○二十七年丁湘○二十八年何泰○二十九年黄宗由○三十年楊宗哲○三十一年王伯壽

○己卯年盧文初○庚辰年梁得全○辛巳年張定○永樂元年丁彥信○二年王溥○三年呂童○四年盧文杲○五年張宗岳○六年王詳完○七年鉄○八年張世容九年石思直○十年吳宙○十一年求琰○十二年章良民○十三年周同○十四年張友邦○十五年石文翺○十六年張奇○十七年吳經○十八年安鑑○十九年俞尚純○景泰元年兩黃宗禮○二年章端○三年黃玲○四年翁諒○

歲一貢

永樂二十一年章敏○宣德元年朱叔端○三年章以衡○五年吳尚清○七年吳永軒○九年王敔○正統元年呂鵬○三年章以占○五年黃羲○七年楊巨清○九年蔡搆○十一年黃鉶○十三年王康○景泰七年吳方○天順二年[illegible]○四年蔡承○六年黃藻○天順八年錢[illegible]二年石繪○四年劉選○六年章聽○八以[illegible]年章兼○十年梁僑○十二年梁伋

正統十二年呂景麟○天順六年楊春○王溢○俞瑄○呂進○俞積○陳潛○王孟文○梁樟○呂初○求贇

官資

古詩云山不在高有仙則名水不在深有龍則灵余以爲縣不在大有人則重也新昌爲邑里不過四十戶不滿萬數可謂小矣而人才之出而爲仕者自吳越至本朝合大小而計之銜凡一百一十又三員凡三百八十又七所以建功名立事業表表儒偉無芳声於不朽豈非山川灵秀之所鍾父師教養之所致而國家氣運之所會合而然歟何其盛哉

丞相宋王倫　參知政事宋王倫　公王倫　侯宋石公弼　伯宋王夢龍　男宋石牧之　樞密王倫　太保五代吳越國石元遂○石昉　殿前都指揮使宋呂定

郡馬宋呂暹丁宇之〇宣差使宋呂雱將軍呂定太子賓客吳越國石
俞〇本朝梁貞學士宋王夢龍〇王燔〇石公弼承旨宋王燔簽樞王燔大
學士宋石公弼尚書宋石待用〇黃度〇石公弼〇盛符〇王燔〇石待旦〇吳越國胡璟〇
本朝楊容侍郎五季丁會〇宋楊轟〇石宗萬〇黃度〇王燔〇本朝俞欽都御史
本朝楊信民〇丁川祭酒本朝梁貞布政使本朝甄完〇俞鏜按察使
本朝梁貞〇張覿讓〇龔世胥〇章敏〇呂昌太子中允宋石象之卿宋呂季南〇王燔〇
吳越石壽聘少卿宋俞浙〇本朝俞欽鹽運使本朝梁貞制置使宋黃度〇王燔
〇[illegible]發運使宋王燔招討使宋王倫節度使吳越石肪團練使宋石

公弼參政本朝甄完○石允常副使本朝董玉成章敏○呂昌○僉事本朝唐方○呂

文玠○呂昌大宗正宋石公轍司諫宋石公弼參議宋黃廡○石邦哲○本朝揚

信民刺史唐梁翰○宋梁文司戶宋黃催○石景略○石正森○石斗文侍御史

宋石公弼府尹本朝薛正言府丞本朝丁川提刑宋王爚監察御史宋黃

度○石公弼○俞浙○本朝蔡用強○張世賢○呂昌○丁川○何鎰左庶子宋王爚修

撰王爚編修王爚○石公弼○石斗文郎中本朝王溥○俞鐸○章敏○俞欽○徐志文

員外郎宋趙炎石麟之石景衍石景衍本朝甄完○呂鳳○徐志文○主事本朝楊亨○葉

宏○王勛○張定○王觀達○王溥○丁義○章敏○甄完○俞鐸○俞欽○呂鳳○李夔○徐志文

給事中本朝何泰○唐方○張世支○章良民○楊信民侍讀宋石公弼○王惀評
事宋章天與徐冨呂德石待用○石部管中博士宋梁休泰○石亞之○石公弼○石麟之參
軍宋呂㟙○石公弼○石麟之參軍宋石延慶○石整○石麟之○石公弼○石斗文司
空右丞吳越石延倖太府寺丞宋黃惟○呂東南左丞宋梁文殿中
丞宋石待問○石亞之太理丞宋石亞之太常左丞宋梁輿太常丞宋石
家之○石麟之右丞宋石公弼秘書丞宋石麟之○石待舉國子學錄宋呂遵
國子監丞宋黃度○本朝吳希哲軍器監丞宋石書問校書郎宋昭宗
○石麟之○葉一新正字宋石宗昭○石公揆正言宋石公弼本樞密檢詳宋石宗

直閣宋石宗昭○石公揆御史中丞宋石公弼檢閱宋陳德秀行人本朝章中夫○俞振才知府宋石牧之○王華甫○許從龍○黃蘗○黃准○梁文○石景立○石公弼○石公揆○俞浙○王爚○本朝楊仲才○王溥○求琰○俞鐸同知元張覯信○本朝丁彥信○王新民○章士渟○俞逵俞欽通判宋石嗣慶○石待舉○石待問○石景衡○石邦彥○石正森○王爚○石麟之○俞公美○石公轍○石斗文○本朝石如璋○盧文杲○求琰○蔡思賢○王鐘啟○何德彰○呂鳴知州宋石公轍○石麟之○石畫問○本朝章士渟知縣宋石待舉○石亞之○石麟之○石畫問○石景術○俞公美○石塈○丁戩○丁職○王華甫○呂淵○章德榮○黃兌○石牧之○石象之○石景衡○石邦彥○石正森○黃度○王爚○呂秉南○石衍之○本朝俞

文遂○丁義○章廷琳○周燚○呂總○蔡思賢○呂
張汝弥○章以善○黄宗由○盧文初○呂童○呂
貴衡○王溥○陳孝軻○石歆頴○何廷玉
○呂鵬○黄鈿○何鑑○劉忠器○俞深

推官

宋
黄

瓮○石亞之○石待致
○本朝呂景驗

判官

宋石正森○本朝盛
霈○章仕洿○周同○

圭康○
翁諒

長史

元呂蘇○
本朝章以占

知事

元呂
蘇

經歷

本朝呂九
思○楊巨

清○吳永
軻○王溥

縣丞

宋呂一龍○呂大亨○石師歆○石
公弼○章廷瓛○本朝俞壽○胡

擇善○章尚端○胡禎○王叔
先○張宗嶽○楊允○黄玲

教授

宋石嗣夔○石
延慶○石邦彥

○黄慶○黄庭○袁行之○袁應春○石宗魏○石
景旻○石維裔○石公轍○石麟之○石斗文○石

景衎○俞淅○元梁貞○本朝滿嘉
○章廷端○徐太平○章衡氏○呂諒

伴讀

本朝
吳權

紹善本朝劉文輝**學正**本朝梁濰○陳堯**主簿**宋石嗣賢○張鉉○呂沖之○黃光
○石象之○石景衡○黃度○吳容○黃澤
○石整○石晝問○石公弼○本朝陳哲**助教**
本朝朱希孟**教諭**元胡崇燁○梁沂○呂迪○本朝周燮○董肅○章廷端○翁玭○黃藻○
錢鑑**庶吉士**本朝俞欽**山長**元丁若水**訓導**本朝蔡思賢○梁沂○呂迪○周
琮○李思爵○丁孟達○呂瑨○劉文輝○翁玭○
楊春○蔡承○王璪○石淪○吳方○劉暹○王謐
○章熹**典史**呂燮○王數**序班**本朝張寧**尉**宋石象之○黃度○呂秉南○石衍
之○石麟之○石斗文○石景衛○元俞壽**行軍司馬**吳越國胡璟**指揮使**
本朝石玉**指揮同知**石彥信**萬戶**元章廷珪**百戶**洪武中石璞**鎮撫**

本朝趙可蘭

都巡檢 宋呂定

狀元 宋石公轍○石公弼○石繼曾

榜眼 宋石麟之○石師顏

進士 宋天祐二年至咸淳十年凡九十四名○元一名○本朝洪武五年至成化十年凡二十名

省元 宋石晝問

解元 宋石景畧○呂顯之○本朝章以占

經魁 宋石祖文○本朝呂獻

舉人 宋無考○元六名○本朝洪武十七年至成化十年凡二十七名

新昌縣志卷之十二

儒學訓導吳江莫旦纂

鄉賢

嗚呼聖人吾不得而見之矣自大賢以下忠孝節義功業文章表表偉冠古今輝映者吾於新昌得其人焉有圖像以瞻仰之有祠堂以奉祀之稱之曰先生曰公曰翁曰君而不敢字所以重其德而尊其名不在乎爵位之貴顯身世之榮達也世有都三公禄萬理而威福蓋世者矣然生不容於匹夫匹婦之口死不異於草木之腐彼山林一介之士反光明俊偉而百世不朽焉豈非所謂豪傑所謂大丈夫也哉

宋開府石城先生石公　諱待旦字季平漢萬石君四十五世孫祖元遂檢校太保

始居新昌子孫遂爲新昌大族先生天禧三年進士志極出群高隱不仕舅於爲義居石溪山水之間建義塾三區號上中下書院身自設教後禮明肖先生主塾事四方儒士願受業者無所拒皆飲食[redacted]之凡數百人若文彥博呂公著杜衍韓絳皆出其門先後入相登顯仕者七十二人取鄉薦者難以縣舉四相以先生之文行聞于朝上嘉之賜十字爲其子孫名所謂待之景公謂宗孝正奕祖者是也范文丁公歐陽文忠公相繼守郡極尊禮之稱石城先生而不名其年九十而卒後以子貴贈開府儀同三司刑部尚書葬于石溪娶孔氏贈文安郡太夫人生五子兄之知常州贈衆青光祿大夫亞之太常博士温之知撫州封福清縣開國男秀之光祿丞修之不仕子孫傳至命凡十六世衣冠綿綿不絶宋寶祐四年知縣王世傑祠先生于學宮

尚書遂初先生黃公 諱度字文叔號遂初[illegible]以曾

南豐隆興元年封事爲温州知嘉興縣象大
光宗嗣位除監登聞鼓院遷國子監主簿面對言曰
古人主遭時艱難各辦勤爲之臣虚歲不渝終獲已
成之效今以東南偏隅之民奉王業於一隅事體日
開國力遂屈宴安江沱風俗日薄陵寢隔絕讎恥寖
忘此陛下所遭之時也而爲治三年未有端緒朝久
所行不過和外除目州縣期會而已豈大有爲之事
業哉臣願乘時赫然昭明聖志以示天下使小大之
臣各展所有以應陛下之所爲且生民之力弊於討
天下之勢屈於兵故本朝二百餘年雖全盛如慶曆
嘉祐有司猶惜財力之不給自駐蹕江南版圖僅存
天下三之一而財賦之入過於熙豐兵費居什之六
高宗偃兵息民而無休養之功孝宗恭儉節用而無
富厚之效朝廷朝夕講求裕民之政而無名科歛不
可勝藏茶鹽榷酤日求增羨皆兵之爲也必欲救天
下之患使稍循古制莫若復唐府兵藝祖入京市不

易肆平定疆國盡收天下生殺予奪之權其神謨聖畧至宏遠也仁宗天覆地載四十五年其仁繹在人心至深厚也神宗厲精爲治整齊法度爲子孫萬世之業其立綱陳紀至精密也自王師既平河東遂征燕薊而邊疆始擾自東封西祀用度寖廣而財計曰屈自紹聖至崇寧小人傾君子而國勢遂移自宣和至靖康夷狄乘中國而國勢益弱凡此大七大節目皆係治忽盛衰當知其所以然者但求列聖之迹深察義理之會則操縱取舍皆有權衡矣還國子監丞上不久朝重華宮公上疏諫曰陛下之事壽皇嘉王之事陛下也嘉王日當朝請無故歷時而不朝陛下能不怪其然乎不朝既久忽欲赴朝參班定而不果今又欲置酒宮中席設而復不至陛下能無怒乎且人子事親務盡其情晨昏定省本不可一日離左右獨以過宮之故車駕不可數出姑定爲一月四朝其當朝也中宵而興雞鳴而出幸於一覲慈顔少侍

餞臨今乃至四五十日非虐本體覆歛之誠何在而曰能盡其情可乎除監察御史言諍御史之官天子之耳目也自古爲重至本朝尤重危言讜論無日無之是以二百年無内姦外亂近非臺諫不得職乃至踰月而不見速章累牘入而不報者祖宗本意中書之重能塞天下之事情故設臺諫之官糾中書之缺失今欲自聖意盡過言官有如姦臣固之以濟己私彈擊不從論列不聽則謗議萃於陛下而姦利歸於中書主權寖移私黨寖盛而朝廷輕矣覆霜堅冰至漸不可長臣之所甚憂也故首爲陛下言之會壽皇服藥上缺於視疾公言壽皇聖性嚴重父子之間未免責望然本出於親愛陛下自爲諸王時恭謹祇恪至今猶然此乃孝敬之德兩宮本無疑阻直恐姦邪之流不識事體交亂其間遂太嚴而不相接畏憚而不敢親陛下誠能入侍左右嘗藥侍膳與爲子職則前日蘊蓄不通之情不俟終日而盡釋矣時有旨毀

師將兵三千人較閱禁中公奏近者星變其占爲兵乞寢此舉以應天戒不報公遂言道有本末事有先後無非事也而莫大於事親莫嚴於事天臣所以懇切言之而迂愚無足可取不足以感悟遂使陛下有不用臺諫之名臣不敢久居此職求一外任再疏不許尋罷内教公以會慶節甚近屢上復不出乃建調護之請願先遣宰執至重華宮且言陛下思慕之意壽皇聖情涣然冰釋然後躬率百官奉觴上壽則兩宮交懽天下慶幸上乃諭爲邲等如公言時諫官已有攻邲者矣邲私謂其客曰上調護之語未必誠然公遂劾奏邲敢誣謂陛下爲不誠原其情狀得非與群小之交亂者相表裏乎邲陰結此輩事皆有跡若不亟去姦人間用相應聖心愈疑則過宮未有日又曰今太白熒惑失次黑祲亘天衡嶽山摧劒門峯墮行都地震有聲如雷皆變異之大者推其日月實當邲獨相之時望速罷免以荅天意公又謂本朝故事

大臣被劾雖人主恩意隆盛終不敢留淮陰有[illegible]
將要陛下以逐言者絶綱所係利害非輕惟特[illegible]
斷竄之初疑鄭自是罷公又言聞有旨起吳儀封開
儀饒於財必大納賄求襲挺位挺之死也朝廷可[illegible]
數十年已失之權若又授職非二十年不可復取乞
下臣前疏與大臣論之如猝難盡行則速罷興州鄰
統兵分其柄上與公復議論良久乃從其言以張詔
爲之興利置帥無敢任責後驍竟領興州尋以蜀叛
宣撫制置失守棄地而去於是咸服公先見之明又
言一二年間國勢揺動令茲不雨安危存亡係焉陛
下既不自憂懼而二三大臣又不爲陛下憂懼不知
誰當任此責者既而有詔祈雨是夜風雨驟至須臾
而止公言天道甚邇本易感通所以未能滂沛者由
陛下未除憂懼之誠耳夫隆父子之恩正彝倫之敘
宴飲佚游務從撙節緇黄優伶盡令止絶節冗費以
裕民力惜名器以重天位皆應天之實也願陛下力

行之時內侍楊舜卿陳源林億年薛誾兩宮臺諫同奏事論列其罪上目公公言群小閹於義理不獨逆迎陛下意皆有所包藏源億年舊嘗不得志於壽皇而舜卿爲之謀主此三人者今日之禍根也臣聞天下有道則庶人不議夫不言大夫公卿不議而言庶人不議何也人主有過公卿大夫諫而改則過不彰庶人奚議焉諫而不改失不可蓋使閭巷小人皆得妄議紛然亂生啟勝廣黃巢之流議於下國皆隨以亡今天下無不議聖德臣甚危之臣力陳本朝宦官之禍覆轍在前不可不戒上曰壽皇自有左右親信之人公曰豈非薛誾者耶上曰然公言所謂離間者親見其事耶抑得諸傳聞邪若得於傳聞豈不可審上意幾悟復欲口公又言唐肅宗謂李輔國曰上皇慈仁甚[illegible]此輔國曰上皇固無此心其如群小何輔國下[illegible]說閭明[illegible]之左右獻

聞蓋爲弈游輩發此論也先是公連疏乞歸養不許
諫既不行復言以孝事君則忠臣親年八十菽水不
親動經歲月事親如此何以爲事君之忠蓋借己爲
喻仍以感悟上心也知閤門事韓侂胄出入宮禁弄
權植黨公憂之具疏將乞對侂胄聞之遽請御筆除
公直顯謨閣知平江府公言祖宗朝雖人主獨斷於
上而天下事由中書未嘗直以御筆裁處崇觀間蔡
京嘗國始挾主威以制天下凡所施行必請御筆司
爲深戒因請養親許之詔以所除職主管沖祐觀及
侂胄誅有旨召赴行在入對首論天下之勢貴靜而
忌動國家二十年間變故迭興災孽屢作兵甲暴起
旱蝗相繼權臣內訌驕將外叛皆非安靜之勢尊有
德聽哲謀以定國論明古今合內外以正大體正事
端重名器以息人心賤貨賄斥奢淫以厚風俗存名
義察理勢以應敵情表循良去苛暴以固民志君懋
其德臣務其業上下儆戒日謹一日庶幾群動盡息

而天命用休公又言本朝給舍臺諫慶曆元祐時實賴其力始變於熙豐再變於崇觀三變於紹興至於佽胄假彈擊以摵主聽托繳駁以蓋邪誣則流風餘俗靡有遺者今更新大化扶植忠賢願知慶曆元祐之所以得熙豐崇觀之所以失上嘉納之除權吏部侍郎公入謝奏稱江南立國且八十年始以戎狄內侵兵拏不解故竭東南民力以應軍須至于今日民窮甚矣願因天子恭儉之美當敵國休息之際取八十年暴富橫斂而寬減之異時准甸屯兵常欲自耕患豪占者衆而無其地今因流民遺業檢覈得實斯可耕矣巴蜀餉軍常苦遼遠今乘吳氏之敗而行臣前所陳分兵之策斯不遠矣此皆已至之機不可失也公遂論本朝專任宰輔得失之效仁宗用呂夷簡杜衍韓琦皆專任也而此三人者皆賢相雖專任之而不敢自專必引天下之賢君子布之朝廷各任以事元祐之用司馬光也亦然神宗之用王安石徹

宗之用蔡京亦專任也安石迂避自用故誤神宗京
奸邪蠹國率稔狄禍高宗之任秦檜專吳而儉毒害
政天下多故高宗收還威柄而後復安陛下前日用
諱侂胄亦專矣而敗天下至於不可支持令威柄復
還與高廟同高廟末年宰執嘗兼任欲其叶和同濟
國事而已願陛下更留聖意嘉定二年江淮饑金陵
尤盛盜發淮楚朝廷患之以公威望夙著除江東安
撫行宮留守江淮制置使辭不獲命過闕請對言盜
賊固所當急饑民尤不可緩若饑不能全活則盜賊
得以爲資賑恤之令所宜速行興發之請亦宜速應
國力不可使屈民心不可使離與其後而無益於事
孰若早而保全其生今事勢已亟米運難待積粟藏
鐲不可不發要固民心使知尊君覩上之義銷弭寇
盜使無窮搖結集之憂此臣之至願也公至建康僵
殍相望室廬半空官司科糴雖稍輸送未免奇擾公
悉罷之精思所以救民者具有成算全活饑民一百

六萬八千三百餘人厥費錢以緡計四十六萬有奇
米以石計九萬五千有奇流民仰哺于官布滿僧舍
而來者不絶又收養之置場十九被其惠者滋衆而
商賈不通米價甚貴雖有生業之家不免難食公命
發廩平之且以帥司招糴鹽鈔下元祐三之一誘致
米商又念賑施催科不應並行錢十五萬九千八百
餘緡米四千五百餘石並停勿催尋奏蠲之比三歲
蠲閣緡錢凡七十萬初盜發鹽城郡守欲捕而帥欲
招之議久不合賊遂得志及縣鎮被其虐帥司始出
兵討之遇賊輒潰賊愈猖獗有詔許其自新惟兇渠
弗赦公至即班示且推廣德意開諭首惡能束身自
歸當爲奏免誅若怙終不服有能殺之者即與推恩
特支將持功驕恣偏校多群盜與賊通賊雖約降晉
欵我師欲乘官軍之解四出爲暴乃督屬主將以平
湯□□用命者屢賞連戰皆捷遂分淮西屯兵定遠
以扞□□□□權與監司募兵使以生力出戰給之

粮伏賊勢侵奪其首卞贇以千人降而公所布赦令
始達山陽守臣即遣四輩揭太旗入賊窠諭之渠帥
胡海將降別賊沈剛擁衆襲之海死餘黨飢疫官軍
乘之於是解散公請于朝凡良民之爲賊脅者並貸
前罪歸業之後敢擅殺者以殺人之罪罪之分遣官
屬撫定楊楚泰高郵行帖五郡歸業者五十二萬八
千餘人給錢三十九萬三千餘緡米二千七百餘石
瘞遺骸二萬計初金陵尊奉朝旨通用淮甸鐵自是
銅錢隱不復見商旅憚於折閱而不通細民難於經
營而坐困公銳意罷之乃密察廛市默計多寡昭然
見其事情遂發米以糴許糴者純用鐵錢所收畧盡
又出銅錢楮幣易之未三旬鐵錢并迹銅錢流布人
以爲神以禮部尚書兼侍讀召再辭詔入覲公論藝
祖垂子孫萬世之統一曰純用儒生二曰務惜民力
列聖承之以爲家法乃者狂儒盜權標立名號斥逐
忠良於是儒生廢放源流不接顧以廣大并包爲心

以長養成就爲事自古賢者在位能者在職其所謂賢道德之士是也其所謂能才藝之士是也故必以脩身善行爲端本以尊君愛民爲專務以詩書易春秋爲典法以仁義禮樂爲實用重廉退崇節義抑輕銳禁利口四五年閒庶幾後生小子日就作成人材輩出藝祖取民之制僅使足用餘散州縣以蘇瘡瘵建炎用兵江南川蜀增取之數無慮數十萬兵既息矣合還之民而有司反利之其不能收拾屬之汙吏姦人者不可勝計願專以休養民力爲本以撙節冗費爲急其增取最甚者漸與還民上納其言仍將火之曰江淮清宴鄉之功也公之爲制帥也朝廷將城滁陽命公考訂公奏淮南自古號爲戰場其戍守有常處遼遠空荒之地不復經理得閒則使人耕作有急則棄猶而去不爲久居計今爲郡十有七若皆築城則皆當固守常時論將不能以一二數今日安得如是之多乎況滁陽古羅城西南與山寨亦定守

衆附城既落既衆爲關城以國之吾守雖亡欲關城辭
虜感安必入假命攻城吾引出寨之兵表裏挾射賊
安得生耳且安坐不攻吾居山視賊動息日攻而破
擾之亦豈能暫安乎入侍經筵進讀明皇開元末用
李林甫斥張九齡事及唐室治亂之所由分願陛下
退朝之暇更反覆之又言祖宗家法純用儒生史作
之要在尊有德其經世大指如此知隆興還龍圖閣
直學士加秩中奉大夫致仕年七十六卒贈青光祿
大夫謚宣獻葬會稽太平鄉小塢鳳皇山有朝陽養
所作有書說詩說三十卷周禮說五卷行于世歷代
編百卷歷代防邊□□藝祖憲鑑從諫録各三卷也
田便宜一卷上于官詳見家譜及宋名臣言行録

熙翁先生俞公諱浙字季淵號默翁五代末先世澧
惆者自青社來尹剡遂居邑東之五
舍□□世□之先生生於宋嘉定乙亥八月十二日
開慶己未□□進士甲科授迪功郎調慶元府學教授

改差吉州主管尚書刑部架閣文字除國子正太學
博士通判嘉興宗正寺主簿宗學博士知嘉興軍府
事德祐乙亥除太常丞辭不赴除監察御史辭不允
促命入臺首奏三疏痛陳時病皆齒中不行改除大
理少卿不就於是浩然而歸轉徙不常絶景窮居先
生端槩襬蕭衣冠篤行寡言莊重介潔清明更粹不
喜馳騖爲文章每見於著述年三十從仲兄籌山先
生令樂清過雁蕩有僧年九十餘見先生曰氣肅皃
嚴他日栢臺選也一日忽沉眩越宿力疾盥櫛整冠
領命升床終于正寢年八十娶趙氏贈安人子楊部
貢進士葬諸侯山平日著述有易審問八卷繫辭審
問八卷書審問十卷詩審問十卷禮記審問十二卷
春秋考三卷孝經審問并外傳十二卷離騷審問十
九卷九辯共十卷杜詩十卷韓文舉隅十二卷[illegible]
經審問行于世其他遺文尚衆皆藏于家[illegible]
夫擴充之用以求合夫中庸之旨自[illegible]

尚書西齋先生石公諱公弼字國佐幼警悟杜門讀書寒暑不廢年十五貫穿經傳平生不喜爲時文獨以前世治亂之大體與古人行事爲之論及弱冠舉元祐六年進士時宿儒皆就公質所疑公爲之響應無窮莫不歎息調衛州司法參軍議獄必酌人情多所平反知廣德縣召爲編脩官遷宗正寺主簿入見言朝廷所爲直詞罕聞頌聲交至未有爲陛下廷爭可否者願崇忠正以消諛佞通諫爭以除壅蔽徽宗善之擢監察御史進殿中侍御史除右正言遷左司諫以名公輔大觀元年七月改賜今名太史保章正朱次仍冒俸得罪内侍失察者皆坐公言是皆矯稱詔旨安得勿論由是並寘罪遷侍御史言蘇杭造作局盛請革技巧稍罷進奉帝納之從太常少卿起居郎兼定王嘉王記室遂拜御史中丞賜緋魚袋執政言國朝未有由左史爲中執法者帝曰公弼嘗爲御史水官趙霆開直河議已而決

壞郵麗法當斬霆善交結但削一官猶爲大府少卿公論爲失刑乃出霆京西轉運使蔡京當軸內外要官皆京引致諫官亦出其門諸所彈擊伺京可否須奉葉折腰稟白然後奏上其欺回專恣陰黨盤互掩惑天聽不可枚數公首疏今臣黨同伐異捨大公之道執一偏之見分曹列敵重相睥睨隱若仇讎此弊不除非朝廷福臣爲執法當爲陛下擊之詔榜朝堂後累章言京罪惡至言臣與蔡京勢不俱存望檢會臣前言章宣示中外竄京四裔則朝廷之勢尊奸邪之謀塞遂劾京罪惡昭著章數十上京罷相猶提舉實錄公復言京盤旋輦轂無去志頑持必斷以銷後悔竟謫京杭州進公兵部尚書賜紫金魚袋奉勑告授承議郎兵部尚書兼侍讀尋以樞密直學士知揚州授述古殿大學士改襄州京復輔政陰以深文責秀州團練副使台州安置遷還召爲右丞因封文安開國侯食邑一千户實封六百户累贈金紫光祿大

夫娶秘書郎王長孫女封文安郡太夫人
加安國夫人生子五墓在剡西烏榆山

侍御史浩

軒先生石公

諱公揆字道佐西齋之從弟政和六年莫儔榜進士授左宣教郎華亭丞杭州士掾進太常博士遷秘書省正字擢監察御史拜侍御史直龍圖閣有至性盧墓三年不茹葷醎醯醬五味人以爲難其子晝問後亦知之欽宗尤至初徽宗問宰臣曰公弼與公揆何親趙鼎對曰從兄上曰公揆大有公弼風歷殿中侍御史事高宗疏言樞密使秦檜十事謂以狼愎剛傲之姿愚闇執僻之性惟務自勝罔恤人言苟不早行罷黜恐威柄潛移陛下之勢孤矣章再上上諭曰別未有人姑少待以直龍圖閣知撫州檜入相尋事入公於建昌獄文不得罪廢錮而歿其子晝問抱諫槀扣閽追復録子一官○

大明一統志云石公弼新昌人登進士累官左司諫大觀初爲御史中丞劾蔡京章數十上京罷言至述

古敷直學士弟公擬爲高宗朝御史
論秦檜亦章十餘上並以剛直名

編脩緝齋先生

諱斗文字天民石溪人宋隆興元年進士任天
石公台尉鄂武軍司户遷臨安府教授與朱文公爲
友書問往來甚多右丞相史浩薦之謂其學問知方
行己有恥不爲詭激以事懲名涵養之久必能立事
改宣教郎樞密院編脩官上書與論朝政言直剴切
其後知無不言言無所畏至諷朝廷謂如萬金之家
必嚴大門以司出入一旦疑守者而啟關便門錯雜
旁出終亦不免使人守之不知便門之私乃復滋甚
寧宗嘉獎之朝野驚歎人目之曰石大門除揚州通
判丐祠台州崇道觀奉議郎通判婺州知武康軍晚
號緝齋寶慶四年知縣王世傑祠于學宮○朱文公
詩幾年不見石公子白髮應添兩鬢霜秋天地無情身
世老江湖有夢客懷愁可憐闕簡人多信嗟歎吾儕
德未脩十室邑惟忠信在固知好學不如丘○袁頓

首再拜上啓天民編脩尊兄座下拜違忽五六年中間聞到宜金華嘗因便一再附書久不得報意已浮沉後得親友書乃承寄聲有尊人存問之意而官事不閑竟未下及雖感眷待之勤然終不若一行之書爲足以慰此心也正初偶有莆陽之役歸來乃即果蒙賤言須所惠敎副以文籍衣資感媿之心未易以言諭也使未遂還不得即布謝悃又深味息想尋情照比日伏想已遂解扶不審尚留金華或以會稽新昌也第恐聲實久孚不容遽遂香火之願別當有照除耳春夏之交寒暄未定伏想忠厚有相台候萬福熹歸來數年初臂痛繼而移於兩足而昔痛處乃更變於麻木去歲麻木方幸間作而秋間蔬食傷胃不能飲食者艾火丹附雜進至冬乃得少安今春一出初亦無事歸途忽得奇疾六腑不通者累日絞刺疼痛不可支吾又感時氣發熱足疾發動腫痛不可復地衆疾交攻氣血彫耗氣息奄奄不絕者僅如毫釐

耳兩三日來方漸能喫粥飯然亦殊未可也承論叔
慶予約相從之樂恨不從容其間日聞切磋之益以
自警勵也因官而家古人有之不足爲嫌但恐終非
久遠之計判中山水自不惡也趙書記恨未相識頃
得其書議論亦可觀但覺自太過爲說太汗漫耳同
父寺雄一世勇邁千古但疾之者既不復取其長而
愛之者又不能救其短此區區不能無遺恨於伯恭
而所以愛同父者獨有異於衆人之愛同父也不審
老友以爲如何病甚不能作渠書因風幸達此意簡
重自愛之諭極荷盛譴開人豈敢與聞政事但生長
窮鄉從少至老坐視其民究若失職不能有以救之
會有負緣何以發口又不容一向禁默夫言之咎詆
自熟耳崇禮諸人書信皆以領胡丈銘文敢不在念
但生前不得祭議恐如揭帛圖形模寫精神不出早
在家多事不容下筆今春携其行狀於道間成之
三五歸[illegible][illegible]紛擾乃更甚於在家時今又疾病如

此恐又須兩三月少康之後方得措辭但病勢如布前所事固有難料者耳因間叔謹往見了約附以此書雖以醜縷尚未能究所懷臨風太息而已未由承晤切冀以時爲道自愛捌以除用以爲吾黨之望千萬幸甚不宣

大常潭亢齋先生石公

諱堅字子重石城先生姪孫幼端慤警悟年十八登紹興己丑進士授桂陽縣主簿會故參知政事李安簡公謫居郡下深器重之授館其家日與論說前言往行勳以致遠之業常語人曰吾閱人多矣未有日君比者秩滿調同安縣丞天旱民饑白府請蠲租知故事邑入便之改知武進民訟有數年不決者一洗立辯奸猾驚服郡欲爲富容治第而舊役於縣其費且數十萬先生不可曰吾爲天子牧民豈爲若人治第者耶朘民之膏血以媚人吾不忍也守怒歛中以法民數千人詣郡請留相與同守出遨道號訴至有攬其襜帷者守不能禁君因更調光溪縣

祖入以特力役有序興學政建學宮市書萬卷買田數百畝舉鄉飲酒禮士始知學而民俗丕變又撫其舊俗之不美者數事爲文以訓飭之民皆傳寫誦習遠鄉有據險不輸租賦者爲榜以諭之即斂手聽命歲疫多治藥劑分遣醫者散之村落活者甚衆及代去民畫像祠之監察御史陳舉善聞其賢薦之召對史治亦薦之稱其器質純靜乃入見首陳人君之道與天同大天心至公故人君之心不可以有一毫之私因歷引時事以質之言甚剴切上皆然之除將作監主簿尋改太常因謁告歸省得奉祠終養除知建康軍事卒年五十五先生爲人外和内剛平居恂恂如不能言者而遇事立斷事繼母承順不違兄弟之間怡怡如也宗族有貧不能自存者輒買田捐金以賑之教其子與已子等嫁孤女多得所歸道遇棄子募人乳之月有給焉其爲政一主於愛民而憂國之心又甚切以官材之用書政令之得失一有所聞[illegible]

感形於言色甚或眾日□僩然自與古約自待言嚴在州縣未嘗屈意上官在朝廷未嘗造請當路辭疎哉一旦見天子盡言罷去未嘗少爲迴回避說之計其爲學自聘君朝夕□□已傳其業更從舅氏六子詹事陳良翰受書聞人吉公手訓而心慕之與朱文公遊相好尤篤文公稱爲子重兄晚名其燕居之室曰克齋讀書其閑沒身不厭文公守南康朝廷除先生爲代新刻饑民轉入台壞甚衆文公以屬先生即慨然以爲己任其得免於饑壞指脊而歸蓋數百入爲文明白徑切似其爲人有文集十卷集周易大學中庸數十卷傳于學者葬龍谷山之雲溪之文公銘其墓曰予悲斯人之病而莫與廖也悼斯學之孤而莫與儔也又哀君有志而久不酬也特若可歎而君不留也龍谷之城雲溪之宅詔彼茫茫不在斯刻○大明一統志云石𡼖新昌人與朱熹爲友號克齋有大學中庸集畧行世烈士贈武功蓋

公諱公建字自强雪溪人宋宣和庚子冬睦寇方臘
公起桐廬焚州縣掠戶口蔓延新昌盜五十餘人正
晝入縣官吏奔走無一人禦之頃刻蕩盡小民望風
響應四境之内賊寨布滿公毅然不變率子姪與鄉
人計議聚兵萬人破賊衆焚寨捌斬首級以千計平
民全活者不下萬人人皆復其業不煩王師遂復故邑
公素以剛直廉正見推鄉里守禦戰陣皆有紀律號
令嚴明所得賊貨未嘗自私由是人心益加畏服及
王師討剡西之賊復起公爲先鋒公亦奮累勝之威
輕視逆黨以數百倉卒之人當數千衆殺獲無算賊
咸奔北既而王師不進勢孤援絕公度事勢難成乃
語其衆曰大丈夫當以義死不可苟生吾豈忍死于
賊手以受辱遂自殺人皆歎息流涕事聞贈武功大
夫汝州團練使葬善政鄉小隱山之原年六十五生
五子長援蕭山縣尉次四子皆承
節郎即　本朝忠臣曹之始祖也　提刑誠齋先生石

公諱宗昭字膺之待舉六世孫以理學師友朱文公
呂東萊二先生宋乾道八年進士任台州司户無
爲軍教授因丞相史浩推薦詞曰學問操理文采政
事四者皆過人而深自晦匿無好異之失政知長洲
縣又丞相趙汝愚薦舉詞曰篤意問學而臨事疏通
賦性謙和而所守堅正今經十載德業日進臣每見
之莫窺其涯其人志趣高遠識量宏深時輩推之蔚
爲國器後引見擢舒州倅召試館職除祕書正字遷
校書郎知滁州以度支召入兼檢討官轉樞密院檢
詳以奉親乞爲淮南漕兼合憲除直華文閣父喪告
制葬祭無踰禮改陞朝請大夫福建提刑致政號誠
齋先生後贈金紫光祿大夫加特進○朱文公答石
應之書所示文字深切詳審說盡事情想當時面陳
又不止此而未足以少回天意此亦時運所繫非人
力所能與也更願益加涵養講學之功而安以俟之
事會之來豈有終極安知其不愈鈍而後利耶熹衰

朽殊甚春間一病狼狽公謹見之繼此將理一兩月
方稍能自支然竟不能復舊幸且復得祠禄休養而
幼累疾病相仍殊無好況心昏目倦不能觀書終日
用工夫不敢不勉間亦紬繹舊聞之一二雖無新得
然亦愈覺聖賢之不我欺而
近時所謂喙喙爭鳴誤人也

學士龜潭先生王公諱夢

龍字慶翔慶元三年進士授天台尉教授隨州吏辟
爲京西撿法官氏襄陽儋大入宣撫項某得公甚喜
沓以征謀一時書檄咸出公手士皆感動改尚書左
銓知龍游縣方秋隕霜害稼閭諸朝乞蠲其租明年
春大疫病者極死者襁揭處[illegible]奏請遣患以寧八年知
金華縣連年大水請蠲閣民[illegible]少紓[illegible]行在諸曹
婿許司當對公奏疏入群公日籍事氣節不慨而素
以以爲和吕以王道日菲正論日[illegible]決論中原成提
作當盡吾所以自強者如官吏之咸吾民力之自於
稍時之豐耗[illegible]二[illegible]盈[illegible]成[illegible]之幾[illegible]一鑑

勵自強之實使動静屈伸罔不[illegible][illegible][illegible][illegible][illegible][illegible][illegible][illegible]
理寺丞極言議論不明體統不一也[illegible][illegible]邊備[illegible]言
急而猶欲示其不欲急之形識弊[illegible][illegible]而猶欲示
其不欲絶之狀知其難以通好也而猶[illegible]其好之宴
修知其可以攻取也而惟幸其勢之[illegible]定上嘉納之
旋擢為監察御史首論風俗之弊[illegible]阿苟容氣節不
立已而申貪墨之禁陳轉饟之害條備邊四事則曰
拖斷要嚴策應練舟師嚴勝負條蜀邊四事則曰足
兵額買帥貳修城築嚴開隘皆一時急務當日不欲
盡聞者而公屢陳切至會權貴有奪民田數萬餘畝
有司怙勢抑民民以究告公為辨明之遷宗正卿以
歸養辭除直秘閣知温州崇學校表[illegible]先每以美教
化移風俗為務以毋疾祈聞知信州再知温州時海
盜集亡命殺越人于貨公諭海島諸豪俾伺其出入
獲之磔諸市海邦肅然主管建康府崇禧觀知婺州
撥官田一千七百畝為助役倡民翕然各以田助得

義田六萬九千畝有奇義役一成復斥帑十餘萬緡買田儲租以備當役者用賜位一階仍知婺州捐錢糴穀九萬餘石寘社倉大要祖朱文公成規及畫社倉規約言于朝俾毋得移為他用又為平糴倉以糴于國人先是郡積欠上供稅錢帛四十四萬二千五百餘緡綾羅二千一百餘疋悉蠲之又以積雨故蠲二税十萬一千四百餘緡以旱暵故蠲二税十萬一千二万餘緡代輸和買紬四千二百八十疋代秋米三千八百三十石詔赴行在見上論中庸致中和天地位焉萬物育焉今世俗之言直以為無甚喜甚怒無甚哀甚樂斯之謂中節云爾天造之運非祈寒大暑不足以成歲功豈其約二氣之中不寒不暑而得為中節乎九官並命四罪咸服刑賞之中節也好賢如緇衣惡惡如巷伯好惡之中節也且歷陳君子小人之消與夫好惡之正為上言之次又纂慶曆名臣余靖富弼韓琦論盜賊之說以獻除司農卿權戶部侍郎以

疾乞歸提舉江州太平興國宮提舉崇[illegible]
壽宮三年公歸自闕却掃觀書日與[illegible]
賡詠巷處八年如一日淳祐改元年[illegible]
此老陽極數也萬物不能逃乎數吾其[illegible]
諸子畢婚嫁未幾疾且病口占遺表果[illegible]自
書其名氣息旋若將絕家人哭泣矣忽[illegible]言白
此行幾錯其歸我于正寢下帷復卧昇[illegible]六[illegible]諸
子伺之則釋然逝矣除寶章閣直學士依[illegible]之致仕
遺表聞特贈四階至正奉大夫會稽縣開國伯食邑
七百户公事母孝有答春堂故水心之詩曰春以諭
母慈慈深春不如兒歡答母恩恩重普無餘蓋發公
之心也寧宗受禪表賀奉進者官之公以其季夢錫
日在母前母所鍾情也曰吾諸子其可先諸郎以表
聞公之孝友如此晚號龜潭老人卒于義鄉峨眉山

左丞相修齋先生王公

諱爚字仲晦一字伯晦嘉定十三年進士知常熟縣初在

母腹父夢一古衣冠者入室問之曰子游也當爲而
家子覺而生繪後寧常熟父語之因與子游建書院
置田養士聽言氏子孫之無依者累遷泰州通判秘
書少監福建提刑知寧國府太府卿寶祐元年兼國
史編脩實録檢討權兵部侍郎試司農卿兼中書門
下省檢正諸房公事上疏曰頴詔大臣相與憂亂而
思治懼亂而圖安哀恫警省脩德行政權抑群陰之
氣畯保護微陽之根本扶劉䍐杜於私蹊官賞宏闢
於正路使内治明如天日外治勁如風霆則精神運
動陽彙昭蘇世道昌明物情熙洽上以迓續天命於
遣告之餘下以固結人心於解紐之[illegible]其孰能禦之
以右文殿脩撰提點太平興國宮五[illegible][illegible]湖宣撫大
使趙葵辟爲判官開慶元年召赴行在授集英殿脩
撰樞密都承旨權吏部侍郎景定元年兼同脩國史
實録院同脩撰兼侍讀爲有侍御史[illegible][illegible]子[illegible][illegible]子[illegible]
言正論失子憾亦恍之帝聞之甚[illegible][illegible][illegible]遷禮部[illegible]

書加龍圖閣學士知平江府淮浙發運使五年赴行
在進端明殿學士提舉神祐觀兼侍讀咸淳元年二
月拜簽書樞密院事拜參知政事知樞密院事立皇
太子加食邑三辭免官皆不許乞奉祠休暇又不許
最後乞祠祿乃授資政殿學士知慶元府兼沿海制
置使四辭免不許十年為左丞相兼樞密使乞致仕
不許右丞相章鑑簽知政事陳宜中奏諭留檢以鎮
人心從之兩請毋署省院公牘不許又奏乞將臣先
賜罷斥臣本誓死報國願假臣以宣撫招討等職臣
當招募忠義共圖興[illegible]陵[illegible]位逃歸鑑宜中奏留之
乃授觀文殿學士浙西江東路宣撫招討大使置司
在京以備咨訪乞辭大使職名不許進少保左丞相
兼樞密使尋加都督諸路軍馬累辭又皆不許公與
邑人趙炎相友善炎時權刑部員外郎責公附賈似
道公乃上言今天下所以大壞至此者正以一私蟠
塞賞罰無章故也救之之策在究其所以壞之之田

大明賞罰動合乎天庶幾人心與起天下之事尚可爲也因極奏賈似道誤國喪師罪於是降詔切責似道不忠不孝六月庚子朔日食不盡僅一分白晝晦寅者數刻公言陰盛陽微災異未有大於此者臣待罪首相上理陰陽下遂萬物外鎮撫國氣浸充塞而未能消生民塗炭而未蒞歷又復思之咎實在臣乞罷黜以答天譴答詔不許第降授金紫光祿大夫而已尋進平章軍國重事京學生上書詆宜中亦乞斬乞嚴胥初宜中在相位政事多不關白公或謂京學之論實公嗾之七月壬辰詔給舍之奏三入公與宜中必難共處兼繪近奏乞免平章侍經筵辭氣不平識有如人言者矣遂罷公平章依前少保授觀文殿大學士充醴泉觀使史稱其譎猾剛勁不阿附賈似道然當國步方[illegible]之秋居新昌長潭聚徑石爲饌山鑿池水流觴爲[illegible]所薄云德祐二年菜費鼎祭之曰涑水之學[illegible]一一則詒綏之然貳誠則表

襄之不欺此蓋忠信篤敬之所積始非聲音笑貌之
詎爲滔滔今人疇其似之惟公百年幾見之人物千
岩萬壑之英奇公之經術中庸大學公之典刑乾道
淳熙諗公之踐履則言行相顧視公之出處則久速
皆時蓋自縫掖以至卿相由童冠以登耄耋內則詩
禮廊廟外則敭歷輒麾惟秉此誠有真實而無飾僞
惟主此一有正大而無詭隨所謂行乎蠻貊而亦可
質諸鬼神而無疑卓乎偉哉曉正道揆慨拯時危屹
定力於山岳炳先見之蓍龜奸邪未朊首議殛鯀人
言胥動力止遷岐雖事變捷出凜凜乎靖康之慮然
意氣所感驍駿乎元祐之規詎謂草茅之議政激成
劍佩之相豈誰爲國謀而以公歸嗚呼沖子在疚二
公詎容不悅強金亂華一老胡不憖遺豈皇天終未
悔禍抑蒼生無福而至於斯雖然諸葛已死猶能走
主仲達張巡力竭尚願爲鬼以殺胡兒公雖考終於
牖下而心實未死於泉扉意公有靈必將乘飈馭載

雲旗上訴帝閽殄厥醜夷以旅宋中天之基其三侍同朝辱公深知喪既不能造門以置束芻之敬葬復不能升墓以紓掛劍之悲嗟人亡而國瘁獨殄死以何裨雪涕矢辭寄此一卮

義士陳翁

諱祖字惠卿器識超遠崇尚儒雅少失怙早喪其兄綜理家務楚然從容母疾嘗藥具膳孝敬不衰且睦族以恩無間遠近擇對以嫁兄子一日慨念人生服食外役役不休以財自沒吾所不取着力行善事則當與斯世共之於是義塾興焉前後十年廣厦耽耽幾數百楹號桂山西塾迎致鴻碩豐加束脩歲萬緡計曾無憚費課試有程激勸有廩凡饔膳薪水僮奴給使皆具焉作人之盛文科武選項背相望碑題可考至若賙一鄉之急難捐息嚴之糶價寬負租而無詐牒委喪葬而無吝心助脩橋之不舉濟津梁之不通隨力方便倡爲義舉皆非細事也君生於紹定癸酉卒於嘉定癸酉遺德在人葬仙桂鄉之東山

義士

尚幹陳公諱雷字震亨祖之從孫也繼立桂山東塾以待四方游學之士去塾十里有脱衣亭来者先館于此換衣履游息數日然後入塾時張即之爲館賓爲榜其門曰洞明無鎖鑰有客不妨来由是来者數百人科名相繼又立義田以贍族結義役以便鄉差義棺以斂死廣義阡以募葬平糶有倉義濟有局施義漿而行人之渴者得以飲築義陂而民田之涸者得以溉至於修橋梁恤困乏凡以義而可行者力行之而無倦也居仙桂鄉之平壺父大榮生君甫七月而卒鞠育教訓皆妣向氏之力以恩補登仕郎端明史大資咸帥越雅知其才檄充户曹君謂旁蹊得之無足爲重遂辭之以慶壽恩改授初品官辟充尚書省茶鹽所幹官君堅守前志亦不自以爲華得咳嗽疾飲膳日減肌體日削自以爲光陰無幾口與家人訣別而卒享年七十有七德祐元年十二月八日里生俞億等七十六人祭之曰義士君子之

威名也士以義名正以其識趣透徹施設光明有功
於吾儒出處之德業故與其名者公而當受其名者
安而泰君子人與其斯爲義之盡與君子之於義也
非上曰賑一貧周一死援一患難修一因果而已也
必崇儒學而殖善類必美教化而厚風俗招延師儒
教我之子弟尤欵教人之子弟講習道藝望其修窮
者之事業尤望行達者之事業此其胸中與乾造同
抉圠與坤輿同厚載義之所在寧有限量耶是故辟
雍歌周之聖王頌魯之賢侯自古聖賢治國平天下
亦不過以此垂芳當時後世者也況山林之士而能
闢黌序擇師模育英才有功於吾道之大義士威名
豈易消歇耶陳氏自上世以来接石溪之遺躅建平
垂之宏規捐祭廩立義塾以玉成四方遊學之士義
士之名有自来矣天道福善克昌其後篤生桂翁於
是充拓先志發輝前烈廣齋宇優廩餼繪堂丈席必
招鴻儒士之負笈而来通籍而食者不下數百人覡

先世規模又增光而重矣遠近之士蒙被教育掇巍科蹟顯仕以義塾之講明發爲政澤之事業者不可勝數至今新昌風俗士屬操尚鄉耻浮薄論然禮義廉耻之習遂稱東南嘉林之秀皆義塾作成之造也若夫立義田以贍族結義役以便鄉施義棺以殮死買義阡以募葬與夫修橋梁恤田之此特其義中之餘事未暇悉論也義士之名非斯人其誰歟嗚呼義在人心不容泯沒桂翁享耆年之壽拜恩命之寵仙蛻而去塵世固知其不可留矣衣冠之士聞喪而奔乎殆空鄉邑屬兹卒哭奉牲醴之敬以致哀感之衷門墻冠蓋輻輳雲合亦可見翁之有造於士而士之無負於翁者矣古人解衣推食末節事耳載之傳記以爲美談桂翁三世源流之義傳一門光明之義舉崇尚吾道長育吾黨視燕賓之桂殆爲遠過吾邑名公鉅卿朝貴鄉先生同里閈桑梓聯陰道盛德而譽高風者不止一人不止一日行將擴採芳馨請書史

用桂翁義名，又豈特膽炙於我輩絢麗於今日而已。哉嗚呼哀哉，鍾鳴漏盡，靈光已沉，形歸影滅，往迹曷尋。玉壺冰清兮，夢瀟洒之精神；高山流水兮，懷鍧錡之語音。德風教雨兮，歸造化之胸襟；東升西塾兮，望簾帷而常新。前齋後室兮，盻几案之未塵；桂林人靜兮，奚惆悵乎古今。桂塾作興兮，有克肖之後人；桂翁已往兮，雖死而猶生。造桂堂合奠兮，寄哀辭而寫心。

○嗚呼，甚哉天理之難曉也。以陳氏之爲義若此，宜其子孫世享無窮之蔭。今二百有餘年，索然衰歇，所謂義塾、義庄、義倉、義局，皆蕩爲草莽之墟，過者爲之徘徊而興嘆，幸而存者不過文辭數篇而已。大理果安在哉？然君子亦盡其當爲者耳，天理置不問可也。

忠臣山長先生吳公

諱觀，又諱公一，字叔大，洸弘齋。其先諱齊者，仕吳越爲御史中丞。宋初棄官居新昌，以壽終，鄉人爲之立祠。其子孫業進士、職武事，世有令名，蓋中丞之傳曰肖雲有文

行公少奇偉有氣節嘗築挑溪義塾以待四方學者
故得大肆力於文業成入太學上書言邊事不報景
定庚申試六師振大漢天聲賦遂補稽山書院山長
未幾元兵南下與同舍陳非熊謀冀輔宗室節度使
某固守以保越事覺咸請適去公不聽兵至城陷就
執息六諭之使降公曰吾宋臣當守臣節義當死且
吾不以死備故至於此事之成否天也陳非熊既死
吾其可以獨不死乎終不屈遂遇害其子班負骨歸
葬邑西郭墻山之陽年四十三子一人曰班庸父死
能教養其祖父母人稱之孫男七人曾孫十有五人

忠臣巖峰先生陳公

諱非熊字思齊號半峯業儒有
氣節元兵入城與邑人吳頤輔
宗室趙節使拒
守不屈而死

元孝子石君

諱永壽字德遂宋開府
待旦十二世孫性淳厚
事親至孝元末兵亂其父謙孫年老被執兵欲殺之
永壽泣抱父求以身代兵遂殺永壽其父獲免鄉人

哀之娶黃氏生四子道存仕至將仕佐郎巡檢大明墓在三十六都霧後山事載大明一統志

忠臣紹齋先生董公諱曾字貫道旭之第性聰敏過人少年學丹青嘗訪鄉先生潘嘉座客以爲畫士皆鄙之無與談者先生甚憚時年三十餘矣即焚其畫筆拜嘉爲師而受學焉不三年六經諸史無不通貫習舉子業元末兵亂遯不求仕乃爲古文爲先輩稱許方國珍僭據城邑散官之不受遂避居東陽山中太祖皇帝駐驆金華以禮招發先生往見說以方略授知無爲州還陳友諒寇城不屈而死州人立碑頌德有詩文集及天姥山賦稱于時兄旭亦死節○旭寄曾詩委質歸田計未酬燕山風雨楚清秋菊花自放他鄉色楓葉頻知落日愁客況從違書百慼危邦出處賦三休朝奉家弟幾歸里除別丁寧慎自諫

孝子胡君諱剛字仕輔五代時吳越行軍司馬環之裔生有至性 國朝

洪武初其父坐累工役泗上以縣工掾覺當刑敕駙馬都尉梅伯殷監斬其共八十二人時剛方累粮往省以代役於待渡閶闔其事遂裸跣泗河而渡奔走愬許于刑所求以身代言與淚俱情甚哀切梅憐而奏之特蒙恩宥父子俱全而同事者俱獲免淮人德之相與撰其始末爲故事至今傳頌云昔東吳有　徐元芳者亦　國初人也父當大辟元芳亦求身代　聖祖殺之而赦其父今剛乃特蒙恩宥者何哉蓋殺與赦皆所以全其孝也但一於赦而不殺或有覬覦而至徼幸而免者矣故赦之者仁也殺之者義也降霜霰於炎蒸之時轟雷霆於閶闔之際化工默運莫知端倪此所以爲　聖度皦

孝子

小齋呂先生

諱升字德升家素貧事父母以孝性行淳篤讀書爲善士父年百歲人稱爲百歲老人先生幼失母哭泣過哀遂不寢私室與老人同起處求悅其心不使憂戚由是老人雖失偶而心

不孤雖老益善咲每食不下肉一斤他物非所意欲年逾九十齒稍不任堅物先生率妻子供餅必極糜爛和以薑桂然後親飲食之他子弟供養者不能愜老人意也老人出入起處必呼廿歲時或適其旁近宗族家先生未之隨則不往頭視其兒在旁乃欣欣布武以行或時不在側輒不樂若嬰兒不能少離其母之狀者以故先生非大故不敢出門户亦不能與人相答報為禮人亦不之怪也厥後老人病囊腫其大如瓠聞其陰內縮如婦寺狀末年尤甚便溺時不能自適先生以器附肉就注之必淋瀝滿手覺已乃置器地上採布帛徐浥老人血氣日益衰善忘念凡則曰我飢未食則曰我飽不故也亦不能較使溺有無當便溺時曰無已又遺失先生揩拭穢污略無倦色且柔聲下氣怡怡言笑曲為承順未嘗少有怫突之意其友王宗成嘗於嚴冬時拜老人就宿其寢處親見先生抱持其父夜四五起就寢時不復知有

不可計也又嘗與父對坐榻上以被擁覆父兩股膝
持足內置膀間以煖其指掌先生足外見不暇恤也
至庫不可忍乃起苟便於親者寒暑不復慮終無難
色致老人百歲以令終於禮無愆弟若子咸相率爲
善人稱于時先生天資龐厚神氣秀朗冲和謙退而
威儀意度凝然可觀讀書不喜窮究章句特發揮大
義挈其要領人不能屈方少壯時當元承平取士以
科舉學者爭習其業歎曰狥時以喪志孰若遂俗而
適己惟情觀經史尤長於詩　國朝洪武初縣令以
孝弟舉奉使山西既還將授以官自陳親老懇辭終
養乃歸田里既終喪居家教授所居一室扁曰小小
齋人呼曰小齋而不敢字士大夫京西行者必問小
齋安否而訪之先生聞客至即留信宿酌酒論文日
夜不倦雖貧不卹也素寡飲亦勉强勸客至盡歡其
性度如此洪武二十三年用年高入覲親被　顧問
將祿之以官仍辭以老放還一日晨興[redacted]水正衣冠

而坐忽不能言即就寢移時而逝年七十有一葬縣之杜黃山子男二人長子珮字汝玉次璉璉攻舉業有决科之志年十七而暴亡珮恐戚其父也時慰解之退即慟哭先生有妾既遣而生男于外珮收無之乃從容說父曰妾子亦大人遺體也失一弟得一弟嫡庶奚間先生瞿然悟問安在乃出之以見則頎而童矣父子相視歡然噫此尤世俗之所難能也世固有幸其弟亡而攘有其家貲者况肯收妾子於外乎蓋呂氏之先曰蒙曰琰者俱以孝稱其世德相傳有所自云

都憲楊恭惠公

諱鐵字[illegible]氏以字行彩烟山人八世祖轟仕宋為侍郎父文吉母丁公幼穎敏過人薦游邑庠刻苦問學永樂庚子領鄉舉卒業太學宣德庚戌擢工科給事中小心廉謹出使江西整點軍伍民情宿弊上疏　奏之皆當時急務改刑科有直言之節正統癸亥陞廣東左叅議受密　旨許言事招撫靈化高廉等州盗賊諸[illegible]

晉平蠻獠亦皆白化時按察使郭智所行多不法公
劾罷之而黃翰來受代而所爲益甚公又劾之連僉
事韋廣黃亦誣訴公俱逮下獄公就逮啓行時廣人
爭携金帛就舟相贐俱不受而黃之舟則擲以危石
嘗罹者相屬既至法司鞫得實黃坐除名廣之軍民
耆老致仕官員及山傜洞人塩塲竈户共一萬餘人
連名具狀相率赴三司保留乞備其事　上聞亦有
跋涉萬里直詣　闕廷稱冤者動以千計歲已已
車駕北狩胡虜猖獗　朝廷用言者起公守白羊口
是歲廣東都司因黃肖養越獄遂至肅聚守土者閉
門自守召邊將禦之多爲所敗城中軍民朝不謀夕
鄉民避亂趍城至則閉門不納及歸盡爲賊所戕晹
從者日益衆賊爲轒轀車來攻城聲言楊大人家巷
勿憂城破當護送還鄉廣人寓京者聯名上章乞公
遂授公左僉都御史　勅往撫之至則廣城被困者
數月矣公即開四門發倉廪賑飢下令有司給民木

牌縱其出入賊見帶牌者皆曰楊大人所給俱不殺民皆喜悦相慶又出牓招撫之歸附者日以千計公乃差桃山驛丞綦及餘丁何普受等齎牓文入賊營招撫諭以恩信肖養大喜簪花設宴約日至城投降公冠帶單騎而出隨從者數人賊衆數十萬皆倒旗羅拜肖養跪訴泣下乞示以更生之路公坐自如諭以禍福即日投降者數千人餘皆讙譟而去越五日又至公復往見賊以大魚獻公受之不疑投降者又數千人來幾董都督統大軍至賊遂中變景泰元年三月五日有大星殞于城外對岸之河南十二日質明都指揮使姚麟來白事尚與賢茶談議忽疾作扶入閤內即仆矣城中軍民聞公卒信疑相半既得實爭走哭踊下雖老嫗稚子亦至失聲滿城縞素具牌位哭奠者相屬陷在賊中者聞之亦曰楊大人死吾屬無生意矣黄肖養亦爲文具祭訃聞 天子悼世遣官諭祭公卒後閱月大軍即平賊凡賊所經

憂盡暑之民仰天號曰使楊爺爺在吾人豈受此禍
哉寅以追送柩還哭奠者阻塞道路如喪考妣既而
耆老黎善聚等赴京奏請立廟于廣州願曰惠濟
春秋致祭水旱疾疫必禱焉民有事不得其平者輒
具詞焚告不直者輒恐懼服罪至今爲然公宅心仁
厚見人患難不啻在已汲汲爲之惟恐後刑部郎中
馬銘之嗣卒不能葬公捐俸買山葬之在白羊既受
命邊城官軍亦赴官保留之在學校時儕輩有過舉
者切切誠勉之及有當爲事衆方推避即奮先爲之
惟疾惡太甚用是見忌於人葬毋時倩夫舁塚石安
夫代其舁數百步人遍乃止鄉鄰兄弟有鬩墻者輒
至其家勸之不從明日復至必從而后已邑有韓妃
淩歲爲暴張所阻公率衆修之居官時善政在人不
可枚舉是時承平日久禁網踈闊嶺海之間民物殷
富仕者類以贖貨殃民爲常事上下交征恬不爲耻
公至一以廉潔自持而事行之以寬恕公退之暇時

或徐步街衢問民疾苦嘗有長藩者欲置一人於獄公曰彼無罪姑遣之去至期自來可也長曰彼無保任者公曰僕保之遂縱之去至期其人果自來公之恩信感人者大抵類此公佐藩時或差出公幹民即設醮祈禱願公回司掌事或有小疾亦與祈禳保安如赤子之於慈母也成化己丑始　賜謚曰恭惠録其子玧為桃源縣丞墓在彩烟鄉上王山之原

新昌縣志卷之十三

儒學訓導吳江莫旦纂

卿相 周官三公論道六卿分職而宰相無聞自秦漢以來始置其職於是禮絶百僚拳移人主而天下之安危社稷之存亡繫焉此我　朝所以廢中書而復成周之六典有以也夫

丁會 字三省南洲人五季周末登詞科授院幹掌南北院事陞兵部右侍郎掌黄門事調蘇州路鎮守

盛符 天姥鎮遏使檢校尚書工部今縣之東有盛尚書井或以為即其故宅又儒李之東偏有土阜在曰中曰盛尚書姊婆塚餘皆未詳

石元遂 字伯和其先京兆人漢萬石君三十五世孫五

代時徙居新昌仕至檢校太保墓在沃洲之平頂山爲新昌石氏之始祖子孫傳至今已二十餘世登科入仕者幾二百人故家

石渝字德川元遂之孫唐季文獻莫有能過之者也吴越錢氏建國爲陪臣授太子賓客上柱國吏部尚書左右爲主内獎王室忠懿未及獻籍而先以壽終時人傷其功之不明墓在銅坑

石延俸字先遠俞之子仕吴越爲司空右丞退以儒術訓蒖子家墓在犂投山

石象之字簡夫慶曆二年進士任壽安尉黃岩簿義烏令年三十一辭官致仕子中允時年四十八丞相文潞公而下皆賦詩餞之既歸於第之西南開園圃種花木與賓客詩尨善奕棊後轉太常丞優游二十年卒年六十八趙清獻公銘其墓有詩千餘篇如詠愁詩云来何容易去何遲半在心内半在眉門掩落花春去後牕涵殘月酒醒時柔如萬頃連天草亂似千尋匝地絲除郎五侯歌舞地人間何處

不相隨所作擬此

楊車彩胡州人宋嘉熙二年進士大理丞車陞禮部侍郎卒八世孫信民本朝左僉都御史謚恭慤面食賁東

章天與字德之醴泉人乾道四年詔舉遺逸以部使者薦授大理評事

呂億宋補蔭入試官大理評事歷

呂遲一名大年字宪父尚宋福郎女爲郡馬餘未詳

黃慶寧宗朝禮部尚書詳見鄉賢條

石宗萬字升之石溪人宋淳熙十四年進士歷池州司戶知淳安縣監行在進奏院毋喪哀毀骨立選諸王宮教授監察御史中舍陞朝議大夫兵部侍郎致仕後以侍讀預國史贈銀青榮祿大夫封會乩縣開國男食邑六百戶

呂秉南字景陽生而秀雅神氣異常兒紹定壬辰中進士授崇安尉漕司遴委福州校文三山古多士每遇徹棘榜外舉人執經詰難簿習殊甚及觀公所批定卒皆餘作咸愧服而去秩滿調寧國法曹獄無停囚適涇邑版籍弊富民隱田

貧戶猶掛虛稅役甚厲民郡守康植以公才明敏因往任厥事至則別疆理合章程籍稅額事不擾而集公私便之既代餉使王倫辟置幕府未幾母憂計聞公曰吾幼失所怙今母病又不在侍何以生爲哀毀過情服闋授徐州法曹不赴改吉州如餘職當署数治獄有声郡有強盜害民悉擒捕之臬司據國律當異擢奏功于朝滿考人謂申前奏改秩公笑曰朝廷曠恩賞有功豈求而後予且害人利己吾不爲也部使葉嘉爲賢之勉留參議繼除淮南東路檢法官考舉及格改都昌令己未軍馬郡幾無遺民公據湖死守邑人賴以全三年政成除行檢校所酒庫提舉循資授尚書省茶塩檢閱課最提舉檢左藏尋遷都進奏院點檢南宮試榜稱得人入預輪對以正君之爲急務語極剴切迁大理寺丞無何拜司農卿侍從歸權臣每除吏必市恩意於要士論公屢遷無私謝或諷之則曰爵公器也非私予也吾何謝爲由是

者以其傲免官邸日渡江去不一芥于留明年卒祠
仙都觀朝議大夫賜緋銀魚袋公平生事親孝處兄
弟友教子姪有方升膠庠取科級者甚衆律己簡靜
居官每獨往廉潔自持尤不樂阿附務進取故歷生
四十餘年位不過寺丞官不過朝議而已

石待用字用之任大理評事遷衛尉寺丞贈右贊善大
夫工部尚書累贈金紫光祿大夫君幼鞠於諸父以
孝謹稱長而才敏諸父常試以苦難事罔不幹濟治
家富有東南築室聚書延致師儒以勗子弟二十年
間子親賓登第者幾百人又躬自儉約仁於施與姻
族孤貧者爲之嫁娶爲人剛毅沉厚治家嚴而有制
四子長教之先之徽之微之以進士有文學孫男十
人收之孝友有声初授江山令以親疾表辭不行晨
昏奉養未嘗去側越五年君乃命之就官當對公奏

石宗昭詳見鄉賢條

梁興治平四年進士仕至太常左丞

梁林泰紹聖二年進士

任弘文館博士[illegible]
至平章守國[illegible]
楊名字宗理 國朝洪武初刑部尚書政績無考詢諸父老亦
無知者思者亦有所今[illegible]根張第辛未進士選翰
論而遂泯其名[illegible]庶吉士歷禮部主事郎
甲改松江府同[illegible]四[illegible]稱慈祥愷悌不尚煩苛遠
近稱頌未幾[illegible]去之日行李蕭然陞兵部郎中
歷太常少卿[illegible]下皆白晳[illegible]體貌冠裳
耳目口鼻[illegible]然肖似至其從中出而學不
足以傳古[illegible]而忘下逆人是民俯世惕然
于衷[illegible]笠妙筆之所能描繪也邪
[illegible]載星矣綱常賴之以扶持詩書
[illegible]崇明鬱才賴之以教養風俗賴
之以[illegible]來全德備者不足以任其責豈以
倍[illegible]職之大小而為之輕重哉然亦有
[illegible]不能盡舉
[illegible]已亦多矣噫

黄庭字晦叔宋紹禧初補太學開禧元年進士授池州教授以恩授脩職郎

袁行之宋嘉定十年進士太平州學教授餘未詳

袁應春咸淳十年進士隆興府教授餘未詳

章一新字怡翁醴泉人宋宝佑五年中乙榜又中宏詞科授秘書省校書郎擢宮講

胡崇珏宋咸淳間丞相王倫薦授實録檢閲官

呂遵字惠老宋由進士授國子監録

石亞之石城先生之子嘗築室讀書于鼓山景祐元年進士唱第時年十七丰神秀整天子奇之將以尚主使卜其意辭曰父母老頤奉甘旨家已別議姻王姬非敢偶也遂不強仕至太常博士以惠愛配享呉山廟

石宗魏字歸叟宋賓興太學明春秋紹興五年進士任建昌府學教授甃宝福寺

石崇問元翰林講書餘未詳

丁若水字詠道元授鄭山書院山長長於樂府音律與高則成共編蔡邕琵琶記行于世又

有㮣泉文集鷄貽詩集行于時

胡棟宋仕義烏學教諭

章廷端舊名廷瑞字信臣醴泉人元至正十年中鄉試因世乱不仕　本朝洪武初徵授本縣儒學教諭陞福州府學教授卒爲文章秀整詩亦古雅有晰讀稿○呂升詩御溝春水碧於苔閶闔晴明曉日開取士要資當世策匡君須藉出群才名通天上金閨籍燕錫瓊林碧玉杯此會定知君第一宮袍催賜日邊來

陳德秀平壹人宋義士諱祖之子嘉定中爲國史檢閱官

潘吉字多吉　國初薦授新淦州學教授○董荆詩白頭博士洪都客五載風塵不得書江國干戈知爛熳黌宮俎豆定何如平生四海有懸榻今日南山無樊廬函丈里生踈懶在天涯引睇獨欷歔

梁貞字叔亨山背人元景定三年中鄉舉任太平府學教授值戎

太祖皇帝起兵說以方畧累官國子祭酒加　太子賓客致仕卒○奉　天承運

皇帝聖旨兩浙之域歸我職方地利盡於海濱鹽課甲于天下清臺專使必惟其人湖廣等處提刑按察使梁貞學識宏深性資高亮昔朕建牙姑孰效榮盡于轅門迨乎定鼎金陵掌圖書于秘府建明有素考索多勞行部京圻豪猾震懾持節湖廣江漢澄清卓然耆舊之英允矣輩流之望爰司鹺政俾展長才尔其經畫留心阜通成效助邦計於大豐以致通儒之用則予汝嘉可嘉議大夫兩浙都轉塩運使宜令梁貞准此洪武元年閏七月一日〇國子異日使任天下之事故其教之也養其德節其性非若司徒之教人倫五典而已嘉議大夫兩浙都轉鹽運使梁貞醇儒也久從朕游命以官任以事介而能通表裏如一不越聖賢矩度其德性則然國子之教命尔典之經義治事必使兼通必術威儀兩盡其道首善端本以美俗成化毋使後世徒誦古之人可國子祭酒散官如舊宜令梁貞准此洪武元年八月日〇朕聞蒙以

養正而作聖功況儲貳天下之本則所以輔仁而育德者不亦重乎爲求益友必屬端人嘉議大夫國子祭酒梁貞性直以方學明以正自馳師於姑孰來委質於轅門專任考求尋當記注以從朕之有素知爲臣之最醇俾持憲節於湖湘部風清肅及掌醝司於江浙泉貨流通今茲典教成均授經大本推其舊學宜侍東宮庶幾乎舉動之有規禮義之有相出入左右委輔護之務使容貌之端莊語言之中正以稱朕意欽服訓詞往哉無斁可太子賓客散官如前宜令梁貞准此洪武元年十二月日

吳希哲洪武二十六年由邑庠生克貢任國子監丞

朱希孟洪武中國子助教

徐瑞洪武七年由邑庠生充貢任太平府學教授

章衡民諱澧以字行七歲失怙家業漸替稍長竭力奉母雖窮約務得其歡兄卧病躬侍湯藥及歿敬寡嫂如母而撫三孤姪如已子遊庠校勵斈領洪武庚午鄉薦二親

及嫂繼歿父弗克塟晝夜悲號隣黨感其孝誠皆賻以襄事會試中第二賜衣二襲擢教授於建昌卒年三十九配俞次鄭皆守節于以占正統辛酉經試第一爲唐縣教諭

呂諒洪武初舉經明行修任常州府學教授卒于官子孫因家于常

盛賜洪武十五年舉人仕至竹山縣斈教諭

梁沂字以溫永樂癸卯鄉貢宣德庚戌中乙榜授蘇之嘉定訓導陞河間鹽山教諭科貢得人正統己巳虜寇犯邊居民驚避言於有司嚴加守備一邑之內賴以無虞年五十七卒時員外郎潘暄御史徐瑄其門主事俞振恭其同里爲之具殯殮以歸其喪

呂迪字茂恭少穎敏補邑庠生父坐累死逆旅扶櫬歸塟哀痛不勝永樂丁酉領鄉薦登乙榜授直隸無爲州訓導無爲當淮衝罹元季兵後學校廢文不振者數十年迪至講明啓迪承指教者悉通文藝是後人材輩出而邢寬魁天下補濟寧陞連江教諭提斈僉

憲高其嘗言連江有呂教諭鄉先生陳密有才德殁無以葬其家將火瘞迪指使倡其徒貝棺葬殮之考最例陞教授遷□老而歸□子弟教之遠近接踵而至創祠堂講行□□自題□居曰熙春文營生壙於先隴南原有學古集□宗善新昌尹文科之孫其門人俞欽有挽詩

周□永樂癸卯中鄉試宣德丙戌授泗洲儒學訓導調浦城欽山二學卒左僉都御史黃岩李匡銘其墓曰生也克孝克忠二親安其祿養多士樂其陶鎔死也以寧以謚歸旅櫬於遐阡獲先壠之恒吉生死如是伊誰與倫然雖卑尔爵當尔筭是蓋天將有意於後人

劉文輝字永清三都人正統六年中鄉試授吳江縣學訓導陞伊府紀善卒性資聰敏優於舉業居鄉里開義塾教育士類成就者衆平生重義輕財雖衰備亦不苟取無子以從子□□□□明邑人俞欽有詩挽之

呂璠字廷温三都人景泰五年舉經明行修授鳳陽潁上

縣學訓導今陞湖廣泰陽縣學教諭

丁璲彩烟山人永樂二十一年中鄉舉任廬江縣學訓導今左僉都御史川之父也先贈監察御史加贈府丞

翁玭字彥光永樂十五年中鄉試宣德己酉授常熟縣學訓導陞洪縣學教諭教導有方性尤篤於睦族弟姪貧乏為之婚娶者數人人皆賢之年五十八卒于官

梁濯字以誠永樂戊子中鄉試授滄州學正陞荊府伴讀改　魯府丁父憂過哀王大書求言孝思四字以賜之終江西檢校

王環字廷玉天順六年中鄉試今任蘇州崑山縣學訓導

蔡承字丕承為邑庠生屢舉不第充天順四年貢授九江府德化縣學訓導卒

楊春字巨元由監生天順間任江西靜安縣學訓導致任

石綸字茂昭由監生天順間任江西贛州府學訓導卒于官

王溢字孟謙由監生任河南虞城縣學訓導今陞昌邑縣學教諭

黃藻字茂絜由監生

成化間任寧國府宣城縣學教諭卒于官

董廉字孝蕭芹塘人永樂丁酉舉人任江西永寧縣學教諭

吳方字勇義由監生今任雲南崑陽州縣訓導

劉暹字希暘為邑庠生克貢任湖廣漢陽府學訓導卒于官

錢鑑字克輝由監生今任鳳陽府泰和縣學教諭

丁昂字尚梁由監生天順間任江西其縣學訓導

章燕字希佐醴泉人為邑庠生成化七年授直隸徐州學訓導○俞振才詩一聲長嘯賦歸歟世態浮雲任卷舒三徑肯荒陶令宅七松甘老鄭公居護花籬傍雲間石灌藥泉通竹外渠詩思近來添幾許蕭林風月嫩涼初

李恩爵名昺以字行由舉人景泰間任福建龍溪縣學訓導

陳堯字懷舜成化元年中鄉試今任濮州學正○俞振恭詩構君不得意萬里又南歸客久鄉心切天寒酒力微且懷和氏璧漫著老萊衣去去重來日才名冠禮闈

丞官

環百里而爲縣，縣之設所以親民也。若縣尹以治之，有校官以敎之。治之而法令以行，敎之而風化以厚，治敎兼舉，親民之責無以加矣。新昌自開縣來，官于斯而能盡治敎之責者固多，而反是者亦不敢謂無其人焉。今取其盡職而傳於口碑者筆之於左，使邑人覩之而得以繫甘棠遺愛之思云。

張公良 字希留，宋太平興國中爲新昌尹，立縣治，建邑宰。邑人石賀出財代民成之。反卒，不能返喪，賀又獻地葬之，曰官阡是也。

葉均 宋嘉祐七年以著作郎知縣事，爲民奏免折納粮銀，民德其賜。

林安宅 三山人。宋紹興十二年知縣事，改建學官，置田養士，修立縣治、坊郭、門巷及諸祠廟，築東堤以禦水患，浚七星井，開孝行等砩，決縣渠自南門入郭，出西門與砩水合，溉田萬三千餘畝，至今民賴

其利自宋中興有功於縣者安宅爲多累官至參知政事士民肖像立祠曰止水廟是也今列位于去思祠

王世傑 婺州金華人宋寶祐元年知縣事重建廟學修舉廢墜立先賢祠于學宫製十二賢贊表前政林安宅之蹟身自設教講明理學士風大振鄰郡集講不者數百人士民德之生祠于學詳見石森爲記并其自撰碑文尤見製作之工云今列位于去思祠

周備 字正輔安吉人寶祐四年知縣事剛正明敏不畏强禦時相丁大全引用汗吏以聚歛爲賢預尋州縣上供令下備舉手誓天曰備頭可斷决不爲新昌開此例上命督責愈急備持愈確嘗路減目之曰頑知縣他州縣被患積五六年不已而新昌獨免朝野歎嘆郡育提獄累委之剖折如神民吏畏服狀滿還朝理宗明堂攝監察御史忌者造飛語諷臺臣劾去公論惜之

丁璹 字世珍常州晉陵人淳祐中爲新昌尹承部命救飛璹曰欲行荒政

立優推科歆恤小民宜優上户蓋不取乃所以子而箴富實賴以資貧由是上下相安有無相濟且作新學政製祭器買田養士釋奠割牲俱有圖刻石工文祠善纂繇去任民為立碑陞大理評事今列位于去思祠

錢宏祖

不知何許人宋嘉定初任新昌知縣重建大成殿有惠于民

火魯思塞

畏吾人至元二十四年以進義校尉為縣達魯花赤時兩浙峻鹽法吏卒並緣為奸莫敢誰何良民無貧富調八縣夕思塞力阻之而禍益熾債恨不勝揣得其[illegible][illegible]馳白運司跡敗民賴以安而他縣積五六年猶被害未幾有誣彩烟民為不軌思塞力辯得白二十六年二月賊楊震龍嘯聚婺州所至縱火剽掠愚民[illegible]其脅誘蟻附作耗數縣騷然會思塞稟事總府佐貳亦各他役邑無所恃軍民鳥驚鼠竄官治民居悉為煨燼思塞馳歸莫知所措本路判官海陰都尋其鎮守王權府帥兵來援不及事十六日治海管軍

千户崔武德等將步騎二百人至蹺蹊不敢進思塞
以單騎爲前鋒至豐樂鄉適與賊會遂與迎戰于長
潭積三日不解崔死之思塞出死得生十九日又決
戰賊敗殺獲甚衆三月六日賊虜什衆三千餘人寇
安仁鄉思塞遣民吏百餘先與賊遇聲言大軍且至
然後率數騎哨入五峯嶺賊望見驚走思塞叱民吏
鼓譟追殺之初八日會有嵊縣行管捺馬赤總把桑
古孫從蒙古軍三十華過縣而寇龍餘黨復寇縣衆
號一萬三千思塞縣與桑古孫等軍邀擊于六都胡
嶺與思塞手射殺前鋒賊驚潰軍吏民共追殺之時
主簿蕭將仕本發人耻辱其鄉里倡言新嵊人自作
耗謀圖兩縣欲滅口思塞與辨不直夫人滴滴金謳
思塞曰第出所繫因俾簿覆之思塞然其説因與簿
妄脅民受賕受簿懟恨十六日大司農卿脱脱與
[illegible]封各翼萬户怨魯合赤怨魯怨都奈怨思[illegible]將
收討震龍餘黨檄思塞會東陽思塞[illegible]佐[illegible][illegible][illegible]

歷盡降其衆回縣招撫居民修治墻壘補漏苴弊秩
滿優遷新嵊之民獲復其井邑而相安於耕鑿者思
密再造之功也
列位于去思祠

令李拱辰字廷瑞號平墅磁州滏陽人至大戊申為縣尹縣當
婷餘鎮守軍多無賴剽奪成市賈郭之田畝設蔣屋
鱗然晝守夜宿歲未嘗得善救百姓苦之而官不能
禁尹下車令民口限一日盡徹去敢犯民塑藁穗粟
生之令下恬息未幾蝶縣達魯花赤高閭歆嗣麻音
爲彼衆毆辱死而復甦縱賞與遮絶道路使不得有
詞于上佐貳吏民禁不敢發口尹聞之愴然曰鄰好
古所重鄰有急不救可乎亟馳驛上其事所犯盡坐
罪聞者義之郡有蝗入境上司分官督捕至則峧利
毒貨營其私吏民狼狽失據尹執其從者杖而後歸
其主主者愧謝在任獄無滯囚庭無留訟日與賓佐
觴酒賦詩爲樂公退時遨翔田間得書生文士輒下
與爲莫逆其爲政不求異而日以能聞凡他路縣累

任所不理多委之縣自歸附稅版久失眞公私病之尹求古堪信底籍亟一揆量尺寸置魚鱗冊具載田糧隱徭多寡使便變遷視前人之計慮尤精詳其簡訟息爭公私德之雖千百載下所不可沒也今列位于去思祠

襄居敬

益都人至順中以善政巡檢權縣尉治爲鈔生發有恩政官民德之隣境皆攝服咸目之爲小廉訪道碑稱云民不稱生法不行蘇貪詐僞日縱橫爲官書學吏巡檢世界何憂不太平

王綸

長垣縣人元天曆元年任新昌知縣學校勸農桑復贍學田三百八十畝以養士乞有惠於民碑刻尚存

葉載采

台州人元至元治初任新昌教諭文章高古有祭器記刻石具作手也

完顏

元至元中任新昌知縣重建學校增立二十齋

陳恬

字慶甫號節齋河南人元至元十四年以浙東宣尉從百餘卒來自福建抵新昌死于賊邑人憐之爲立祠詳見祠記今列位于去思祠

賈

冀山東泰安州人洪武四年任新昌知縣公勤廉謹驥爲政有方吏民感戴冀民有爭訟不決者驥秉小肩輿或驢親至其處與之斷分袖餅數十枚哄以充饑復持小瓢酌溪流飲之秋毫無染民有獻茶湯者亦不受公退之暇即居後堂召生員講明理學吏人備讀律令祇候等役聞風棟竦一日兩食菜粥而已邑中政化大行蒞政九年始終如一去官之日行李蕭然百姓擁道挽留哭聲動地如失慈母考績天官以景陞刑部主事當時法嚴刑重欲爲死者求生而不能乃歎曰奉法則枉民伸民則違法不若自死之爲愈也乃從容區處家事復爲書別其親友　朝退之後沐浴更衣自縊而死人人涕泣新昌士民俱設祭哭之令列位于去思祠○大明一統志云賈驥洪武間新昌知縣廉謹自守九載滿去民擁道涕泣挽留不已○章廷端哭賈令尹詩當年出宰著清勤重入秦淮竟殞身潔操半生陶靖節忠蒐千古楚靈均

朝端論薜誠非忍地下脩文事已真遺骨幾時還故里野人悲痛淚沾巾

周文祥淮安人洪武元年任新昌知縣廉能剛决爲政有方縣自兵餘官民舍宇悉燬于火文祥莅政凡官廨吏舍司舘鋪舍玆壇學校靡不完具聲聞隣境陞杭州府通判卒葬于新昌子孫因家焉今列位于去思祠

曾行字伯曼廬陵人讀書嗜學詩文雄贍著名于時西江有十才子衍其一也

國初爲新昌主簿公勤愛民廉潔無私公退之暇與邑中士夫若呂德升周明德章廷端輩倡酬往來忘其官況所作有濮泉稿士林重之今列位于去思祠○呂不用詩南明主簿西江彥文柔風流海内稀詩酒總歸樵叔夜溪山復識謝玄暉故園籬下黃花好楚水舟前白雁飛到官妻孥撿行槖布袍應笑舊時衣

馮吉直隸上海人永樂二年進士任新昌知縣廉公有威寬而不縱民咸感之

劉彬直隸江都縣人永樂中由教官爲新昌知

縣寬恕廉潔人皆稱之後修龍亭葺其妻以一縱笠趍
涞彬不知也竟坐此夫官謫按法者之過而亦彬下
謹之所
致也

劉寅 直隸興州縣人由監生永樂初年任新昌縣丞廉謹有為吏民懷德正統中新昌

邑童為其縣
令亦着□□

余燮 順天府人永樂中任紹興府知府因盧董鄉官保全新昌一邑之命
槩宦至尚書都憲丁川過其墓祭
之令列位于去思祠詳見祀典條

黃聰 字孝達山東武城縣人由
監生景泰五年任新昌知縣存心正
大省事愛民九載滿去民至今思之

鄒端 豐城人景泰中任新
昌與史見大成殿傾圮
興耆民張縕存募建

毛驤 字廷瑞長垣縣人由進士成化元年任新昌知
縣政令一新吏民畏
服令陞監察御史

黃著 字誠夫吳江縣人由進士成化六年任新昌知縣上
司考有門無私謁官無廢事之
語令陞雲南道監察御史

李楫 字特濟汀州上杭縣人由進士

令任新昌知縣〇謝一夔送行詩汀郡朝紳近頗稀，喜君豪氣吐虹霓。纔騰一鶚登金榜，又化雙鳧出王提。到處陽春資發育，隨車甘雨足耕犂。政成一一任膺褒擢，要路崇階次第躋。

寓賢

寓賢者，寄居之士大夫也。士大夫之於新昌，胡爲乎來哉？以其地之有人，相與隆師而取友，講學而傳道，初非留連杯酒，縱意風月，如七賢六逸之徒也。今其流風餘韻，尤有存者，使人仰之，不啻如泰山北斗云。

謝靈運

上虞人。少好學，博覽群籍，文章爲江左第一。在南朝仕宋，爲永嘉太守，襲祖父爵，封康樂公。性愛山水，肆意遨遊，嘗至新昌，居游最久。時人重之，爲建康樂坊。東山寺有靈運畫像，裸體而行，鬚長及地，足著木屐，手執一卷，惟一布巾蔽前耳。晉人放肆如此，後以事被誅，不亦宜乎。

司馬承禎

天台人事潘師正傳辟穀導引之術唐開元中被召過新昌大悔今新昌仙桂鄉有司馬悔山又有司馬悔橋後人表之以爲隱出者之戒再被召命以三體篆隸寫老子謚貞一先生　大明一統志云司馬承禎隱居桐柏山構層軒於壇上號白雲子唐則天將變召不起睿宗延問治身治國之術答以爲道日損與物自然之言睿宗嘉歎欲加寵位固辭而歸先期告終忽若蟬蛻弟子歛空衣葬之

程明道

名顥字伯淳河南人宋神宗朝第進士爲監察御史襄行哲宗朝爲宗正丞以道學鳴世新昌石待旦開義塾禮先生爲師四方來學者數百人而文潞公杜祁公呂申公韓康公皆集講下元豐八年先生卒年五十四潞公表其墓曰明道先生蓋有由也後謚純公封河南伯從祀孔廟

文彥博

字寬夫汾州人早年游學新昌師邑儒石待旦凝簡端重歷事四朝荐更二府七換節鉞出將入相五十餘年哲宗

朝以太師致仕，封潞國公，謚忠烈。○王十朋贊：太師潞公，勳高業隆，四朝元老，福禄始終。元祐之初，太后臨極，起公于洛，平章軍國，夷狄來朝，服公之德。

杜衍字世昌，山陰人，早年游學新昌，師石待旦，厲操篤學，擢進士甲科，歷州縣皆有政績。慶曆中為相，與富弼、韓琦、范仲淹同革弊事。衍性清介，為相百日而罷，後以太子少師致仕，封祁國公，謚正獻。○王十朋贊：推正獻公，相我仁宗，公在相位，私謁不容，苞苴不通，非道不從，封還內降，與權倖抗。公忠直亮，清白宰相。

韓絳字子華，雍丘人，忠憲公之子。早年游學新昌，師石待旦，第進士，神宗朝拜相。弟維在翰林草制，兄弟友愛天至，同時為宰相近輔者三人，衣冠之盛，近世未有。封康國公，謚憲肅。○王世傑贊：山陽有橋，山陰有梓，一俯一仰，見道則似。忠憲之庭，滿巖書詩，師磨友切，伯塤仲篪，維時康八，克相裕陵，其政伊何，古人是程。

呂公著字晦叔，壽州人，文靖

公之子早年游學新昌師石待旦中進士元祐中與温公並相歷事四朝封申國公謚正獻御書墓碑曰純誠厚德之碑○王世傑贊陰陰喬木温温恭人旋規折矩正笏垂紳熙寧屹立如壑斯盈元祐歸來如木斯繩君子所依小人所非有功有烈竹簡芳菲

劉器之名安世元城人世称元城先生母太常博士新昌石亞之之女也以故先生自幼游學石溪義塾後師司馬温公官至諫議大夫寶文閣待制謚忠定有元城語録行于世

朱文公名熹字仲晦號晦菴先生福建尤溪縣人紹興中嘗往来新昌與邑儒石宗昭石子重為師友講明理學子重有中庸輯畧先生亦取其説所謂石氏之所輯畧者是也又嘗游邑之水簾洞為任氏留題于壁後居建陽之武夷有詩寄子重之孫編脩斗文斗文亦有詩答之又與新昌梁氏寫大學○石斗文答文公詩病枕經年卧沃洲滿庭楓葉又吟秋書来如見舊人面

讀了還添塵世愁憂國至今遺白髮窮經空自愧前將武夷休作相思夢我已甘心老此丘

陳傳良

字君舉瑞安人宋進士仕至待制新昌大姓袁氏嘗延其與塾事人才輩出至今傳頌之　大明一統志云陳傳良瑞安人乾道中進士爲中書舍人時光宗以疾不朝重華宫傳良抗疏忠懇至引帝裾言與浚俱後官至寶謨閣待制卒謚文節傳良與張栻呂祖謙爲友文擅當時所著有詩解詁周禮說春秋後傳左氏章旨學者稱止齋先生

葉適

永嘉人宋進士仕至寶謨閣學士嘗往來新昌館于石呂諸大家以故詩文尚有存者　大明一統志稱其雄文奧學推重當世雅以經濟自負紹熙中徧歷華選嘗密助趙汝愚定策上疏辨朱熹之誣官至寶謨閣學士卒謚忠定所著有水心進卷諸書

張即之

字溫夫號樗寮歷陽人官至直秘閣以能書聞天下尤善大字爲世所重宋淳祐間往來新昌與平

塾陳氏義塾爲陳氏書義塾義扁并題教卷碑記及
留耕桂山四大字又有石城二大字皆清勁奇古爲
世所寶云

新昌縣志卷之十四

儒學訓導吳江莫旦纂

民牧

牧者養也官以養民爲職盡思所以養之之道乎所欲與聚所惡勿施一夫不獲則曰時予之辜可也彼牧羊自狼而不顧名節者豈其性之本然由無學問之功所以蔽交於前而遷其中尒然所得不過毫末而結怨於民遺臭於世使人唾罵如犬豕幽爲鬼神所責明爲國法所誅不亦可悲矣夫此仁人君子所以愛民如子而民亦愛之如父母也新昌士之出而爲民牧者自藩屛以至州縣之官無不有焉一以愛民爲心而不聞有牧羊自狼者其亦國家養育人才之效歟

石嗣慶字宠遠，漢萬石君四十五世孫，贈開府儀同刑部尚書石城先生諱待旦之七世孫也。性沉靜端慤，不妄言笑。宣和三年進士，任平江簿、嚴州教授、監行在諸司糧料院、通判明州、知江陰軍，卒于官。

石延慶字光錫，嗣慶弟，舊名龔慶。紹興二年進士，賢性純雅，襟懷磊落，不羈不屑屑於物欲。高宗深奇之，特賜今名。任容州司理，試中學官，授明州教授，中博學宏詞科，迁諸王宫教授，轉國子監丞，授朝議郎、通判台州，卒。

張鎬字世重，始祖公良，宋初尹新昌，遂家焉。宋紹興後以子貴，贈朝議大夫。

丁載字肇運，熙寧十年進士，温州樂清縣知縣。癸丑領江浙漕舉，授登仕郎，主籃田簿，致仕，卒于家。

丁職字肇基，元豐二年進士，青田知縣。

呂一龍仕宋，鄉貢進士，授迪功郎，監户部千金榷，賞酒庫，終福州古田縣丞。

石牧之字聖咨，慶曆二年進士，姿韻沉雅，嗜讀書，試秘書省校書郎，補

新城尉移天台令初仕已有能名于時王胤公知鄞
縣陳古靈令仙居號江東三賢宰改著作左郎乃廷
至朝議入朝爲越王宮太學教授家後知温州邑民
有毋告子不稟教令者牧之訓勑之遂爲善良鹽城
有海寇得壯士教以兵仗寇聞俱竄永嘉病火嚴奸
人利救焚歉欲預爲約束使知有犯聯坐其弊遂革
郡有通衢不通人行俗傳關之不利立命徹屋開路
還鄉昆弟羅郡退居者數人相與游息山水間年七
十九一日與沐更衣嗒然而逝有遺書一編處理家
政門人葉經叙其始末爲往生録又有易論解經訓
傳雜文歌詩總七卷藏于家

王華甫字君實左丞相綸之弟性嚴厲宰黃岩縣有宗戚稱難治
華甫到任即有峩冠數十聚廡下問之對曰觀政甫
曰縣政繁劇豈一日可觀命籍其名約兩月觀之皆
愧服丁毋憂服闋起知台州治貴豪吕省耆着籍其
家聲播朝野除浙西提舉歲餘奏劾屬郡守臣朱斗

山錢耕孫等皆感里内除款田護之終不奉命枕疾候得旨乃卒

呂大亨

孝子崇之曾孫以能詩名師陳君舉友蔡行之同升太學壁記在陳下蔡上二公既貴獨大亨遺落不偶或戲之曰所謂尼於陳蔡之間者也嘉定七年為平陽縣丞有詩數百篇邑人至小胥皆能誦之名沃洲樵詠○葉適呂丞詩春郊呈妍畫難比秋空無雲清似洗擡頭微吟復浩唱不道身藏瑟蘿底州家素欠秉紛紛縣家方田去絃絃民錢已借難再得丞雖官卑職當塞○傳曰不有君子其能國乎正惠呂公故宋東都賢相也忠言嘉績載在信史至御史中丞獻可又以直諫獎為骨豐名臣新昌呂大亨乃其家賢子孫水心葉公作呂丞行贈之曰年素欠紛紛方田絃絃此為何時民財難得丞職當塞又可謂不負為丞矣正惠獻可之傳其可量哉因書其後以遺其孫愚隱元翰林待制京兆宇文子貞跋

呂仲之

字大老宋慶元五年

進士授通州静海縣簿遷南康軍僉判致仕賜緋魚袋葬二十三都長隴

呂淵字溥堂仕宋由國子發解進士授建平令歷陞台州司理

呂嶸字榮山宋寶祐四年進士仕至台州司理參軍

黃允人宋治平四年進士初為汾州彔石縣主簿縣居岩谷間教其民力稼穡且有美政民生祠之政撫州團練推官知德州平原縣又知古田縣寧中管句荆湖北路營田水利

許從龍紹興二十七年進士知袁州

黃廉字微叔宋知泉州福建安撫司參議

黃準字端已宣獻公度之季子銓中迪功郎饒州司户轉大府寺丞除知嘉興府

梁文字俊彦山背人乾道八年進士授高州刺史遷左丞出鎮元州

石待問仕宋由進士勑授殿中丞賜名瑩轉州州通判

石景立宋朝請大夫知福州府

石景衡字孙平熙寧六年進士任烏江簿長溪令兩浙運司通判轉常州歙州

石邦哲士宋歷官福建參議右朝散大夫

石邦彥字先國紹興二十四年進士任漳州教授改宣教郎貴溪令監行左藏東庫陞朝奉郎通判福州

石孝隆仕宋知貴德主管鴻禧觀

石允常大中大夫河南左叅政未許何時

石正森字立甫宋嘉定十五年進士任慶州司户南劒州判官常熟令崇慶倅主管建昌軍仙都觀賜緋魚袋

梁翰乾佑間進士累官至青州刺史加光祿大夫

章德興字紹之醴泉人宋寶慶元元年以人才徵授將樂令

石衍之字克美幼聰悟日讀書千餘言不忘年十二能屬文慶曆二年舉進士調懷仁縣尉時其父通州保州死於難而賊以窘降詔原之公徒跣詣闕乞誅賊書五上不報公追慕毀瘠終喪不復有仕意或謂公當思所以洗先君之耻而名後世者太夫人無恙可以遂爾耶公義不得已繼調弋陽青流二縣多盜賊公至

授寺丞歸而實之法境內以安為仙居令以父之故
忽忽不樂移疾不行自是不調者二十年判公當國
使人諭意公默默不應遂調長興縣丞而歸元豐三
年以大理寺丞致仕遷奉議郎賜五品服三遷至右
散郎年七
十有三卒

俞公美

名端端平二年進士授樂清令通
判慶元文章高古與弟大經以御
公沂齊名嘗其墓志云吾兄壽山先生生於開禧丁
卯十二月二十三日為先翁第三子事二親力貧教
子斯振門戶兄英敏介特學贍文古首擢進士以副
親心藉官精勤明恕不為世利屈抑慰先翁利民及
物之望至凡奉親送終之事悉身任之不分責兄弟
烏乎亦可謂事親之孝矣乃端平乙未以御齋試禮
部知舉直公德秀洪公咨夔函奇其文曰此他日甚
諫選也由是中第又云任不喜自辯不芥蒂於恍怨
與人言未嘗一白是非平生困乏衣嘗以負語人至
此益堅訥無戚戚意間月指捷徑諷者寧不遇不屈

也嗚呼三黜不去三已無慍聖門猶難之吾兄處權抑困乏之極克謹厥身不失尺寸豈非毅然烈丈夫哉

黃元森字茂道宋鎮江府丹徒縣剡能詩有浦集

童蒙字明發幼為石氏家僮掌書院洒掃聰敏力學登嘉祐二年進士官至縣尹歸御請石戍先生墓前號慟聞者歔鹽今其子孫不知有無矣昔仲弓父賤而行惡所謂賤者安知非僮僕之事賤而且惡則其為人可知矣夫子以華牛稱之不以為嫌仲弓聞之不以為恥若童蒙者始雖僮僕乃能讀書登科身致顯榮亦為豪傑之士也為子孫者當共彰之使垂不朽何恩恥其賤而不之認乎

俞文遂國初在確山縣丞所著有詩文集張文潛序之

張觀佑字子成元季辟為陰陽官仕至興化州同知

石郟璋字玉岑本朝洪武庚午舉聰明正直出使廣州使還以疾辭歸即已拜爲行有傳賜鈔五錠回家祭祖明年授廣信府

通判令行禁止政治一新時關府僚舊俱緣事謫掌十三印卒于官○張天師贈詩云夜雨鳴高枕春寒入敝袍時先自花柳吾意豈蓬蒿失色黃金盡知音白雪高山林隱未得空覺此心勞

章廷琳字宋臣豐泉人洪武十二年舉明經行修為南安令

楊中才洪武中任廬州知府餘未詳

薛正言本朝洪武中任應天府尹永樂元年復居前職其友周彝作書勸之死正言卒不能死也○呂不用留別薛正言送子游京國臨風為賦詩君親皆有責忠孝素相期慷慨出師表淒涼陟岵詩麒麟當早繪此是乞歸時○呂升和薛正言韻白憐君老去萬里蹈危機龜筮從人卜鷗声知客歸喜肆金鎖籍吾乘北山巔聖主寬如許予今悟昨非

周彝字明德洪武初徵授本縣教諭陞萍鄉知縣以廉惠稱民甚戴之上虞劉履始豐徐一夔歎羨其學自以為不及蕭山魏尚書驥同邑楊恭惠公信

民皆其門人也私謚貞惠先生○呂升秋夜詩寄同明德乾坤肅秋風客子中夜坐初月未出時但見螢火墮蟋蟀爾何知悲鳴草之下四序恭相承萬感紛襲我懷言携友生滄浪有輕舸○山中寒氣早客思已難禁檢曆知秋盡看星坐夜深梧桐催雨後蟋蟀語墻陰天外知心友南鴻望好音

吳綜字充剛洪武初由人才任福建惠安縣知縣有德惠及民卒于官邑人爲立祠塑像

石德廣任滄州知州餘未詳

董均質任府同知餘未詳

章子英任州判官餘未詳

王新民由庠生洪武二十五年貢任某府同知

金子中州判官餘未詳

吳藴中任州同知餘未詳

黃澤由邑庠生洪武二十四年充貢任崐山縣主簿餘未詳

黃宗由由邑庠生洪武二十九年充貢

盧文初由邑庠生己卯年充貢任新淦縣知縣

暨九思任恭城縣知縣

字時學美風儀多智識善事親初方氏據邑嘗強以職善詞郤之築室山中耕鋤為樂　聖明更化乃返故址洪武癸亥以聰明正直徵試稱旨遂命運官價視便宜糴有餘賑不給條畫不紊公私便之民免饑死甚衆事竟復　敕往鎮江等轄郡搜起官籍牛僅千民多易匿之弊處之有方民免追迫苛擾事亦易集視譽為道江西建昌逃軍慮搆奉敕鄉捕明察吏兵不敢驅動擒首惡十七人而返其被誣累者皆辯釋之咸稱明決數載間從江湘陝岷峨度關陝入閩廣歷二十餘使以勞效授迪功郎袁州府經歷時其祖母在堂久闕溫凊每其子往省還見趨問安否歔歔鳴咽及返輒數日悲慘受屬承事祖母言不絕口臨別必東向長號為治以風俗為首務獎孝悌拯疾苦課農桑興學校年五十四卒葬仙桂鄉之西原

俞壽字本初生有美質六七歲時能讀書善記誦既長從進士董貫道遊為文辭為行輩嘆賞元季

仕為永嘉尉父值世乱即棄歸父母歿哀踰禮弟患失明逾於己疾不吝財帛多方求醫以療之妹將嫁知其以貧不副意悉出己妻奩且以益之一井從弟強取其田租數百石避罪經年不返召其來歸具酒饌以勞之仍設帷帳與之同卧起以慰其心有工人污其素縑禮服懼散賣償曰人孰無過何以償為其處事寬大多類此入 朝以荒故官徙居于汴值兵荒之餘死者相枕藉處之裕如尋召還授丞成安調營道調臨邛所至有声以罣誤謫大同未幾復舊召未赴而卒平生所作有隨寓稿藏于家年四十八槩五峯闘雜之原

黃潮字宗海洪武十六年儀禮司舉保遣使以學幣聘授湖廣善化縣右迪功郎〇章廷瑞送黃宗海赴京詩舊傳揚雄席新彈貢禹冠螢囊投屋底鶚薦上雲端優渥 明君禮忠誠壯士肝尚書遺烈在毋但譜中看

蔡思賢字與才三都人洪武五年以人才舉授本縣儒學訓導後

應求賢詔授四川僉溪知縣陞南陽府通判所至有恵于民膺薦未及進秩而卒○章文華送蔡與才入京数巻新詩一束書笈騎黄鵠出郊媿輸君逸少龍門客偲我𤥨琳水竹居此日問津千里外他年待漏五更初春融王闕天香浩須報平安慰倚閭

咸霈　永樂六年進士任邕州判官

章以善　名樞以字行醴泉人永樂甲申進士知杞縣陞忠州同知　大明一統志云章以善永樂初知杞縣初小民困於輸賦以善第為三等量貧富以定其程之遠近役之軽重民皆称便

丁彥信　由邑庠生永樂元年充貢任湖廣武昌府同知

董思方　任府同知餘未詳

盧文杲　由邑庠生永樂四年充貢任太平府通判

俞鎔　字元冶宋御史浙之玄孫嗜學能詩國初應辟為安塞縣丞調廣西平樂府經歷撰俞氏族譜刋其高祖杜詩舉隅行世所居有聽松齋○吕升溪亭夜坐次俞元冶韻溪

亭夜坐　月落參罘宂人窻欄角高歌自足追清歡
風動長林絺衣薄倚欄歌罷爐熏沉此時頓覺超乙
心何須乘風覔仙侶蓬萊弱水勞追尋○章廷端次
俞充治韻林深暑退千峯雨客醉春生兩臉桃此地
紅梧元不到何人文字獨稱高況聞兵革紛爭鬧好
携壺觴散髩陶白髮馮唐君莫嘆劇談猶覺氣麄豪

張宗嶽由邑庠生永樂五年充貢任新城縣丞

王叔光由邑庠生永樂六年充貢任新城縣丞

呂童由邑庠生永樂三年充貢任直隸揚州府興化縣知縣　大明一統志云呂童永樂中知興化縣存任清正首除吏弊治化洽于民心凡百廢隳與舉無遺及卒百姓爲棺殮之奠哭者動以千數

王溥字慶善由邑庠生永樂三年充貢入太學授山西行都司經歷轉江寧知縣還刑部郎中陞建寧府知府平居淡義理財開心見誠爲政簡而老成致仕年八十餘卒

陳孝軻永樂十八

年舉人仕至尤溪知縣卒

周同由邑庠生永樂十三年充貢任直隸池州州判

吕貴衡永樂初由人才授綏寧知縣○王斌送行詩賢哉綏寧令百里揚清声訟息公署靜政簡民徭平鳴琹不下堂乃見撫字情三載及瓜期促裝赴　神京湫湫長江逝烈烈寒風生行看書慈績永播循良名

石敬顏字思堅應經明行修薦永樂初授江西瑞安府永新縣知縣

何德彰永樂初由賢良方正任江西饒州府通判

何廷玉永樂間由老人任河南睢州考成縣知縣

胡棋字用吉天順間由人才任江西安福縣縣丞今致仕居秀水縣

董廷瓛字寶臣醴泉人任祥符縣丞

吳宙字致輿總之子由監生正統間任江西布政司檢校致仕卒于家

張琦字汝珎由監生正統間任福建同安縣知縣

宋琰字尚圭由庠生永樂十一年充貢任九江府通判陞貴州思南府知

府入覲卒于京性剛果所至以廉介称　呂鵬字好程由監生正統十年授平江縣尹廉謹有為尤有惠於宗族　王鍾致字孟和由監生正統十一年授福建泉州府通判清慎有為卒于官　甄完字充修為邑庠生力學不倦人有以百金寄其父者客死他方特召其子歸之永樂年間登進士授刑部主事秩滿拜　勅陞員外郎未幾陞廣西左參議秩滿拜　誥階朝請大夫贊治少尹陞湖廣左參政奉勅叅贊軍務便宜行事久之陞河南左布政使所至廉謹行事若佐司寇之清大獄贊總戎之除大憝存北人以免隸比軍弭横歛以尊王府至若宗藩河之決興大賢之祠之類歷事五朝居中補外幾四十年年七十乃上疏乞骸骨飄然南帰奉　詔進階資善大夫成化元年十二月十二日卒葬北京之五峯　黃鈿字永声由監生天順間任江西鄱陽縣知縣今致仕于家　俞鐸字振文正統[illegible]

士任刑部主事陞郎中南昌府知府今任雲南左布政使俞逵字州康正統十二年舉人任廬州同知今致仕翁諒字彥誠黃檀村人由監生[illegible]癸丑年授邳州判官致仕黃堯字茂新文獻公之後由監生任湖廣麻城縣知縣致仕卒于家俞瑄字廷璽由監生成化間任江西星子縣丞卒于家吳永軻字以行由監生任福建福州中衛經歷王孟文以字行由監生任江西南康縣縣丞吳容由吏員成化間任直隸鎮江府丹陽縣管馬主簿今致仕呂璡字成玉由監生成化間任山東麗津縣典史楊允字聲高恭惠公之子以父蔭今任江西萍鄉縣丞章尚端字宗正由監生成化元年任進賢縣縣丞呂景融名敦以字行由監生天順五年任廣西梧州府推官卒于家王康字公阜由監生成化間任山東高唐州〻判卒劉忠器字世用由

進士今任江西崇仁縣知縣

俞深字濬之由進士今任直隸休寧縣知縣

求贊字克佺由監生成化十二年授河南永成縣知縣

黃玲字公儀由監生成化間任江西永豐縣縣丞今致仕

陳晳字惟明由監生今任江西興國縣主簿

王懽字仲儀任福建蒲由縣典史

臺諫

臺諫之責其重矣乎振綱肅紀舉姦擊惡言及乘輿則天子改容語關廊廟則宰相待罪雷霆發於上而不以爲鼎鑊具於前而不顧于以尊朝廷之勢開壅蔽之門非剛正不回之有定者不能然也彼庸庸以保位虫虫以懷姦負辜頗於緘默者雖能富貴於一時而不知遺臭於萬世何其愚哉若新昌之數公可謂有稱職者矣

石公弼徽宗朝遍歷言路皆劾蔡京詳見鄉賢係

石公揆高宗朝爲侍御史嘗劾秦檜詳

見鄉賢條
俞浙 理宗朝為監察御史痛陳時病詳見鄉賢條
石斗文 隆興初進士仕至樞院編脩雖諫官而能抗論朝政寧宗嘉獎之內外驚歎詳見鄉賢條
石邦哲 宋紹興初大理評事按中興小曆去紹興三年大理評事石邦哲言近偽徐王李毅帝姬阿易之來遣使選絡繹于道有以見陛下之親睦既察其詳付之有司又有以知陛下之明斷臣聞漢光武之誅王郎雖或者疑其為成帝遺體而亢誅之盡惡人之惑衆而偽者莫辨也唐代宗之詔毋后嘗曰寧被百罔冀得一真盡懼人之避罪而真者莫至也李毅阿易之事已播告四方尚恐皇族有自虜中脫身南歸宜令州縣驗實許以推賞庶得其真以茂本支庚申詔禮部遍諜諸路
張觀讓 字子貴國朝洪武初為山東按察使即孝子觀僧之兄也餘未詳
呂文珍 洪武十五年以經術薦授江西按察司僉事
唐方

由庠生洪武十五年充貢任給事中陞山東按察司僉事坐罪殁于官夫人丁氏守節而死事見女德○

皇帝制曰古者致泰和於寰宇遂生民之休戚政在列國天下爵分五等授法諸侯使世守而繩不律則天王以時而狩兼考政也當時事簡民安故獄無囚滯之徒野無愁声自秦併之後設郡縣以治民官無世守之心乃有剥削之貪困若是自漢唐宋以来皆設糾察之職分道以鎮戢之若比古則不如然得人以任尤爲美治今按察司之設豈輕授非人以靖方隅而振綱紀也斯必得人使權豪歛跡姦宄潜蹤是其人也朕今以尔唐方為奉議大夫僉山東等處提刑按察司事尔其敬慎無私公彼一道吉哉洪武十一年二月十五日左丞相

胡惟庸右丞相汪廣洋

張世賢號解齋洪武中任監察御史其五世族孫汝威贈畫工師周儀寫像詩云寫出當年獬豸冠子孫展拜後敬焉看德容滿面三春藹霜氣侵人六月

衣正笏儼然趍闕下整簪衣似立朝端非君如奪天機下誰識吾家最好官○呂德升送張世賢赴京前來與世佐張致中二員外病骨稜層不耐秋陽關添我老懷愁故人總喜歸青瑣茅屋令誰慰白頭門啓九重天上近雲開五色日邊浮廣寒若見吳剛面為問張曾會不

董薛字宗表雪溪人死節忠臣旭之子登洪武十七年進士任監察御史有政聲○重荆寒夜有懷薛弟詩慈母鬢垂素倚門望尔歸尔行天一方三年隔庭闈霜露凄如刀吹碎游子衣而我守丘能長大生計非請[illegible]成名力稽遲歲飢以此甘旨缺色養寧無違天寒白日短歲晏草樹稀織詩寓離恨欲寄征鴻飛

董玉成雪溪人國朝洪武中任山東按察司副使餘未詳董氏譜亦不載

張世友字德規世清之弟洪武甲子舉明經授刑科給事中

張寧字世清洪武九年由庠生充貢授礼儀司序班以事歸復以明經授四川按察

副使坐事籍其家

蔡用強字克柔三都人元奏差飛熊之孫洪武十七年由庠生充貢中應天府鄉試明年第進士授湖廣道監察御史〇禮部為科舉事洪武十七年九月十三日本部尚書任昂等官於 華蓋殿欽奉 聖旨在京鄉試多有取中的國子監生為他肯學所以取中似這等生員好生光顯他父母恁禮部出榜於原籍去處張掛着他鄉里知道欽此今將中試生員開坐合行出榜知會須至榜者浙江布政司紹興 府新昌縣第十名蔡用強

章寔字士良七歲喪父九歲喪母連年非常人不堪其孤衰賴伯氏山民以長以教入邑庠寔經力學然自二親棄背遺家多艱歲復不登蔡克奕事悲慟如祖括時極力殫貲粉克合葬永樂壬辰膺貢太學擢行在刑科給事中夙夜惟勤小心慎密出納敷奏必賜俞允糾遺駁失咸服至公贈父母俾歸祭掃還朝值行寅府冊封礼 命武定侯郭公充正使

良民副之礼宣　恩洽允称　上旨遂掌科
益著任湍九年将有不次之擢以疾卒詳見
章敏字以達良民之姪由庠生永樂二十一年貢
德中任刑部主事陞郎中仕至貴州按察司副
使今禮部左侍郎俞欽其外孫也為撰行实其畧曰
公幼端厚不喜嬉狎屹然如老成人鄉先達咸竒之
稍長選補邑庠弟子員篤志問學以遠大自期攻舉
子業屢弗利於塲屋益加、淬勵手不釋卷為詩若文
渾厚詳贍得古作者躰事二親晨昏定省問寒燠侍
食飲備極孝敬母病癰涕泣懇禱求以身代事湯藥
晝夜不離側衣不解帶者三閲月母疾革謂公曰我
不幸至此尓事我能盡力天道有知爾必享厚禄又
卒公哀毀過情讀禮終喪非父命不出外外處昆弟
篤于友愛待宗族尤敦睦舅氏朱翁晚年家不振為
築室置田于鄉之南塘以贍之歳時登門省視如父
母及卒皆以禮歸葬于其先之塋鄉人義之至有文

者多永樂　膺貢入太學太學諸生有文行者皆樂
與為友所學益進宣德辛亥詔選天曹試居優等拜
行在刑部雲南清吏司主事是司京邑隸焉素称繁
劇公究心獄事是非曲直立為辯決鈎深索隱洞中
其肯綮而原情制罪一本乎寬恕大司寇南康魏公
深器重之三載書最荷　勑褒嘉進階承德郎正統
丁巳丁外艱杜門謝客惟禮是謹服闋改本部福建
清吏主事尋陞陜西清吏司郎中益精獄議允為部
堂所推重凡大獄必咨公　奏章必歷公閱乃上辛
酉部獄因反司刑者懼累凡在獄重者率嚴刑以逮
其黨公曰彼雖罷重辟國有典且在獄即非反者烏
用是殘害為哉因皆感泣至有臨刑猶視領不絕口
者初公起復舟次呂梁有王讓者金華吏也遭風而
妻死于溺惟攜一子尚幼公憐而周之為撫其子長
成至讓塋俾冠帶以其子歸之丁卯　朝廷慎方面
之選詔大臣各舉所知公用閣老淮南高先生薦陞

貴州按察副使貴州雖遐僻爽塏公毎事必持大體
戒苛細務寬厚於所按臨剔蠹斁務修學校飾武備
礼賢德識者謂實猶適宜得憲臣躰乙巳苗賊猖獗
攻圍城堡阻絶道路饋餉莫之能給公設策建議不
憚險艱開通川播之路而總篤等官始獲達其境兵
食稍足賊鋒屢挫諸賊之圍頓解軍民賴以全活衆
甚德之景泰壬申引年乞致仕家居歸鄉里謁祠堂
展塋墓歲時奠祭一循古禮居第外建堂數楹燕處
其間鞭冠裳衣襜襜甚偉人望之無不肅然起敬畏
至與人接和氣藹容語道理談古今决是非詞簡礼
盡無不樂就之者日教子孫讀聖賢書講修齊治平
之道市井里巷之語不接於口耳亦未甞啓齒及人
過失或課僮僕植花卉樹果蔬樵山漁水優游自適
或發篋朋舊錄書觴詠徜徉於清泉茂林之間終日
無倦容所居之比有嶺曰花鈿實東西要衝崎嶇陡
險四無人居每風雨蚤莫行旅殊為所苦公捐貲率

族人創屋餘十楹於嶺巔之左繚以垣墉蔭以松竹仍置田贍人以守之行者有所賴遠近称頌天順甲申詔進階亞中大夫帶金鍍花光增梓里成化辛卯秋忽遘疾知不可起謂諸子若孫曰吾為臣得致仕為子得全歸足矣尔等自力以不墜先業吾瞑目地下言畢竟長逝

昌字好隆由進士仕至陝西按察使今禮部左侍郎俞欽為撰行实其畧曰公生應祖奇夢胥相音聲亦允自幼穎敏喜讀書日記千百言未嘗慢戲佚遊稍長入鄉校為弟子員逢師親友肆力問學祁寒盛暑不少懈感先正耻其君不為堯舜之語因以耻名齋而慨然有志於天下一旦曰方今惟進士一科可為豪傑進身之階惟御史一秋可為行道濟時之資乃書于齋壁曰讀書中進士做官做御史方遂男兒志耳天性孝友奉祖母洎親極孝敬正統戊午丁父憂家業頗凉極力喪葬事必使無後日之悔謹祀先之禮慮族人或怠忽置簡

手叙追述郝本之意以倡之族子姓迄今祗奉弗替
撫諸弟妹姻嫁以時各底成立辛酉以書經領浙闈
鄉薦明年第進士授　南京雲南道監察御史果符
所志居官克舉憲度然性素剛直泯泯自持不肯少
貶以徇俗丁卯監京闈鄉試權要有欲私其子者毅
然弗許場中倖進之弊盡革士論偉之南京宮殿災
衆莫敢言公獨抗疏請歸廠役　英廟果然之南京
都御史周公銓持憲過嚴各道誣劾之公獨執義弗
預既而衆果抵所誣咸服公之先見公因擢各道事
南旬日寃滯頓釋囹圄一空景泰庚午陞福建按察
司僉事時兵燹之餘瘡痍未復公至察民隱除奸蠹
事凡有利於軍民者輙銳意勇爲衆甚德之壬申海
寇岩啓盛等嘯聚猖獗大爲民患奉勑深入其巢反
覆開諭衆皆感服革心爲良　朝廷聞而嘉之有白
金彩幣之賜建寧崇陽朱夫子祠歲久傾圮公爲檢
葺增九峯先生等像奏令有司歲祀之癸酉監臨省

試防範周密士子服其公明得憲躰方伯陳公負翰憲副鄭公顥皆以疫没于官所妻孥舉不在側衆懼弗敢近公皆親視湢浴殯殮如禮且捐俸以助其歸丁丑丁祖母憂謹禮終制動合矩度鄉人式之庚辰服闋改僉江西按察司事江西雖稱文獻邦而訟獄之繁倍他省公惟以公正臨之一方悅服時葉鎮守勢壓藩臬衆莫敢詰何公獨不爲屈彼百計求之無過舉可議反加優禮秩滿九載民扳轅不忍舍去以至京江閩朝士大夫交相薦引冀福其民適江西憲副缺員遂陞補之民喜公復来老稚歡慶不翅爲赤子之得慈母故人臨川令嘗被誣賴公得白及其生歸以白金百兩言張公峻拒之曰汝以我執法者有情守廉爲畏罪耶其人愧服而去丁亥當道以公老成堪重任薦巡撫湖廣不果尋擢陝西按察使三邊多事民苦供餉獨獘日甚卒多亡流公悉心經畫田廬爲豪右所奪者盡復之有司有貪暴者罷去之能

撫字者樊勸之民困以蘇時權貴勢方盛公以理相抗人皆為公危公處之泰然曰吾正己守法無嫌也既而委膺方伯都憲之薦皆不果公亦不介意累踈言邊務得失裁抑冗員移置三國等事議者以為非公不能也弋子以太宜人年高踈乞致仕用蔭孝養弟獲乃還妻子徇遂代供子職辛卯二月疾作復上踈乞骸骨當道以公為大器當大用未可言去挽留之疾日以篤謂其子議曰吾年幾六十位極以塁雖不能建大勳名於世然願盡心職守自謂無忝所生矣死生常理奚足較也第母老弗克終養遺憾罔極耳吾死即還葬爾毋受贈玷我名節毋亟訃報以傷汝祖母心言訖而逝實三月十有七日也距其生永樂癸巳享年五十有九配同邑俞氏有淑行累封宜人子男三長諶次即議次讓女一適同邑章墳孫男四人世律世衡世術世徵卒之日官寮走哭于位黎庶聚哭于野咸曰正人云亡安所依仰宗室王公亦

為傷悼賦詩以挽之識扶柩東歸諸等卜於年某月日葬邑東仙桂鄉拔茅山之原以墓石來有銘走書請余狀公行而識之於乎公平生特介尚氣節歷官三紀皆在風憲癸心柏操無間始終讜論忠言無休汗簡為詩文有恥齋稿若干卷皆忠君愛國之誠之所發也方期入東臺銜表儀朝著夫何天不假年賫志以歿　嗚呼惜哉

□信民　左僉都御史謚恭惠詳見鄉賢傳

丁川　字大容號烟山人天順四年進士任監察御史轉

何鑑　字世光五山鄉三都人成化五年進士擢宜興知縣入陞山西道監察御史

何泰　字安道洪武中仕至工科給事中定諫任本學創學訓導玄孫鑑今為監察御史錫鄉貢進士

新昌縣志卷之十五

儒學訓導吴江莫旦纂

郎署

周官六卿分職各率其屬以倡九牧阜成兆民釋者曰每卿六十屬六卿三百六十屬今六曹之郎署即古六卿之屬也于以倡牧阜民　朝廷每慎簡其人以任之

石景衍　字順思元豐二年進士調天台尉歲歉即賑饑民有賣酒不與奪而往酒家鑿之甕令訟寘其死順思曰貰弗與從而奪之盜也安有擊盜而入於死乎初令以順思年少易之至是屈服用薦者移仙居令民傳有神居令廨舍令避弗敢處順思命撤去淫像居之自若知黃岩縣事以母年高請析資就筦庫得監越州税不赴轉承議郎賜五品服除頴川吴王宫大小學教授提舉京東西路學事提舉成

都府路常平事除尚書祠部員外郎莅職踰二年非公事不詣政府引疾求外補除京西北路提點刑獄公力請閑局得管勾杭州洞霄宫轉朝奉大夫未幾告守本官致仕卒年六十三母史氏贈永嘉郡太夫人安侍不出者凡八年外家鄉匱爲買宅分俸以贍之子三人公撲公操公梃孫男正問晝問葬仙桂鄉

劊播山

趙炎 宋咸淳中權刑部員外郎王倫爲左相炎責其附賈似道倫乃上言極奏似道之罪似道遂罷

丁義 字宜民號芸嶼南洲人洪武十三年膺薦命赴皇都秋曉詩云月落秦淮水霜專白鷺洲鐘聲催入覲鞭馬濁皇州撥樂平縣知縣熟尹秋詩百共看民鑑無塵染不犯秋毫有疵知之句陞刑部主事所作有康山詩集行于世○章賁民詩丁芸嶼滿庭芳煌煌長庚煌煌晝炬山堂夔壽詩翁屏聯珠琴沉水曉烟農況是新秋近也巾伏奕幾障荷風還恬蓑斑衣戲舞琴瑟更雍容 風流應未

淺驚鷰燕燕一飽千擾飽一生風月不倦迎送但眠幽閒百歲吾道在管甚窮通從今去年年此日休負一樽同

楊亨由庠生洪武二十年[illegible]貢任刑部主事餘未詳

龔宏由庠生洪武十六年貢任刑部主事

王助由庠生洪武十八年貢任兵部主事

張廷洪武中禮部主事餘未詳

王觀達洪武二十一年進士任禮部主事

李慶景泰丙子中順天府鄉試天順登進士第授南京刑部主事卒于官

徐去文字大華山背人天順甲申進士授南京工部主事陞員外郎惟封父母擢屯田郎中爲人性剛毅宏處事合義以古人自期待與羅大魁倫莊行人昶陳舉人獻章諸君子遊有聲士林中嘗於官舍前植竹結亭扁曰可亭考績天官亞卿章公綸書最曰信敏而侍身正大廉明而處事公勤非溢美也性好作詩有與齊稿年僅三十八卒于官子壽彌葬安仁鄉之余家山〇羅倫

詩熹微曙色透平林容予高懷何處尋雲淨玉山佳
氣[illegible]露溥金井碧圓深幾回芳草溪山夢數點梅花
天[illegible]心堯舜君民直餘

呂鳳字好儀天順三年進士

[illegible][illegible]歌驚動臥龍吟

仕至工部員外郎○俞

[illegible]才寄呂好儀詩兩鬢零星老漸催清泉白石賦漏
[illegible]州明門巷先生柳和晴園林處士梅月引花陰陪
夜潯鳳傳鶯語送春杯眼前更
喜芝蘭秀步武行看占甲魁

内翰玉堂揮翰綸音以之而演頌昔中書
翰之職也可謂榮矣然日近清光
天威不違顏咫尺可以進言納諫而格非補
過者也豈止以握管濡毫伸紙行墨爲足以
盡職
哉

黄士汪字賢民醴泉人永樂初以楷書薦授中書
舍人預修永樂大典上封事坐罪死

使臣觀黃華四牡之詩則知使臣之職重矣宣上德而達下情尊君命而重國體豈特幹車馹驕誇綉衣榮玉節而已哉

章廷瓚字晉臣又名中夫醴泉入洪武九年舉明經授行人奉勑山東科斷藩憲重臣之不律者繼以內使踵驗而同事者多以貪賍廷瓚獨守法免累特賜勑以旌之年四十六卒子士淳遊士任同知○章廷端約晉臣諸弟中秋饗昨詩光陰倏忽值中秋風雨蕭蕭未足愁白髮只憐時節換深杯聊共弟兄酬俸錢縱薄堪謀醉胙肉纔須可振才名洪壘便集小軒同夜話朗吟何必庾公樓俞鏞以字行成化十一年登進士第今任行人○却金亭上遇知音天使重來又却金千載高風今始見一朝清節古難尋庭前翠竹冰霜操岩畔蒼松鐵石心兩浙由來人物盛喬遷相繼沐恩深成化六年奬公

臺使蜀嘗於是亭郄金十一年俞公振才又於是亭郄金二公皆浙人也節操可嘉予與同寅何公純夫行人白公坦長史夏公靖梁公安能相送是亭美二公之節操如一因聯一詩以致期望之意云乙未冬四明胥潚書

題選

浙之爲藩郡十邑百抱藝而就試者累千也士獲登名于列者固難而況於經題乎而況於解元乎會試而獲策問于廷尤難也而況於狀元榜眼乎新昌雖小邑而請題皆有其人山川鍾秀人才踵生何其盛哉

石景略字仲謨漢篤石君四十二世孫祖待舉宋秘丞死雲翼之難父深之台州司戶景略治平五年省試解元次年余中榜進士任杭州司戶蘇州改授淮南轉運司屬官陞親賣親宅諭書遷奉議郎

贈特進配慶氏封華原郡夫人劉氏封清河郡太夫人子孝紹崇寧二年進士中奉大夫知衡州後景署與弟景晙退居洪亭趙湘有詩云古柳垂溪水門前整雲舟開迤延白鳥歸樹帶清秋閣上看花頂旋中見沃洲尋常投刺少來即是詩流

黃諶宋熙寧十年特奏補沂州文學按宋制有正奏有特奏正奏一榜若干人取第一人為狀元特奏一榜若干人取第一人亦為狀元紹興二十七年正奏第一人王十明特奏第一人李三錫有宗室子寘榜尾不業或戲之曰舉頭雖不窺王十仲腳尤能踏李三以此知先正奏而后特奏也今縣治西偏舊有狀元坊歲久失其名詢之父老但知黃姓而已因求黃氏譜考之有禮部尚書謚宣獻名度者黃氏之最顯者也度譽其仲父仁友墓志云諶有文行為鄉先生衆進不第熙寧末始策于廷以特奏名補沂州文學亘志比令顯者大畧如此但未知諶果曾為特奏第一人否也

姑存之以俟知者

石公轍字道叟景略之姪宋兵部尚書樞密直學士封文安開國侯公銜之弟也紹興二年特奏第一人為狀元任南劍州教授知吳江州改建廟學置田養士通判平江府遷至左朝奉大夫大宗正墓在蒼岙二子莊問建州司理英問讀書工篆隸

石公輅字表民公轍之弟宋宣和三年武舉第二仕至承節郎

石繼喻子重先生之長子宋嘉定四年特奏第一人仕至宣義郎鄂州教授湖北運幹

石麟之字南叔嘉祐二年章衡榜進士第二人任蕪湖尉調萬載令知建昌軍遷秘書校書郎知靈臺辟為經制機密再遷著作佐郎開封兵曹參軍吳王教授遷秘書丞錫五品服辟為南京招討遷太常博士通判壽州遷屯田員外郎召為太常丞知兗州召為祠部郎後以子貴贈通奉大夫致仕卒

石師能字汝能紹興五年汪應辰榜進士第二人仕至丹陽丞

石祖

文銓試第三名未詳何年仕至知宿國軍

石書問字叔訪考公揆殿中侍御史嘗劾秦檜落
職而辛君方十四奉其母李舜居苦學不敢出應科
舉秦薨上書訟冤詔復職與恩澤補將仕郎銓試第
一轉脩職郎監華亭縣造船場尋充湖廣江西京西
總領所幹辦公事除監淮西江東總領所太軍庫金
陵權要所聚日事宴飲未嘗營職君獨整此簿書出
納必援公帑以行同列或竊笑會新總領閻實爲務
官吏多獲譴怒君堂大軍錢麥米鈔無毫釐差前後
箭錢山積君欲稽其數吏謝不能君先爲釐整一櫃
收數儲之遂以爲率而得其實秩滿改宣教郎治鄞
縣爲浙東諸邑最守臣丘甯以聞有詔入幹辦諸司
糧料院鉤校百司廩給參驗京師豐約所爲一書所
居官不苟類此遷軍器監主簿轉爲丞輪對論兩淮
今日根本之地権塲互市諜遠禁之物營田官莊爲
豪所占遺財遺利官兩失之知國初擇人久任又請

因敎捜訪不求聞達之人上皆嘉納進大府益鈔荒政既脩持命增秩以司封郎官召并下四還塲之法於諸路君貇小均逸主管武夷冲祐觀而增其秩起知撫州再請沖祐許之會長子宗昭自樞密院檢詳除漕淮南待者以行卒于儀真先是君歲以二百斛給宗族之貧者疾革申言之夜召家人決別索衣歛辭家廟明啓手足享年七十官至朝請大夫葬于會稽縣小江趉福山

章以占 名著以字行醴泉人父衡民洪熈中任建昌敎授卒于官母鄭婚方再期而寡以占生甫九月鄭年十九扶櫬攜幼而歸敎以占讀書補邑庠生充貢于京正統六年就順天府中鄉試第一授唐邑縣學教諭陞岷府長史事母盡孝卒于官

呂獻 字至大三都人成化十年中浙江鄉試第三名未仕

武臣

古者文武一道出則折衝禦侮而將焉入則秉鈞持衡而相焉將相非二途也

自後世道學不明敎養無法於是始岐而二
之矣人徒知新昌文風之盛而不知武藝亦
有其人因
表而出之

胡環字汝明五代時爲吳越錢武肅王偏將與統軍
使張篤趙承泰同取福州陞行軍司馬兼尚書
退居新昌之湖北種十里梅花自號梅溪即忠簡公
銓之始祖也忠簡事高宗爲樞密編脩上疏乞斬秦
檜貶厓州二十餘年詔回飲湘潭胡氏園亭爲妓黎
舊作詩有君恩許歸此一醉旁有黎頰生微渦之句
厥後其孫棟来新昌拜始祖之墓因家焉朱文公與
石子重往還偶宿于梅溪見忠簡遺像因題曰十年
湖海一身輕歸　對黎渦却有情世路無如人欲險幾
人到此悞平生本朝洪武中棟之裔孫擇善由才
人任贛縣縣丞擇善之姪孫祺　天
順五年由人才任安福縣縣丞

呂定字仲宜仕宋
爲閩州金壇

縣監稅，轉秀州華亭縣監鹽，以收魔寇功遷從義郎、廣信□房部巡檢使，陞龍虎上將軍、殿前都指揮使。卒葬四都馬家坑。其六世祖端，相真宗，謚正惠。高祖誨，御史中丞。祖億，大理評事，始居新昌。

石公輅

石溪人。宋宣和三年武舉第一，不審任何官職。

董彥光

雲溪人。元至正十六年，盜馮輔卿作亂，陷新昌，殺彥光兄弟。彥光集鄉子弟之驍勇者誓之曰：「盜，吾讎也，而敢爲逆，此天亡之時也。討逆復讎，義不可失。」因欲獻流淨衆，感憤，遂軍于境上之松木嶺。明日，盜擁衆而西，遇諸隘，亟邀擊之。彥光挺劒直前，取輔卿鄉弟舜傳子谷彪、廷輔左右翼以從，賊披□，擒輔卿斬之，俘其子弟姪洎徒屬數十人□□□，其首送分省。省臣大喜，授武畧將軍、松江□海道防集□□□兵都元帥府事，佩□□。也聲□□□□□□上□□□□□□。谷彪□□□□□□□

弟廷璋集義兵衆冠有功俱授萬戶

呂模 字子範仕元爲建德長史陞行軍帥府臺行軍都鎮撫司知事致仕歸號曉翁

趙可簡 宋丞相忠簡公之曾孫國初爲潮陽衛鎮撫洪武十八年使甬東便道歸新昌章廷瑞作文贈之稱其以奇才達識拔於叅贊於河今於郢從政于朝廉不須民重建忠簡祠堂

石璞 燕山前衛百戶陞正千戶弟孝信襲陞本衛指揮同知

石玉 燕山前衛指揮使調南海衛弟友襲南海衛指揮使

死節

殺身成仁舍生取義孔孟之所深許也吾於新昌得六人焉亦庶幾無忝者乎士於平居無不以忠義自許及臨利害遇事變則忍恥偷生反面事仇背君父而不顧聞數子之風能無間亦汗流叩傷然赧憎矣乎

石待舉字寶臣幼奇俊有志于學初爲父涇卜兆既得卜術謂不利幼子諸兄疑未決吉曰父得藏身奚卹手持畚鍤以前遂葬既而第天聖五年進士補沂州軍推官尋改信州扶溝州將治部刺史蕭貫以州之上饒縣素號難治交章薦辟朝命尤之君視事之日諭民以德義曉吏以禮法政明刑清一邑大治天子璽詔褒諭之知臨海縣轉秘書丞會河陝用兵詔五品官舉有守令之才者擢斎直學士蔣堂以君應詔除通判保州先是州有雲翼軍數千人俱隷沿邊巡警者當用武時皆精銳驍果故稟給特優治平間復領以中貴人訓練無法驕蹇日甚邊郡患之君下車條奏其事乞均稟食且以武臣須之守邊大臣咸議爲便詔從之驍卒陸陸然語中貴人武繼繼罷去武臣俞貫代之貫本陝家奴以主恩得官頗以材力爲有位引用怙寵恃勇亦憾奪已之權也與中貴人因卒之怨昔日以言激之故逆卒乘閒鼓譟

劫庫兵爲剽佑閭鄰徒步率州兵得數百人與州將劉繼宗巡檢史克順討賊轉鬬於市賊鋒銳不可敵克順降於賊州兵潰君与繼宗脫身登埤招集潰兵謀復討之叛卒乘城繼宗死於隍中爲手書維城求救於定州左右具筏請渡隍避之君曰食國家之祿死國家之事古今之常也爾曹欲吾苟免非臣節左右强之不可翊日遇害年四十九嗚呼人而不仁疾之已甚亂也待舉臧雲翼之禀不幾於夷之已甚乎臨事而懼好謀而成此行軍之要也待舉討雲翼而敗也不幾於無謀乎死有重於泰山有輕於鴻毛如張巡守睢陽粮援俱絶然後不屈而死今雲翼小寇宜從渡隍之請謀爲再舉以圖後功可也而竟死於傷勇不足謂之善道矣惜哉

吳觀 詳見鄉賢條

陳非熊 詳見鄉賢條

董公健 詳見鄉賢條

董旭 字太初少負英氣博通群書於天文地理靡不精究習舉子業遭時不偶若祈

東西與名公卿交不避權貴與鄰里古思最善遇時
爲元進士以樞密院判官總制浙東軍馬分紹興邁
興師討方氏臺臣怒其不稟命遂殺之公作詩弔之
曰栖烏南適志尤荒不爲中原駐夕陽問國詔頒明
月死金人宴坐岳飛亡枕戈仇有門人復能市哀聞
百姓喪我是侯門舊知已撫棺無路淚沾裳遂歸隱
山中後方氏據台慶張歆致之幕下公拒不受乃作
詩曰蟠蟠芒陽雲未辨蛟龍形熒熒祥星光未燭灰
馬營君子慎其微草露不可行方再三强之終不屈
又作紙鷂詩云尔形外嚴其中號背本非骨毛非毛
牽連作隊小兒戲舞弄直上青雲高只恐天飄降霹
雨濕爛破碎歸荒郊遂遇害見曾知無爲州亦死節
嗚呼東漢黨人之世忠賢駢首就戮而郭林宗獨免
於禍史稱其不爲危言激論故也今旭之守節可謂
高矣兩詩不幾於召禍乎在豫之六二介于石不終
日貞吉吾夫子以知幾其神乎贊之惜旭之見未及

乎此哉也噫能詳其实矣惜哉

興東不知何許人，嘗志於其舍生取義，有帛之自名，隨身共沒，心與義俱生，今不

隱逸

牧野鷹揚，不偉於首陽之采薇；雲臺圖畫，不榮於富春之垂釣。是以芳稱嘉遁，詩詠考槃。若斯人者，所謂功名草芥，富貴浮雲，萬乘不能屈其節，五鼎不能毀其樂，使天下望雲僕兩名可聞，而身不可見也。此豈所謂神仙中人、風塵外物也歟。

石延翰五代時人，有大志。父諭仕吳越錢氏，為太子賓客、吏部尚書。兄延捧，平江軍節度使，封司空。獨延翰恥之，不仕，隱居沃洲，結廬于白雲谷隱焉。以書史為樂，自號雲和子。人稱羽林先生，後贈白雲先生。

石佘亭字戍已，九戍舊字也。以文行見稱于時，年七十卒。自預作墓志云：世居沃洲，其地寒

其材薄，其好惡向背，夫人斷斷不可易。讀古今書傳，能通其意，不能盡其詞。與人壽酬酢，能識其常，不能盡其變。大要迂疎猶滯，終身飢困，不能有所營也。嘉定癸未始有生，淳祐壬子領鄉舉，咸淳戊辰中科第，庚午、甲戌開仕于鄞干儹，德祐乙亥歸沃洲，自號休休翁。丙子洎戊寅，奔走萬山中，更號逍翁。平生自喜爲詩文，多亡其稿，璞孫於廢簏中檢拾數千百篇以告曰：他日願板刻之。頤謂之曰：勿妄言，聊以適吾意耳，未必名家，安計其必傳哉。已而慨然曰：吾家貧，更八九世皆不失素業，而余益窮，今老矣，不幸死不早，遂鬱鬱至此。然不辱於盜賊，不死於道路，倘獲奉遺骸下從先君子于九原，亦幸矣。因預爲之銘。嗟夫，窮達，命也；聚散，氣也。可任不可違者，志也；易失不易復者，精也。夫志在我者，若氣與命與時，吾如彼何哉。銘曰：膠膠乎中，中乎將久存，以瘁余躬。形乎寧亟歸，以全余真乎。悲夫。

韋一經　字清之，號縉溪翁。醴泉

人家貲鉅萬而惟謙約愛人好施篤志問學建平山
書堂聚書千卷延文行之儒主師席以教子孫絃誦
之声不絕立家規以肅門戶令一經之裔未
子孫蕃衍科名相繼鄉邦稱之**章文華**諱其出處止
存南有詩稿一冊清俊可觀與呂字子思重
德升俞原治爲友亦有學之士也**黃惠之**學尚氣節
嘗言曰兒不誦佛不使心如秤宣和辛丑方臘盜起
楚劫新喻惠之與弟開行賂賊中能以方略誘之潰
敗其衆　朝廷遣郭綜制收復論功行賞惠之辭曰
破賊藉國威非其之力也遂隱不出工部尚書謚宣
獻名夔其長孫也尉瑞安時迎養餘月而歸**石揮祖**
曰生前杯酒寧得容易年八十二以絜行終
字光遠惇慤凝懿事親謹甚晨夕必鞠躬問起居爭
候顏色不命之去不敢去得一嘉味必先薦上之然
後食人稱其能孝佐兄明遠治家政尺帛斗粟皆有
文可覆毫毛不入私房有司之科徭身獨任之雖猶

風沐雨未嘗以猒苦且曰無以煩吾兄也人稱其能
友癸巳歲大儉閭井間出羨餘粟賙之人稱其能惠
遭世多故不復慕仕進晚歲盤旋烟霞泉石中發爲
声詩意趣極冲澹如與世相忘者若餙厲子弟以學
則甚惓惓初不以喪亂自廢也年五十至一石公孺字
正甲辰卒葬石溪南山宋景濂銘其墓長
孺石城曾孫警悟孝友有經術高隱不仕丞相謝克
家禮爲國士高宗詔求遺逸使者朱異薦其長於三
傳召對稱旨命之官固辭高宗曰卿當爲朕勉受一
官乃授迪功郎進其所作春秋類例命藏館閣再授
監南岳不黄奇孫字行素號雲谷少穎悟宋李隱居
久還山卒沃洲徒俞默翁石九成韓明善潛
考訂經史傳註之異同品評古今人物之優劣俱有
確論所作有南明志黄氏譜蝸廬集元延祐丁巳當
大比附舊勸之應試曰衒玉非吾本心也勞通醫書
濟人甚衆至正丙戌春秋七十九其子至善構新樓

爲明年慶壽至冬忽不食一日倚門歌曰夜夢逢初度悲歡見我翁幽明今古異慈愛死生同覺悟歸期近禪通失界空起來歌曳杖羞贊哲人風其子驚問答曰昔孔子夢奠兩楹而歿邵康節夢旗鶴導行而歿昨夢與吾父及亡婿何宝同行此吾死兆也然死生常事吾得全而歸之俯仰無愧但瞑目後不可從事緇黄以忝我所志數日而卒學掾揚大亮爲之銘曰煌煌册鳳兮九苞其相下覽德輝兮不鳴朝陽棲枳既久兮舉千仞其雲翔世人想遺音兮高岡皎皎白駒兮千里逸足沙類其儔兮轅下局促不羈至老兮化神龍而風逐世人視遺踪兮空谷

董荆字宗楚一十八都雪溪人元死節忠臣旭之弟博亭好古長於詩文尤善於書國初隱居不仕所作有翠微漫稿洪武十七年舉博學文詞上親問治道稱旨授以縣丞之職辭不就卒于家弟薛後中進士

○呂不用寄董宗楚詩去年今日此幽齋好客騎過

放好懷霄漢聚星知士會斗牛有氣識龍埋淡烟蒔荔雲侵塵跡雨桐花雪滿階三夜憶君頻入夢野雞月落輒喈喈○市声只鬧敗垣重混俗卑棲陋巷東鏡裡二毛無幾黑罇前双頰不須紅一考半月菜麻雨萬落千村虎豹風可惜爽君難黍約晚烟芳草思冲冲○呂升和董宗楚見懷韵帰来短髮怯西風喜似陶潜避俗翁斗酒謾酧霜徑菊尺書勞寄海天鴻山收積雨凝寒紫樹背斜陽翻亂紅猶記布衣趨帝闕五雲繚繞日當中

呂不用字則耕三都人幼穎悟好學習舉子業至正癸巳年方十三應鄉試夫午即出院受卷官異之取讀甚加嘆賞遭時喪亂遂不求仕以古詩文爲業著述不倦始名必用字則行晚改今名以見志　國朝更化爲授本縣儒學訓導不一月耳瞶遂隱居不出號石鼓山聾置別業于珠浦扁曰牧坡時其叔小齋先生俱以詩鳴與邑主簿曾伯曼邑人章廷瑞周明德楊温如輩爲一

時文字交所著有得月稿藏于家曾孫鳳員外郎[illegible]蘇州通判○呂升示則剿姪我欲上太行太行路險車雜發我欲入東海東海浪惡舟難乘只令干戈徧天下殺戮無辜血流野將軍誰似霍嫖姚捷書未報先矜驕忠臣自古不易得我皇空有仁如堯惟彼荊棘塞君之足惟此荼毒結吾之舌禮義之名乃虛設我將携書尋隱幽阿咸還肯從我不○章廷端和呂則剿見寄韵一室蕭然坐晏如靜將物理勘盈虛看花不跨長安馬洗藕聊烹鏡水魚天上妖狼誰卽剔江南封豕正長驅儒生濟世渾無策懶向灯前閱舊書

楊才居

字溫如性聰敏誠實不欺容貌端莊言語皆可師法長於詩騷有愛齋集藏于家金華宋景濂爲墓銘○章廷端寄楊溫如詩廣文寥落坐無毡官舍相親又一年每愛吟哦消白日懶將窮達問蒼天高風自足驚流俗朴行真堪繼昔賢安得子陵江上去釣竿同坐月中船○呂升詩先生家學重閩

西父別令人思轉寔書滿錦囊無賜寄酒開銀甕為
誰携葦蒼庭院看雲起緑樹園林聽鳥啼送客雖禁
愁萬斛夕陽潘律字孔聲號東溪子曾祖原達元季
回首戴逵溪時率義勇保障鄉閭祖惟清號退
齋父成單號愈愚俱不仕先生氣和質美知圓行方
迨成童肄業家塾事霞城胡復齋庠生張汝咸習理
學日記數千言群經百氏靡不窮究而毉卜兵數醫
堪輿家諸書亦旁通焉為文章多成於腹稿豐贍流
麗新意疊出不類山林人物所作養親必躬進甘旨
母喪不銜酒肉者三閱寒暑遇諸弟友愛發言甚溫
雅不樂事生產以清約自持教授鄉里學徒林立郡
守彭公甚器之延修會稽志嘗作歌曰君莫誇我以
爭利鬧市千金之良賈君莫羨我以立功異域萬戶
之封侯男兒天生一具人筋骨聖賢事業未做誰能
得其志小六合豪氣隘九州清靜識老子荒唐啚莊
周仁則撫顏子勇則希仲由達也必如賜藝也必如

求辟書，剖傳古今，事要務探討，蠶絲牛毛，盡微理趣。必窮搜我才，既已贍我德，既已備補袞五色，繅顆與山甫儔。樂後天下樂，憂先天下憂，必使狉狉蓁蓁，草木鳥獸自咸若，必使熙熙皞皞，父子兄弟皆謌謳，致君堯舜，平生志始酬。觀此可以知其抱負矣。成化甲午，年六十二卒，所作有《東溪集》，今行人俞振才其門人也，[illegible]作文祭之曰：猗歟先生，斯文先覺，浸秋水於冰壺，貫長虹於碧落，挺衆木之孤松，昂群雞之獨鶴，協鸞鳳之祥而芥睨鷹鸇，吞湖海之量而蠡視溝壑，高和靖之風，尋子淵之樂，蕞爾邑民，曾可以伯仲而相為前郤。夫向知於君子而不知於小人，合於神明而不合於末俗之浮薄者也。是以人或巧於居積，而竊夫生計，則將貧先生之不富；或搖尾乞憐而附於榮仕，則將賤先生之不貴。且有奸邪萬狀，出沒浮況，而傲然以英特自稱，又將劣先生之無能。嗚呼，可慨矣夫！然知先生者，以先生蓄百氏之貲，陳五經之庫人孰與富陸文藝之階膺詩書之味人孰與貴至於筆走龍蛇膺羅甲兵寫姿齊漢而鞭撻夫風霆人孰與先生之能於手蹤咻衆夫雖不足為重輕然爲先生之徒而問先生之道者亦烏能無不平之鳴於乎珠藏淵而澤媚玉韞石而山輝是宜擅平生之問學以措當代之事爲柰何行與世方道與時違未獲一展而竟至於斯嗚呼天乎胡豐其才而嗇其壽耶其養而厄其施於乎命矣夫生不敢自擬程門之游揚王門之房社佁亦叩先生之門墻而見百官之富者矣麋鑿戟棘闈倚員鄉舉泝流窮源敢忘教旨啜哀告奠靈歆其格只

孝子

嗚呼甚哉孝之大也所謂百行之本萬善之源堯舜萬世聖人不過曰孝弟而已爲人焉而孝有或虧雖有文章之美不足采也事功之卓不足稱也謀猷材藝之富不足尚也故曰五刑之屬三千而罪莫大於不

孝必也敬父如天敬母如地承顏養志常以天下無不是的父母為心而盡吾所以當然之責夫然後不愧於為人而人目為孝子若新昌之數子其可敬也夫

曇事親至孝父卒葬邑之杜潭蒙不忍舍去居墓下久不返子琰憂懼不已乃即其母所瘞曰龍岩者謀築室其傍將迎居以便終養時紹興戊辰也偶歲飢米斗千錢琰解囊糴于京口度其還可以畢事不意米舟失所無遺粒而歸琰不以為意畢力成之乃迎父于其中蔬食四十年一日焚香觀坐而逝遂合葬于龍岩琰克終大事悉以家務屬諸子日居龍岩舊廬應慕不返榜其廬曰報慈用父詩句也每至諱日必哭泣盡哀以奉祭祀蔬菓皆須躬之不取辨於倉卒如是者積年不懈鄉人相與嘆息以為難能後以子貴封迪功郎卒贈宣教郎亦葬于龍岩陳止齋為之銘曰瞻彼廬矣龍岩之原公昔在矣誰無

子孫瞻彼墓矣龍岩之下公今亡矣誰無父母

石永壽詳見鄉賢條

胡剛詳見鄉賢條

吳昇詳見鄉賢條

吳希汴字克素半村人性柔順恂恂謹畏事父宗信承順顏色晨昏定省或命以他出先期而歸父或怒則受敎怡然有疾躬弗危必延醫療理有客雖空乏必竭力營辦務款得父之歡心　國朝洪武初補民斷指者戍邊方而其父以疾失將指之半里之長懼連坐將執于官希汴憂形于色會有善接指者人弗之信而希汴懼信之乃截右足小指接父將指彼此血出淋漓月餘瘡愈指果續已而瘡復潰斷指如故希汴因籲天誠禱復截左足小指接如前法血交氣貫月餘仍愈分明一指宛然如生鄉里驚歎以爲孝感所致及父疾劇侍湯藥衣不解帶父出指示之曰日本以此指兒萬里之外今得考終逝下者汝之孝也無以報汝願汝子孫如汝之孝言巳衣爾歿希汴大慟仆地不食三日塟

祭以禮哀字寺□□縣人宋大理□□諱天與
慕終身云童蕙十□三歲喪母石氏即□悲啼不食
既長恂恂信實口無□□□以誠繼母趙氏生三子
蕙事趙如事所生曲□□□和氣被面晨咽飲食必
極甘旨父母或命他出必負而行趨事惟恐後正統
丁卯父感風疾異常痛楚蕙為爬搔撫摩或扇枕席
或執褻器辛勤服勞終夜弗寐如是者五六年一旦
謂蕙曰我剩莫人也無以酬汝願汝之身無我之病
願汝子孫如汝之賢因勉強握筆而書曰長子董蕙
真孝子也我病多年衣不解帶服侍湯藥未嘗少怠
蚤虱盈身未嘗歎息云云仍書諸父之名于楮尾以
寶其事既而父病攣劇手足攣拳筋脉縮痛蕙侍側
須刻不離或執兩臂而屈伸之或持兩腋而步引之
况前引轍輿欲行復坐而呻吟之声不絕於口痰涎
流于胷臆蕙躬自扶掖無晝夜寒暑衣不解帶臥不
貼席蚤虱生于衣縫間如叢珠迎醫禱神惶惶悲泣

形容枯槁手足皸瘃而弗之恤如是者九十年及父
殁蓐水漿不入口者三日泣血三年凡遇諱日四時
奉祀必誠必敬滌洒潔然鄉黨咸稱其孝有司舉行
鄉飲必禮之爲賓祭酒司馬恂大書純孝二字旌之

義士

士者四民之一也幸不爲農工商賈之
事矣苟無義以行之烏足謂之士哉故
義士者天下之盛名也士以義名正以其有
識有量有猷有爲恩惠及於當時聲名流于
後世故予其名者公而當受其名者安而奉
孟子曰窮不失義而士得己焉斯人之謂歟

石賀 宋太平興國中知縣張公良立縣治建邑庠百姓聳動賀爲出財代其費百姓德之及公良卒不能返喪賀又獻地葬之今北門外曰官阡是也

石悅可 自幼穎悟以英傑自許嘗論人物獨推諸葛孔明他人不許也宣和辛丑方臘冦縣悅可率鄉兵平賊以功遂其見從可[illegible]剡縣[illegible]承信郎悅

可攝新昌階通直郎子斗文爲樞密編脩以讀請名號石大門恍可累受封贈勝菴先生與作墓銘曰昔耶人紇與秦堇父以力聞于魯董生丕茲寶事仲尼猗石氏父子武克似之矧是英烈義槩濺發韓曰非德秖爲其力出萬死中活此一方報不酬施其在武岡將欲報之又欲蓄之既蓄既崇其藏于此以信于祀

陳祖字恵卿平壺人設義塾養士詳見鄉賢條

陳雷詳見鄉賢條

耆德

壽者人情之至願苟無德以將之則爲生壽而不足貴矣所以洪範五福以壽爲先云四之以攸好德也今有人焉龐眉鶴髮黃耇鮐背有康寧之樂享子孫之奉可謂難得矣然必誦詩而讀書焉居仁而由義焉使人歎賞歆豔以爲齒德俱尊真治世之休徵慶門之上瑞也不然則老而不死是爲賊矣烏足尚哉

呂師賢

呂師賢字愚卿，年一百令三歲，人稱百歲老人。幼失怙恃，年十二三讀書通大義。叔父琴山翁無子，訓育之，欲使爲嗣。老人曰：其幼孤賴叔父教養，叔父之恩固不敢忘，然先人無別子，使其嗣叔父，則先人無後矣。叔父求子姪之賢者嗣其之孝奉，其敢少怠乎？翁然其言，命他子爲之後。老人益刻志孝養，事其叔父逾於□。叔父歿，老人服三年喪，鄉人稱其孝焉。老人天性□悟，純實而樂善，資直而尚義，務勤儉，好施予。然稟賦厚重，神氣精爽，每食啖肉一斤，步趨如少壯人，謂頗有神仙術者。其子升竭盡孝養，以故士大夫至其鄉無不造門請見，且爲詩文以嘉美之。供武丁巳正月□日無疾而終，葬盛家橋龍岩山○。

陳川詩：新昌呂翁百歲纏，百歲生長居新昌，面舍璽垢黄服有，双髗方罔翁何緣，得此上古壽詹云，長生之術非荒唐，木沃泥丸宮牢數，元和漿一閉一千息，卅田自開張藥但，非不功勝似千粟，粮吐納非不佳存心中夜長二十三十情慾熾狀如脫兔不可當赤手自擒制要怗如群羊四十之心湛不動淵如秋水不幽而光行年五十世故了萬變服中浮雲㧾絜一任同飛揚六十力雅健筋骨瘦硬秋不僵或登絕頂騁秋色一声長嘯崖谷震動胷鄙含宮商七十不杖杖獨行翩如孤鶴翔窮山鳥道不可上兩脚蹴踏同康莊八十色尚孺顏渥丹砂鬢髮霜九十視李耄夜堂讀書風雨涼諸孫班班羅雁行大或侍几小扶床婆娑自撫摩一笑行相將花朝大杯醉春酒霜天短褐眠朝陽俯仰十年間是非憂樂與世俱相忘同時輩行孫又子彊半束縛歸山崗黃金可成河可塞惟有龜鶴之年不可量百歲翁真壽考近古已無今絕少使之出漢室則羽翼之商皓使之處開元則兒童之果老休休乎形不勞精不搖而神不撓汨澹泊以自存抱中和以自樂可以後三光而不凋超八虛以長保百歲翁真壽考

潘惟清 字行爲静沈以

人端謹和易有識量毋病觜藥數百品及毋卒悉以餘藥火之蓋不忍覆也宣德中有剡寇藩臬委官捕之台有富人以匿寇懼囊白金百兩托惟清爲脫免計惟清詣官覘公牘無其名出即以金還之又嘗率壯士擒賊得賍萬計卷以觧官分毫無取人有不平者得其一言輙信服年八十一卒子三人成章成用成佐孫男八人名律者有文名山西副使山陰胡謐輩有詩輓之

俞用怡

諱然以字行爲人厚重方毅涉獵書史幼失怙事母盡孝友愛諸弟壎黠黠以祖產讓之而别創待宗族有恩長幼有不平必自裁之皆信服未嘗紓官闘義塾延師講學厥後子適姪逵姪孫鐸欽相繼領鄉貢登進士逵至同知鐸令布政欽令侍郎以故楊恭惠公扁其堂曰中養取中也養不中之意鄉人称中養先生卒年八十二孫鍀鏞皆庠生

俞用貞 神道碑曰礼部左侍郎俞欽先是以右侍郎滿三載蒙　朝廷推恩追贈其祖用貞爲通議大夫禮部右侍郎　錦誥寵頒九原增賁欽念墓未有石無以傳　聖恩昭潛德因奉致仕貴州按察副使同邑章君敏所述事狀以神道碑銘來請予與欽交相厚弗可辭遂按事狀序而銘之序曰公姓俞氏諱良字用貞行端八別號清節先世青州人唐末黄巢兵亂避地江浙散居郡邑宋時有諱珣者少師昱之孫睦州刺史稠之子拜奉議郎弗就卜築會稽之新昌傳十餘世子孫蕃衍詩書之富衣冠之盛蔚爲鄉邑首稱至公曾祖梗祖珎父宗順俱隱德弗仕公自幼穎敏莊重六歲失所怙賴嫡母丁氏生母董氏鞠育訓誨底于有成已而三兄相繼殁殯葬盡禮撫諸遺孤無異己子每恨父兄早世奮自樹立廣拓田園增創室廬修建祠堂以奉其先歲時薦享務盡其誠奉二母極孝敬丁氏病目失明事之逾謹既而

疽發於背躬爲洗視禱神求醫晝夜弗懈丁臨終祝曰顧尔子孫昌盛皆如尔之孝敬董自孀居即蔬素喜誦佛書爲建禮佛之所以適其意晨昏候問起居得其歡心初葬父于邑之龍潭下坑董送葬還抱公于懷泣曰墳上二壙我死將安歸公曰母勿憂兒後自爲之旣長遷葬許家山之原董壽九十六而終遂合三柩以葬卒如幼所言祖母蔡歿值元兵變迷其葬所公遍詢故老或告以石匣葬園中求之果得遂備衣棺合葬祖兆六世祖塋行道爲鄰墓所侵公白于官復之景泰丙子歲饑民肆剽掠有司逮捕數十人將寘于法公力爲解釋且諭以禍福民皆感化鄰邑張義父兄弟姪爲仇家所誣悉死於獄義脫身來歸仇家以重購求之欲俾無遺類公斥之曰人命重事吾肯嗜利以徇尔之欲以絕人之後哉義遂獲免公於經書子史多所涉獵明於義理諳於世故存心忠厚議論正大好賢禮士重義輕財見人匱乏傾蓋

濟之爭訟造門以理慰遣由是遠近之士　聞風慕德
咨覈與交將初欽任儀部主事郎中兩蒞　恩典封
其父廷獻以　已官廷獻以公在堂且欽成名皆公誥
教之方嘗請　闕奏乞移封　上嘉其孝而　命錫
公冠帶蓋特恩云公拜　命感激貽書欽德以忠
圖報未幾卒時天順癸未二月二十三日享年八十
有二娶同邑沙溪朱氏贈淑人次娶寧海大王李氏
側室王氏俱有賢行先公卒子男七長裕冠帶義官
次即廷獻累封通議大夫禮部右侍郎次瓘文壹星
子縣丞次棘次璟次璲瑁廷獻未出瓘瑄壽遴亭山
璟王出女一朱出適同邑呂達孫男二十一人長郢
欽舉景泰辛未進士改庶吉士累官禮部左侍郎學
識卓卓功業未量次銓鋐鋆鋑鋌發錕鍰鍔鐙錫鑣
鎮鈊錞銑鏘女四人適同邑張新章坡董旻石塡曾
孫男沆太學生諸子卜以卒之年十二月初八日合
葬邑東海龍山之原銘曰新昌俞氏族大以著詩書

禮義流芳名門惟用貞甫光前振後躬履仁義敦行
孝友積善餘慶徵于嗣續登科入仕榮享天祿存雋
冠帶歿荷龍恩褒章煥告式慰九原子孫孫子
繩繩盛德福顯名傳之無斁海龍之山有墳峩峩
穹碑刻銘永世弗磨資德大夫正治上卿太子少
保吏部尚書兼文淵閣大學士知制誥經筵
官淳安
商輅撰

俞本原諱歷讀書尚礼早喪父兄亦出仕弟
失明本原獨奉母盡孝撫諸姪若己
子延師教之子用昂亦讀書號敏古永樂間有司以
本原公直令稽算糧儲有奇零十餘石無歸不忍洒
派收入本戶開納十年縣大夫舉行鄉飲必禮之為
賓卒年八十四

呂存茂諱稚為人謹厚其姊清明早寡無依
迎養于家餘五十年歿備衣棺葬之
子鳴令
任通判

新昌縣志卷之十六

儒學訓導吳江莫旦纂

封贈國家優待臣下之典可謂厚矣不惟富貴其一身而又推及其所生存則褒封歿則追贈是以紫誥龍章昭回於天漢之表而錦衣烏帽輝映於桑梓之間使人歎賞歆豔而不能已自非其家之積德深厚慶澤流長曷能俾致之哉受斯恩也吾不知其向以補報涓埃之萬一

石昉字明遠漢萬石君三十六世孫子渝仕吳越錢氏以恩累贈鎮東軍節度使加太保配胡氏累贈越國夫人

石渥字擇賢昉之姪宋鄉薦進士未及仕四子皆登顯仕累贈大理評事

石待

號字仲珎逞之子以子象之貴累贈衛尉
耳寺卿加光祿卿配袁氏贈文安縣太君

黃仁靜

字仲山以子度貴累封朝奉大夫賜服金紫年八十七卒
生六子俱顯惟度户部尚書謚宣獻葉水心撰墓志
其畧曰無願色之悅而人譽其德無市井之惠而人
懷其恩蓋其中之信於人也方度宦遊浙東而公来
不過三月爲御史諫官事有當言者言有難言者徵
婉順導異必感發然後援親以請至八九輒不聽最
後命使守泉復固辭天子知公實老矣乃自顯謨直
寶文閣許以養公君臣父子之際人以爲難焉蓋自
癸亥至乙丑四十餘年公之子孫累以文字起庚庭
既釋褐公疾始侵呼章語之曰汝知吾樂乎章對不
知也曰夫除世俗麁事易斷細微精想難吾用力於
此久矣然葉落枝生不知其幾今真斷矣故樂也能
絕視度而笑度指其心曰得非能於此洞然乎公應
曰然遂歿銘曰昔君之來兮爰茲山而誰壽今君之

去兮邈兹山兮何求其風跡跡其月皎皎彼蔚者藏不尚有詔

呂琰字德文淳熙丙申以子貴封迪功郎贈宣教郎詳見孝子條

呂通宋嘉定丁卯鄉薦進士後以子秉南貴贈朝散大夫

呂瓘字明德南康軍僉判冲之之父嘉定十七年九月二十八日明堂大禮赦書節文應武及致仕陞朝官父母妻並與封贈奉議郎致仕呂冲之故父瑾誥贈為承事郎

王迥字德遠孫夢龍為學士曾孫熺為丞相累贈太子太保信國公子應長贈太子太傅曾國公孫夢得贈太師衛國公

王德成建寧知府溥之父以子貴贈刑部郎中配韓氏贈宜人〇奉天承運皇帝制曰朕於群臣之任職者必推恩以及其親所以申褒榮之典而勸天下之為子者也爾王德成乃刑部廣東清吏司郎中王溥之父積善于躬慶流于後是致有子為國之用茲特贈爾為奉議大夫刑部廣東清吏司郎中靈爽不昧尚克承

之洪熙元年甄得理河南布政使完之父累贈恭議
正月初五日配王氏累贈恭人○奉天承
運 皇帝敕曰朕惟爲人子者孰不歆顯揚其親故
子之賢而能宣力効職者朝廷必推恩以報之所以
遂其顯親之心而勸天下之爲孝者也爾刑部山東
清吏司主事甄完故父得理善積于躬慶延于後是
致有子效用于時推厥本源宜有褒顯今贈爾爲承
德郎刑部山東清吏司主事靈爽不昧尚克承之宣
德五年八月廿四日○制曰國家於臣下既有申命
之榮斯於親亦有加焉蓋厚倫重本之道也封承德
郎刑部山東清吏司主事甄得理乃廣西使司左叅
議甄完之父力行屢善蓄而未施慶鍾厥子效勞于
國蓋嘗因子推恩是爾子既得敘陞亦宜進爾之階
今特加贈爲朝請大夫贊治少尹廣西布政使司左
叅議靈其不昧尚克承之 丁孟達今都憲川之父樂閒領篤
景泰三年九月二十日

○奉天承運皇帝制曰朝廷簡任才賢以勵夫
臣之忠因推恩與以遂夫子之孝故親雖不存而命
必及焉蓋厚倫重本之道也贈貴州道監察御史丁
孟達乃順天府丞川之父明經領薦敎學作人有子
成名益彰庭訓比因子貴受贈有年子今進官宜隆
所自茲特加贈爾爲中憲大夫順天府府丞冥靈有
知服斯寵命尚於爾後庇佑無窮□年章魯
□月□日○配石氏贈孺人加贈太恭人
臣章一經五世孫字廷璠醴泉人本朝宣德九年
以子良民貴贈刑科給事中配石氏贈孺人○奉
天承運皇帝勑曰國家推恩臣下而必及其親者
所以重本而勸孝也而何間於存歿哉行在刑科給
事中章良民父魯臣慶終厥子而祿養不逮揆其所
自宜有顯褒今特贈爲徵仕郎行在刑科給事中靈
其不昧尚克承之○國子祭酒胡先生儼作魯臣挽
詩序其畧曰余嘗獲友于蔡用强見章信民先生病

手述諸作滌服爲文簡嚴善學檀弓者今見良民乃信臣從子則知曾臣爲信臣兄弟故家文獻有足徵焉良民過余述其所以既爲之序復系以詩曰不見庭闈五十年土黄山下閟重泉高堂對食思三釜華衮襃封自九天無復秋風來弔鶴空聞夜月呼啼鵑嗟余亦是思親者把筆題詩淚泫然

章胥民

名仕朔以字行醴泉人子敏仕至貴州按察司副使宣德九年封胥民爲刑部主事有無能集配蔡氏贈安人○奉　天承運　皇帝勑曰朕惟人子之孝皆欲顯其親故群臣之任職者必有推恩之命所以體其心而勸孝也行在刑部雲南清吏司主事章敷父胥民克成厥子用舉其官宜錫寵榮以示褒顯茲特封爲承德郎行在刑部雲南清吏司主事爾其祇　毋忝嘉命

楊文吉

彩烟山人左僉都御史恭惠公之父也　勑封工科給事中配丁氏封孺人○奉　天承運　皇帝勑曰朕惟人子之孝皆欲

顯其親故群臣之任職者必有推恩之命所以體其
心而勸孝也行在工科給事中楊信民父文吉克成
厥子用樂其官宜錫寵榮以示褒顯茲特封爲行在
工科給事中爾其祇承毋忝朕命宣德九年四月二
十九　吕存政陝西按察使吕之父累贈江西僉事配
日　梁氏累封太宜人〇奉天承運
皇帝勅曰國家推恩臣下而必及其親者所以重本
而勸孝也而何閒於存歿哉南京雲南道監察御史
吕昌父文存政慶鍾厥子而禄養不逮獎其所自宜
有顯襃今特贈爲文林郎南京雲南道監察御史靈
其不昧尚克承之景泰元年六月日〇制曰國家於
臣下既有中命之榮斯於其親亦有加焉蓋厚倫重
本之道也爾贈南京雲南道監察御史吕存政乃江
西按察司僉事吕之父操履篤實晦跡丘園克成令
子登用于時嘗因之而錫褒命矣今子敘陞特加爾
爲叅政大夫修正庶尹江西按察司僉事尚克歆承

永慰寘漠成化元年十一月日

呂存酌 名秫以字行贈南京刑部主事配林丁封太安人墓在一都青嶺之潘村予鳳令任貢外郎〇奉 天承運
皇帝勑曰國家惟恩臣下而必及其親者所以重本而勸孝也南京工部虞衡清吏司主事呂鳳故父存酌積善垂慶致子顯融推原所自宜有褒錫茲特贈爾爲承德郎南京工部虞衡清吏司主事尚其歆承永賁泉壤成化元年十一月初七日

俞叔畮 名道以字行子鐸令任雲南右布政使叔畮以子貴封南京刑部主事年七十三而卒配董氏繼丁氏俱贈安人孫源進士休寧令從姪欽禮部左侍郎振才行人振英甲午科舉人〇奉 天承運 皇帝勑曰朕惟人子之孝皆欲顯其親故人臣之盡職者必有推恩之命所以體其心而勸孝也南京刑部廣東清吏司主事俞鐸父叔畮克成厥子用肇其官宜錫寵榮以示褒顯茲特封爲承德郎南京刑部廣東清吏

司主事爾其祇承毋忝嘉
命景泰二年六月十八日

俞用貞

諱良以字行號潔節宋少師昰之裔
六歲而孤育於嫡母丁生母董長能樹立廣拓田宅
丁病目且疽洗視醫禱不少懈董居孀送葬還廬曰
墳止二壙我死將安歸用貞曰母勿憂兒後自爲既
長果合三柩以葬祖母葬所迷其處詢而得之以歿
葬祖墓爲人所侵白于官得之鄰邑張義爲仇所誣
一家死于獄義脫身來歸仇以重購求之用貞不從
而義獲免公游縉書史存心忠厚濟貧䘏患人皆稱
之家孫歆任主事已封其父廷獻陞郎中又當封廷
獻奏乞移封得賜公冠帶年已八十二矣未幾
卒成化十一年追封禮部右侍郎詳見今閣老淳安
商公所撰神道碑○奉天承運皇帝制曰朕惟
祖之積善餘慶必及於後人臣之效忠褒典必及其
先世國家定制自古爲然爾俞用貞禮部右侍郎歆
之祖養高林壑弘積慶源茂蔭賢孫顯歷朝著纍因

孫貴既貽特恩而錫以冠帶令焉云歿復覩孫秩而貴以榮名是用贈爲通議大夫禮部右侍郎真靈有知歆承寵命尚綏爾後昆服厥官

徐景釗名誥以字行號熬峯散人南京工部郎中志文之父

成化五年奉勅封南京工部主事〇奉天承運皇帝勅曰朕惟人子孰不欲顯揚其親故子能效職者朝廷必推恩以遂其心所以勸天下之爲孝也爾南京工部營繕清吏司主事徐志文之父景釗蹈跡丘園敦尚禮義克成厥子用舉其官宜錫寵章以示褒顯茲特封爾爲承德郎南京營繕清吏司主事爾其欽承毋忝嘉命〇配胡氏封安人

俞廷獻令禮部左侍郎欽之父雲南布政使鐸行人振才舉人振英之叔休寧令深之季父也累封禮部右侍郎配章氏累封淑人〇奉天承運皇帝勅曰朕惟人子之孝皆欲顯其親故群臣之任職者必有推恩之命所以體其心而勸孝也禮部儀制清吏司主事

俞欽之父廷獻克成厥子用舉其官宜錫寵榮以示
褒顯茲特封尓爲承德郎禮部儀制清吏司主事尓
其祇承毋忝嘉命○制曰朕於群臣之任職者必推
恩以及其親所以申褒榮之命而勸天下之爲子者
也封禮部儀制清吏司主事俞廷獻乃郎中欽之父
畜德積善嘉遯丘園有子登庸實由義訓曩因子貴
已錫榮恩子復進官可無申命茲特進封奉政大夫
禮部儀制清吏司郎中祗服寵章益臻福壽天順六
年十二月十九日○制曰人臣以忠事上朝廷必遂
其顯揚人君以心體下恩寵不拘於常制此移封於
親者所以得伸其至情而受封於君者所以得被其
光顯我國家待臣之禮隆矣爾封禮部儀制清吏司
郎中俞廷獻乃太常寺少卿欽之父敦行仁義延譽
鄉邦訓子登庸益彰善慶曩因子貴已受榮封今子
進官朕特允其移封之請進封爾爲中憲大夫太常
寺少卿爾其祇承益綿壽福成化八年四月十二日

○制曰大臣輔理國事克脩職業者恩典屢及其親所以寵賢能而遂孝愛也封太常寺少卿俞廷獻乃禮部右侍郎欽之父嘉遯丘園敦行仁讓克舉義方之訓遂成令子之才名登甲科位居卿佐推原所自恩典宜申茲特加封爲通議大夫禮部右侍郎服此榮恩益綿壽祉成化十一年十二月初九日

嗚呼梗楠朽於鄧林而樗櫟充明堂之遺才用驊騮死於鹽車而駑駘遂天閑之遊不能不使人扼腕而浩歎也士之生於世也德業備於身而不沾一命材質過於人而不及有年卒致跡滅響沈死爲無名之鬼而庸庸者反富貴以終身九泉之下其抱憾當何如邪悲夫

長[illegible]旦字思勤其先壽先人曾祖公良宋太平興國中[illegible]人宰新昌有惠政卒于官邑人哀之留葬于北門

外令田官所是也豐於皇祐閒爲邑庠生屢舉不第

然性孝友長於問學有所撰宗譜及畏齋稿存元祐

辛未卒二子芳董葬于數山黃聽狀其行甚詳

吳佐

字世佐洪武五年第進士不審任何官職〇呂

升和吳世佐韻皆年有詔策賢良送客秉風入帝鄉官店柳花香拂帶御城春酒綠蟻觴材華自合

晉高選踈拙毋勞問藝蔵回首青雲千萬里秋高健翮看鵬翔

張文威

名俊以字行號訥菴正統

閒爲邑庠生舉業精通而尤長於古作邑中及台嵊

士子多從之遊若今禮部左侍郎俞欽及文士諸孔

聲其尤者也然累科不第年四十有四而

卒今其族孫生員儀廷藏其詩文稿于家

章模

字以端醴

泉人自幼穎悟出群方年五六歲時隨父至縣中當

里役有一犬隨至耽本學教諭曹具見之戲之曰章

小里長聰明引一犬來廳前畫卯模即應聲曰曹老

先生敬謹牽雙羊於殿上祭丁左右皆驚異縣尹劉

掞賞以紙筆年踰冠薦入邑庠補弟子員日計數千言五行俱下文思如泉湧永樂二年其叔仕潮兄以善俱中鄉舉模方十四慨然作詩送之人皆歎賞傳誦方以遠大期之年甫三十二而卒矣

呂亢壽字耕學洪武乙卯補邑庠生治書經爰舉不第後田膺貢入監歷事于都察院累奉命出使閩廣荊蜀跋涉數載每事竣輒上奏功之蹟累百餘通未及授官卒于南京公館年三十二其內弟江陵尹王濤求祭酒胡先生儼銘其墓有耕學軒在天姥山中御史蔡用强爲記蕭尚仁壽云楚楚田中棘畟畟我埶良力穡期有秋況乃天降康一歲載亦旣畢高詠虞與唐遲遲林中日照我竹簡光一朝被命出驅馬來帝鄉皇華適原隰我行在遐方寄言弟與兄毋使學殖荒

俞尚絅諱宗美以字行洪武中補邑庠生篤學有行義永樂初其兄尚文以寓戶徙實京師尚絅以兄爲毋氏鍾愛且侍養皆兄所營[illegible]

上　皇疏請代兄以行時　仁廟在東宮嘉而許之薦貢遂胄監年四十二卒時其同門友楊恭惠信民西江劉忠愍球張學士益俱有詩文悼之

女德

右者女子居室有傅姆師保以致訓之又有后妃夫人躬行于上以爲之先焉是以居安有儀臨變有守而不失於正也去古既遠世之女子生於深閨溺於慈愛識史之言不聞防範之具不習而有卓然以節義自持者非其生質之美豈易致哉宜乎

上有旌表之

恩而下有紀載之筆也

烈女

石氏其父公岩居縣之東園宣和三年賊方臘之黨寇縣擧家被殺女獨免賊欲攜之去女知不能免遂紿賊曰頭容粉澤從所之賊然之旋身取剃刀自刎而死時有詩曰家遭橫逆死無名女子倉

惶亟舍生一點蒸葛霜雪白至今烈烈照人明黃壁
次韻視死如歸豈爲名不同犬彘苟偷生可憐少小
閨門質一片貞心與日明○周元平父爲新昌典史
元至正庚子三月八日避亂于客僧嶺爲兵所擄謂
曰我未娶當以子爲妻元平罵曰我周典史女也
死即死豈肯受辱遂遇害事載　大明一統志　烈
婦余氏黃元桂妻也元至元丙子歸寧父母值南征
軍馬過縣毋家被火家人走散軍卒擁余氏出自
知不免奮躍入火而死○章孝行者張斌妻也至元
丙子兵亂從其姑逃避產芝山爲過軍所掠守志不
從遂遇害姑在叢棘中抱其屍慟哭而絕○徐氏者
天台人歸新昌狀氏而夫早夭守節不嫁至正庚子
兵亂逃避于牛囤山被執驅迫以前過其家紿之曰
吾渴甚井近容汲水以飲賊然之令其自汲遂投井
而死時年十八○謝氏者張彌遠妻也值世方亂嘗
謂家人曰倘遇亂兵有死而已毋辱其身或同恐不

賤所言也謝作色怒而不合至正庚子二月為賊所
虜迫脅備至不屈而死○丁錦奴者南洲人生有異
相頎蟠七螺頗知書能輪□至配同邑唐方方由庠生
起為刑科給事中陞山東□□事洪武中坐事死于法
妻子當為官奴部使者按□已役吏籍其家押卒從中
順戲之曰夫人鬢撫借我□梳髮可乎丁即以梳擲地
其人取而掠之持還丁丁□罵而不受竊謂家人曰此
徒無礼必辱我不若死之以全節也即日肩輿上道
行山逕未半里至陰潭崖□見水深四無援路丁忽從
輿躍出赴水中衣亭不能□沉復從容以手斂裙隨流
而沒押卒數輩驚惶奔救至□則死矣
時年二十八今稱其處曰十八人潭云

孝女

石氏者石溪人不繪
脩斗文七世孫諱潛者之□八也潛娶同邑吳氏
国朝洪武末坐事籍沒繫□京獄吳氏以漏版獲免依
父族得存活時孝女在襁□潛脫桎梏逃歸匿妻家
妻之兄弟懼連坐遂殺潛□以大害中泯其屍吳含悽

鞠孝女既長，啓母曰人皆有父族我無何也母以其事告女女悲憤莫能伸永樂初孝女年十六名闕競相求配而舅氏主之以配其族子孝女白母曰殺我父者吳黨也父之讎弗與共戴天我尚忍為吳氏婦事吳家宗廟邪母曰我不幸失所天事不我從為之柰何女頷而不答及星期已屆治裝于歸吳族咸喜得令婦方礼賓未畢孝女於室中自經而死衆皆驚愕而詰其母母母仰天哭曰吾女之死為父報讎也號慟數日亦死有司聞之廉得其實遂治殺潛者之罪云

節婦

王氏者張行先妻也夫死守節宋咸淳中封太孺人○吕清明妣石士嘉妻也婚配三月而寡年二十守節至七十八而終姑蘇沈周有詩吕家有小姑許嫁石家郎石家羅法網合族無留行里豪復求婚趣此事更張空令媒氏蜜為口不知小姑欽作腸臨去生死石家婦有脚不踏他人堂皇天后土憫節義哀石郎不久仍還鄉旒蹏嫋嫋開洞房奈

風吹入双鴛鴦百年伉儷日三月明鏡一破無完光
拔我黄金釵脫我明珠璫東市買棺殮西山買高岡
士中先塋合歡穴怨骨待共他年藏此心已死身未
亡身上不着新衣裳回頭苦無兒女托養老來依誰
弟旁只今含笑入地下七十八年双鬢蒼君不見松
枯尚有節蘭槁還留香節婦之名不得泯當與萬世
扶綱常○董氏者俞明德妻今礼部左侍郎欽之曾
祖母也成化十一年誥贈宜人孝節傳曰孺人董姓
新昌芹塘某之女也生有淑行嫁同邑俞氏為明德
妻明德幼失恃継母生弟懋德遭元兵燹舉家徙龍
潭莊洪武初明德復故址脩敝業以奉先祀懋德樂
龍潭之勝沮任不就行董亟往寧任見懋德奉養多
不能順任意一日自莊歸以他意言於夫曰養任雖
有叔在然妾與夫子俱違膝下豈子婦之心所能安
乎夫感悟力迎任還任患聾凡燠寒疴癢董奉事勤
合其意蚤莫上羞具必致肥甘任每食竟舉手加額

祝曰願爾昌後嗣皆能胤尔孝敬任卒殮斂瘞祭之需有不給者董皆甸匄相之毋遺悔後時未幾明德亦遘疾疾革顧謂董曰汝年方盛宜誓志保字二孩遂瞑目董號哭幾絕者屢矣棺槨衣衾葬埋之倫一如任喪甫襄事里有豪少年利其色陰使人微諷之董泣而言曰未亡人孤苦育子以俟良人嗣若移志事人與閭左無耻者伍其如失節何若等亦有妻子宜各自保人慚愧而退尋又有強言者董引刃斷指自誓且厲聲曰吾生爲俞氏婦死爲俞氏鬼但知有一天若等有二天乎衆皆駭愕犇逝由是不復設簪珥美服於其身攻苦孳淡垂六十餘年二子成立孫曾滿前世豈多見哉景泰庚午秋八月廿八日卒享年九十有六卒之時謂二子曰自吾受而父之託凛凛焉惟恐弗任吾今而後可以見而父地下里人咸稱爲孝節董氏二子長和次良俱有儒名曾孫欽奉進士爲礼部主事皆自孺人孝節來也史氏曰孝節人

之大防也李士大夫亦或以為難而獨孺人有之宜其旌衣與以激頹風而竟於泯泯無聞者以無賢有司也悲夫景泰孝婦俞氏者呂九思妻也九思為甲戌儕撰柯潛書女行人終經歷餘三十年俞氏奉養舅姑葬裝奩為甘旨費既沒買山葬之置祭田訓育側室子同於己出孫逵曾孫璠今任教諭

賢母

宋元城先生劉忠定公之母太常博士石亞之之女也時先生除諫官以母老辭母曰天子諫臣當捐身報國汝但做若得罪流竄無問遠近當從汝所之後果南遷母歎與俱先生百端懇免終不從遂奉以行徧歷惡弱人所必死之地母子終無恙先生以忠純直諒名于世亦母訓之助也○胡氏者俞本清之妻也本清早喪明胡歸之承順惟謹生四子然點顯擴皆教訓成立躬紡績甘澹泊暨珥之屬俱為延師嚴客之費二孫逵適俱領鄉薦逵任同知曾孫振才第進士今任行人振英舉人皆其

毋替旌致
令欽賢之

方伎

使人器之而一善必録者仁人君子之用心也故農圃醫卜雖曰小道而子夏以為可觀則方伎雖微亦不可棄焉今録其尤者以傳無不没人之善云

王公顯 字達卿性聰敏且勤于學方元盛時人皆習舉業其父乃使之學醫人皆怪之莫曉所謂一日私語之曰元本夷狄非中華主不久必有兵戈之難汝勿求仕業醫可以延世難活人足以積陰功身家可保也由是達卿遂精於醫未幾南北兵起其言果驗新昌自兵後有馬頭瘟之疫無家無之達卿與其子宗興洛門診療活人甚衆其孫性同得家傳之妙

本朝洪武中舉為醫學訓科所居有全生堂

仙釋

士農工商各有其業名不列于四民而事不由於綱常而倫理背之何人耶然竊

贖或爲前人所録苟棄而不取則郡□之生吠蛋之大得以置喙於其間故録其一二俾郡論之以解世人之惑云

任公子

莊子曰任公子爲大鉤巨緇五十犗以爲餌蹲乎會稽投竿東海旦旦而釣期年不得魚已而大魚食之牽巨鉤錎沒而下鶩揚而奮鬐白波若山海水震蕩聲侔鬼神憚赫千里任公子得若魚離而腊之自淛河以東蒼梧以北莫不厭若魚者已而後世輇才諷說之徒皆驚而相告也按莊□□□如此大抵荒唐無稽其爲寓言可知而世人弗察以爲真有是人乃於新昌之南巖山下指其石爲任公釣臺遂使蚩蚩之氓轉相訛曰任公子新昌人也嘗於新昌某處釣魚今釣磯尚存噫新昌至海不下三百餘里之遠豈有坐于南巖而垂釣於彼者哉決無是理也

劉晨阮肇

二人剡縣人漢明帝

永平中入天台山採藥路迷糧盡望山頭有桃共取食之下山見蔓菁變一水杯流出有胡麻飯屑相謂曰去人不遠度一山見二女顏色殊妙便喚劉阮姓名問來何晚如舊相識因邀至家廳館服飾精麗床帳施六寶瓔珞都無男子須臾下胡麻飯山羊脯甚美又設甘酒有數客各持三五桃來云賀女婿各出作樂日暮客去劉阮止宿行夫婦禮住半年常如二三月百鳥哀鳴二人求歸女曰來此宿福所招得與仙女交接罪根未盡使君等如此諸仙作歌吹送出洞口去舊路而歸鄉里驚怪驗得七代子孫傳聞祖翁入山採藥不返抵消無所歆還女家不[illegible][illegible]矣晉太康八年失二人所在其地即今新昌之仙桂鄉天姥山下所謂劉門山採藥徑者是也有祠在焉〇且據此說出續齊諧記然齊諧之名出莊子莊子自言齊諧者志怪者也則世未必有此書乃莊子之寓言志今曰續齊諧記乃世之淺夫[illegible][illegible]之所[illegible]以欺

世如近時剪燈新話之類耳後人不察競相傳誦以爲真有此事不亦惑哉○唐元稹詩芙蓉脂肉綠雲鬟罨畫樓臺青黛山千樹桃花萬年藥不知何事憶人間劉阮之思歸爲父母之養也爲祖宗之墳墓也爲姻族鄉黨之不可忘也使禎而至此則忘之而不歸矣鄙哉此詩賢不肖之分於此可見○宋陸可大詩古來貞潔羞自媒神仙往往非凡胎劉晨阮肇如有道詎肯發乳婚天台桃花流水清如彼使之有知當洗耳傷心竹帛類甚哀安得聖人能復起○世之詠劉阮者多矣惟此二詩有關世教故錄之 九

僧

舊志載釋子九人若白寂然之建眞覺寺曇光之夢山神言僊僊惡僧祐自謂爲宣律師前身厲戚之妄言生死僧護之聞書壁管絃声皆妖妄以惑世者惟支遁竺潛白玉蟾白道猷四人從事於文詞翰墨與儒者游然亦不免潔身亂倫而得罪於名教旦故一切削其名而不錄嗚呼異端邪說人人得而攻

之不必聖賢旦
敢取以為法

紀異　怪異之事聖人所不語非不語也懼其惑衆也聖人且然而況於後人敢肆口妄言乎今所紀者皆昔人所録或故老所傳或耳目所接之事可以正風俗可以示勸戒可以助談論而繫感慨者也其涉於妄誕淫荒如東堅剪灯新話之類者則削而去之蓋志書之終關繫甚大不可不慎云

一門三狀元　宋宣和三年武舉第一石公暍紹興二年特奏第一石公轍嘉泰十年特奏第一石繼諭出於一門尤盛事也

一第十呂　宋寶祐四年登文天祥榜進士者十人皆呂氏咸淳十年登王龍澤榜進士又六人亦盛事也

四相　[illegible]宋咸平間石城石先[illegible]生待旦開義塾下石

溪以待四方游學之士身自設教禮程伯子為師時文彥博呂公著杜衍韓絳俱來受業厥後相繼相有學童亦讀書登科浙東以為美談真盛事也本朝黃璧詩四子天生宰相才從師曾向石溪來溪義塾雖陳跡尚有餘光被草萊

考官同夢

清尊錄云石景術字順思應舉時省試治周禮試官考校義卷兩副一則該博而辭不工疑其為老儒一則詞義整齊疑其為少年試官念欲取老者奉親是夜夢一書生來見往返久之覺而語同官皆笑不以為然取卷衆觀亦如前議已而試官五人夜皆同夢異而竟取疑為少年者榜出乃景術也狀貌特夢中所見王介甫欲妻以姪女呂吉甫聞其事意其必貴遂以女妻之介甫怒由是吉甫罷叅政出知楊州景術後作祠曹郎官止監司太守無疾而終介甫姪女嫁葉遂者是也

更錢

郡志云石師聖字樂夫家貧自守不以利欲為心幼女索十錢買絲無與

女入房㴊泣師聖數曰百家世守清貧困窮守約十錢鉡不多於義不得妄取設勿或可也言未既忽聞庭中索索如隨錢聲出現之已堆積滿砌覆以青布市師聖夫婦奉其繼母王氏、焚香拜禱曰某雖貧之亦可自給若蒙上天昭祐使母子康寧福壽後裔延矣非意之財不敢受也言畢則青布斬紙錢盡飛去庭空如掃惟留藥方二事治癱瘓諸風俗方施治利澤甚博人呼石風藥後師聖須鄉薦爲朝奉大夫二子嗣慶宣和三年第進士仕至知法陰軍延慶紹興二年進士仕至國子監丞云

平盜

宣和庚子冬盜方臘起桐廬睦州縣掠戶口禍及新昌五十餘人正晝入縣頃刻蕩盡邑人□重公從率豪傑捍禦之殺獲無算詳見鄉賢條〇建炎二年秋八月一日夜半杭州第三將下卒陳通叛包藏不[illegible]之志陰遣款人結新昌縣寇賊盛端才董閑及天[illegible]縣寇賊余道約同日起事時浙東安撫使翟汝文[illegible]方畧揣而誅

之○元季時盜馮輔卿發暴其鄉人受鋒鏑者不可勝記而董彥光之兄弟皆死焉乃至正己亥輔卿以寧海鎮將叛分省以師討之彥光應募取輔卿斬之詳見武臣條

兵禍

新昌居新東一隅之地宣和三年遭睦寇方臘之兵元至元二十六年遭婺寇楊震龍之兵至正中遭馮輔卿之兵及方國珍借據兵討之干戈擾攘生民受禍可以慨想也

石狀元陰德

邵志云石道叟公轍鄉里名士有朱英行希言歿于東都朱有弟昌言字達可聞訃告質產迎其喪不足則貸於人時棺未辦方憂不知所為而道叟已送柩在門矣先道叟為太學諸生英行病歿遠客無親黨在都道叟獨謁醫為治療既不起則空其囊為具棺斂買舟載之歸初道叟未四十得眼疾至是舟行過大熱疾遂劇幾喪明夜夢英行如平生曰目疾奈何有尔朱先生藥其效如神覺而異之明日至京口岸濱有二人者自相語曰尔朱何

義也公憶昨夢即叩之其人曰前木街中有賣尔朱先生眼藥者不知所謂所復論之耳道吏因相與訪求之不百步已至其處欵門求藥出百許貼皆細如芥子閉其目貼須三錢尔因盡買之服未數日瞳神如注水舟行至東則視瞻已清明復初矣其後年八十手自傚書灯下作牛毛小楷如年少者豈冥報與道吏紹興初以待奏名第一人賜同進士出身仕至大宗正司主管宗室財用

琴鳴

永樂間有張恭者獨與母居日忽聞屋梁間有彈琴声起視之得古琴一張蓋其先世之所藏也恭母子惟之欲劈為薪士人何崇德見而取焉命工修製音韻清越後為縣丞莫如能得之

舐棺

永樂間士人張伯蘭喪母停棺在堂忽暑月汁出百計不能治伯蘭以舌舐之遂止亦無穢氣

獸異

新昌黃深甫者世居縣南駱驗山下家有母犬已育二子既長值元季世乱黃氏携家并二犬子去之獨犬母不忍去[illegible]

然在家捍禦逆見臨迫兵退琛甫返二犬子求其母不可得徬徨躑躅叫嗥不已見白骨在傍知其為母之遺骸也乃相與啣聚於高壠共跑坎而理之○章廷端草驢詩朝騎爾以出莫騎爾以歸我老憚徒行賴爾忌吾疲服勞亦常事况能保我軀昔者大風雹回路中遇之天地倏黯慘冠裳已淋漓道傍有古屋欲避趨階除驅爾堅不從我怒加鞭箠不前反却步回轡乃疾馳忽聞霹靂聲此屋仆斯須向使入以庥壓死復何疑及歸語其事驚嘆傳里閭念此非偶然爾靈若先知爾力既能尽爾知尤足奇只今病而死我心寧不悲所慙我冷官朝莫惟鹽虀蒭豆不飽爾致爾成羸瘠作詩匪虛悼庶以儆吾私○新昌王氏居邑之度王山兄弟曰晟曰昇者俱孝友家畜二猫各產子甲死而乙來乳之又畜二馬各生駒甲死而乙亦來乳之鄉黨目為義猫義馬形諸賦詠

草木之異

宋嘉定中邑人俞時中家產芝草白

王蟾爲作記夫芝灵草也和氣所鍾容或有之而王蟾之妄言何無忌憚之甚也大抵異端邪說如毒樂然人不識而誤食之必死無疑者曰恐世人惑於王蟾之說也故辯之○至正中醴泉章廷瑞家有石榴樹一蔕而生六實○天順間邑人張蘊存蟠縛黃楊木爲花枓折竹一枝插土扶植不久生笋數莖達者扁曰瑞竹軒名公鉅儒皆有詩贈之今庠生張居仁其孫也○正統中邑人俞用昂敏古齋前有桃一樹結子一蔕七顆或五顆滿樹可愛○石氏墓有靈栢呂氏墓有祥笋章氏墓有連理木俱詳見墳墓條

銀瓶沽酒　昔有尹新昌者不詳其姓氏每日令家僮持一銀瓶往市中沽酒衒其富也縣人某者嘗被尹撻欲報其仇乃日與其僮親狎得其瓶之斤兩欵制陰命工依樣製一銀瓶仍鑿其父祖名字及年月在內俟親狎之際易其瓶其僮不知也乃具狀赴法司告尹因某事納其銀瓶法司遂提問尹謂

實已物也人皆見知於心無愧其人曰瓶內有祖父名氏及年月可驗因剖而觀之果然尹無詞以對遂寵官夫小人倘若子罪不容誅而尹之尚圖以召禍亦理之宜也後之爲政者可不戒哉可不戒哉

執鞭墜鐙

王安者不知何許人永樂間典教新昌其人學問雖淺而教訓有方持身端謹時揚恭惠公信民輿輦良民俱爲給事中甄方伯完爲主事皆其門人也安一日上馬而三人爲之執鞭墜鐙安笑曰其雖冷官而公卿不我及也三人請問之安曰曾見公卿有給事主事爲之執鞭墜鐙者乎吾今而后知師道之尊且貴也噫安知其一而不知其二也待人尊貴之而后爲尊貴者非良貴也人人有貴於己者天下至尊者道至貴者德人能道德有於身焉斯尊貴矣不自尊貴而待人尊貴之豈不陋哉

冰瑞

景泰元年正月朔日俞用貞庭前天井中有水水上生成荷花數十朶枝葉亭亭青紅掩映久之乃

模糊而散俞遯育詩云氷蓮約出古今稱[illegible]邑祥光入品題此兆看來應不小子孫名與華峰齊是秋其孫欽果中舉次年第進士今曰聞之新昌爲侍郎褒封三代豈偶然哉

石家風水

父老云石氏盛時環縣郭皆其所居而墳墓盡佳風水也當時科名相繼簪笏滿朝而手文編脩累上封事權奸膽落而其父恍可受封居家于時縣宰林安宅躐門謁見而恍可不迎止出雙履置户外林公雖識其慢已然亦不冤再拜而退以是深衛之乃陰謀壞其風水縣之南門外有山如龜而通彈界于其間鋪以甃郊石如鱗甲然風水家以爲龜蛇交戰形也林公乃鑿斷龜頭而開磚引流又去鵝卵石而易以石板則龜無項而蛇無鱗矣縣之西門外有石如牛而鼓山列于其前溦以溪流墳然鼓声風水家以爲聾其[illegible]牛[illegible]也林公又斷去牛頭而拔其溪声又於山頂掘二[illegible]池㾏以養魚則牛無頭而鼓破面矣又其墳前有山

名紫金魚袋亦併去之其他若開七星井還廟學築東堤使走泄秀氣無一不爲石氏設也以故當時同日去官者若干人迄今三百餘年莫有與者曰竊以爲斯言也好事者爲之也夫尚賢激物取禍之端鄉黨自好者不爲而謂石氏爲之乎借使有之以林公之德量當付一笑而去而肯拜其奴僕乎既拜之而又陰謀以禍之則李林甫之笑中刀也而謂賢者爲之乎今其所開磚渠漑田萬有餘畝七星井便汲千有餘家還學之後而踵生公鄉築堤以來而永除水患皆一邑無窮之利也而曰陰壞風水不亦冤乎且風水之説起自郭璞璞不能自擇風水而爲王敦所殺風水果安在乎借使風水果有足徵宜爲新昌一邑所關而豈私於石氏一家乎嗟夫石氏之在當時可謂盛矣盛者衰之始也故日中則昃月盈則虧理之自然無足怪者今其子孫宜自奮勵以圖再造其在否之上九傾否先否後喜者此其時矣不此之思

而徒歸咎於風水之說豈不繆哉且不忍先達之受謗也故爲辨之不知君子以爲然否

盧董鄉官

永樂中新昌主簿郭讓所行多不法邑人盧讓董讓者率衆綁縛赴京行至吳江平望鎮夜被盜殺盧董等三十餘人蓋郭陰倩人爲之也乃潛至京師誣奏新昌人謀爲不軌 命都督費瓛將兵而來邑人驚駭俱走匿時郡守李慶 奏止之遂保全一邑之命而郭棄市矣當時爲之語 三讓不讓一邑禍降一慶有慶百里全命○本朝黃璧詩一命莫酬三十命三讓不讓讓何爲萬人有慶皆全命天報昭昭不可欺

石佛放光

郡志稱新昌石佛頭上放光產靈芝之又有大蛇環守此必妖怪否則僧輩之妄言以欺世耳當時秉筆者弗察以爲真有而錄之亦繆哉

孝感

張晳僧字子川元季隱居不仕父雲峯以聲奉養不衰至正中冠乱居人皆驚走骨肉不 其姪德邦進曰祖父失明而吾父多病今

時事若此如之奈何德儈曰家貲不暇顧矣救父爲
急脫有不幸即以身代可也德邦然之乃相與各負
其父逃避鸜鵒山中餓而賊至揮白刃索金欲戮之
二人叩頭流血願自身死勿害父命賊感而釋之父
子遂得俱全云○此事當入孝子條偶失今其子孫
持家譜求御史秦用强所作墓版文來上因爲補錄
于此

新昌縣志後敘

紹興古會稽郡新昌其屬邑也山有天姥沃洲之勝水有剡溪水簾之奇人有石子重諸公之德望及我

聖朝則名公鉅卿接踵而起

詩書禮義為他邑最余嘗以
公務至焉暇或登高眺遠見
其山川如是人物如是而圖
志則無聞焉古今事蹟泯無
傳焉深為可慨因與前令吳
江黄君誠夫語及之誠夫有

意於斯尋拜御史去而弗果未幾其同門友莫君旦以乙榜來爲司訓誠夫以余言屬之莫曰此吾志也亦吾責也遂於講授之暇重爲纂而修之不期月而成編凡一十六

卷適以進士汀州李君楫來繼縣政廉謹公勤令行禁止民號無事迺以此書白于郡守浮梁戴公欣喜而為之敘謂璧宜敘其後嗟夫教官師職也人所以不屑就之者以

其職卑拳小而無所設施也
令觀莫君之為教官既不失
誨人之勤而又有餘力以為
此書有圖像以考山川疆域
之遠近人物衣冠之肖貌有
詩文以備古今之體製氣運

之盛衰鄉賢有祠則別其賢
否而進退之去思未祠則定
其位躋而創始之辯神仙釋
老之虛無明忠孝節義之心
術於人才也則蒐潛而表幽
於風俗也則美善而刺惡他

如學校祀典賦稅職役之類莫不各有論斷可以垂世而範俗可以傳信而備忘可以獎賢而懼亂一開卷間森然在目世謂教官職卑拳小者果至當論歟是知官不在乎

崇卑貴爭稱職若莫君者豈
多見邪非其學問之富才識
之長疇克爾邪令而後將見
天姥沃洲諸山益勝以高剡
溪水蕭諸水益奇以深而子
重諸公之聲名事業益有光

于後世是書之功豈小補哉莫君字景周號鱸鄉子蘇之吳江令族曾祖禮洪武中戶部侍郎父震正統己未進士今以延平貳守歸老于家其家學淵源有所自云

成化十三年丁酉五月初吉
奉政大夫浙江紹興府同知
浮梁黄璧書于石城館

書新昌志後

成化丙申夏，予奉

命領邑新昌。視事之初，首訪圖志以稽一邑之事，而貳教莫先生以古本獻，爲殘缺舛訛不足入目。因歎曰：「文墨之事，學校責也，盍相與謀之？」先生曰：「然。今適始事於重修，然不能不有賴於有

司之力也不半年曰書成矣因
取而觀之畧加校正謄寫善本
求紹興郡守浮梁戴公序于其
首乃與同寅捐俸爲倡而邑人
好義者皆樂相爲鋟梓蠡成而
少宗伯邑人俞公與其弟行人
公俱省侍而歸深加歎賞以爲
新昌數百秊未有斯舉真足以

爲山川增價而人物出色微吾貳教先生之清才碩學曷克以成之嗚呼士論者天地間之元氣也以士論而筆之於書使古今事蹟晦者顯而昧者明善者勸而惡者懼其有功於世教豈小補哉因書卷末以識歲月云

成化丁酉端午日

賜進士承事郎知新昌縣事上杭

李楫書于縣治之晝簾堂

書重刻新昌志後

志著史之流也志不傳則凡山川人物風俗屬於斯地者湮泯然無所考矣新昌在紹興屬東南之地其山水如天姥南明沃洲水簾之類皆秀

麗奇絶人才如宋石公子重
俞公默翁石公季平之輩皆
卓異高古至我
朝為益盛比之他邑特勝蓋有
不可得而泯沒者舊志乃前
令汀洲李君楫司訓吴江費

君旦相與同志編緝刊行自成化丁酉迄今凢若干歲歷年既遠板刻廢缺十存一二幾於不傳矣烏呼志其可以廢缺乎哉正德戊寅歲予承之來尹茲邑因嘆曰志之不

傳尹之適也乃取舊本之藏於民間者較而刻之以傳是雖無刪定考訂之功然使是邑之山川人物風俗其美惡淑慝較然可考如睹諸掌而後來君子欲有取證於斯者

耒必無少助焉

正德辛巳孟春既望

賜進士第文林郎知新昌縣事

南昌涂相識

重刻志略三

纂刊新昌志疏

伏以

禹貢職方紀載開端於往聖山經地志編摩接踵於
後賢光賁人文功垂世教顧茲南明之小邑實爲東
浙之名區山川秀麗而土物清奇風俗淳龐而人材
傑特奈何志書之久闕是以考覈之無憑達士興嗟
名邦見鄙人所病也吾實憾焉茲蓋伏遇
貳教先生鱸鄉莫公江南仕族吳下偉人諸生於講

授之餘合詞爲纂修之請始雖謙讓終則樂從凡例
必酌古而準今筆削不徇私而違衆事蹟雖微而必
錄始末無遺而一不書綱舉目張門分類析遂成盛典
可謂奇才若不經營以梓行抑恐抄謄之紙貴深有
歉於獨力迺遍干于衆緣伏望
邑宰作興鄉人鼓舞揮金如聚蟻捐俸若湧泉少不
嫌一錢二錢多不過五石十石公輸子便來刊就楮
先生即與印行將見一邑之内不出戶而可知千載

之間一舉目而畢見自此流芳於一世十世百世從
今傳信於百家千家萬家豈惟吾邑之事永播于無
窮而諸公之名亦同垂于不朽共成美事皆賴知音
謹疏
成化十二年八月吉日庠生張琰等謹疏
助刊姓氏
呂好惠　張蘊文　俞廷器　呂景明
張輔廷　呂好遠　陳懷廷　張侍廷
呂好山　俞廷琰　潘孔舒　俞用誠
吳永潤　呂好瑞　張仁廷　呂廷實
呂丕元　王以安　呂廷彰　俞[illegible]

章尤明 陳復長 俞廷芳 石廷材 章希柔 陳之悅 呂中順 王尚明 丁大輝 王茂英 俞廷彰 胡端禎 石布道 求尚達

王廷用 張宗堅 王希聲 呂廷益 石秉和 蔡正昭 何球 章滄 徐景新 蔡守廉 潘大道 石景成 劉思剛 袁容

俞廷式 呂好道 徐用昌 趙孟新 呂廷烈 王叔安 俞炜行 陳景和 俞炜光 王公器 梁以元 趙希正 何友

張蘊奇 劉希吉 俞廷彬 張蘊堅 胡孝正 王師昭 王以升 俞炜安 潘孔明 梁公操 張耕 唐孟能 言巨才